ちくま学芸文庫

戦国乱世を生きる力

神田千里

筑摩書房

戦国乱世を生きる力【目次】

戦国乱世に生きる――はじめに　9

1　土民の蜂起　21

土一揆にかかわる人びと　21

村落にとっての土一揆　37

飢饉と足軽　48

戦乱の主役たち　56

2　一揆と村　63

国一揆の平和　63

村の自検断　81

本所領の平和　87

3　戦国の大名・戦国の将軍　105

国を掌握する大名たち　105
自治と自力の組織　116
京都町民の支配者　127

4　宗教の力　141

乱世に求められた信心　141
一揆の教団　159
「百姓の持ちたる国」　167
信心の平和　183

5　戦乱のなかの信仰　193

世俗と共存する一向一揆　193
家の信心　204
キリシタン信仰の広がり　218
主従関係にみる一揆　229
宗教現象としての社会　238

6　織田信長の入京　241
信長の「天下布武」　241
室町幕府の崩壊　254
天下人織田信長　267

7　統一への道　281
大坂籠城と勅命講和　281

安土宗論 296
戦乱の終息 306
自律の社会——おわりに 325
ちくま学芸文庫版へのあとがき 335
参考文献 345
関係年表 359
索　引

戦国乱世を生きる力

戦国乱世に生きる——はじめに

戦国乱世の内実

戦国時代を象徴する「乱世」という言葉からイメージされるのはどのような時代であろうか。まずは何よりも戦争が頻発する時代というのが一般的イメージであろう。しかしそれ以前の時代には日常的にほとんど戦争がなかったにもかかわらず、戦国時代になってから戦争がいきなり頻発するようになったのかといえば、そうではない。曲がりなりにも「平和」という言葉がふさわしい現代の日本からみれば、中世全体が乱世といってさしつかえないほど、中世の人びとにとって戦争は身近であった。『中世のかたち』〈日本の中世1〉中央公論新社刊）の冒頭で石井進氏が述べておられるように、中世はその政治権力の分散化のため、「衝突が絶えず、しばしば争乱がもちあがった」時代であり、「武士・サムライ、大名・小名などと称された軍事専門家が発言権を強め、社会的に優越した地歩を占める」時代であった。

しかしそれでは、戦国時代は中世のなかにあって、とりたてて「乱世」というほどの特徴がないかといえば、これもそうでもない。それどころか当時の人びとの実感としても、この時代はことに「乱世」の語にふさわしい、と見なされていたのが実情であると思われる。

応仁の乱中に、備中国（岡山県西部）のある荘園で代官の地位にあった武士は、京都の荘園領主東寺に対して、「日本がこのような乱世の時であれ、われわれが現地で代官をしていればこそ、この荘園も今まで人にとられるようなことがなかったのです」と自分の手柄を主張している。また十六世紀の初め、前関白の近衛尚通は、当時の将軍足利義澄が近江（滋賀県）へ敗走し、あまつさえ強盗団に襲われるという事件を日記に記し、現在は「戦国の如き時」であると嘆いている。この「戦国」とは「戦争の起こっている国」との意味で用いられた当時の用語ではなく、中国の「戦国」時代を踏まえたものであるのはもちろんである。さらに戦国大名として有名な北条（後北条）氏は領民に対し、「そもそもこのような乱世には、いやしくも国に属するものは外敵との戦いに従軍するのは当然である」として軍役をかけている。

戦争のもたらす深刻な被害は治安の悪化とそれによる犯罪の脅威である。戦国乱世の到来を決定的にした戦乱として著名な、応仁の乱における京都の被害を見てみよう。多くの

応仁の乱、始まる 『真如堂縁起』より、応仁元年（1467）10月の東岩倉の戦闘を描く場面（京都市、真正極楽寺蔵）

大名の軍勢が諸国から侵入し、戦場となった京都では、くりひろげられた激しい戦のなかで、軍勢の放火により、「洛中神社仏閣、そのほか在家の焼失その数を知らず」といわれるほど建築物は焼き尽くされていった。戦いのなかで商いは停止してしまい、食糧が欠乏する。兵粮を求める兵士や、あるいは強盗たちが掠奪のため家々に押し入り、掠奪し尽くしたあとの家に放火したため、被害はさらにすさまじいものとなった。

京都を本拠としていた公家たちは戦乱を避けて荘園領主としての縁、親族・知人の縁を頼って地方の所領や寺などへ下っていった。僧侶や富裕な商人たちも身寄りや伝を頼って戦場となった京都から避難する。だがそんな伝のない「町人」「地下の者共」（村民など平民を指す）などの一般民衆の大部分は、家族を連れて逃げまどうしかなかった。

乱の一方の立役者細川勝元を大将とする東軍方が陣取っていた相国寺が西軍方の攻撃で焼かれたとき、陣中に避難していた男女の者たちは度を失って子どもを逆さに背負って逃げ出すなど、構のなかは大混乱に陥ったと『応仁記』は伝えている。安全な場所といっては軍陣くらいしかなかったのである。同じ『応仁記』が、兵士の「悪党」や「物取」たちが入り乱れて両軍どちらも小勢では通れないと述べるように、京都は、自前の武力もない者、力ある者の庇護のない者はひとたまりもなく抹殺されてしまう無法地帯と化した。

恒常化する戦争

年表風にいえば文明九年（一四七七）に西軍方の畠山・大内・土岐らの大名が京都を退去して応仁の乱は終わったことになっている。だがこれほどの混乱のあとでは、秩序も治安もそう簡単に戻ってくるはずがない。数年後に摂関家出身で興福寺大乗院門跡の尋尊は、管領も侍所も出陣して不在なので京都には夜な夜な強盗・盗人らが跳梁し、身分の高い者も下々の者もその被害に悩まされている、と記している。京都住民のなかでは最高位に位置する公家ですら、夜な夜な起こる強盗にそなえて武芸を身につけなくてはならなかった時代であり、事実、強盗に殺害された公家もいる。無法地帯の夜はいつ終わるともしれなかったのである。

京都ばかりではない。戦争が起これば兵士たちが大挙して侵入し駐屯する。戦場で掠奪、放火のかぎりをつくし、兵粮や人夫役の徴発を理由に住民から強奪する彼らが無法地帯の主役なのだから、「田舎」とよばれた地方も事情は同じだった。

戦国乱世は、「町人」「地下人（じげにん）」など一般民衆の地位が向上し躍進した時代といわれる。長い歴史の流れを大所高所から俯瞰した場合、たしかにこの指摘はまちがっていない。しかし民衆の具体的生活からみれば、乱世とは殺害、掠奪、放火の危険にさらされた無法地帯に生きる時代なのである。

乱世における民衆の躍進の一例としてよくあげられるのは、応仁の乱の戦場で活躍した足軽である。果敢にゲリラ戦を行い、名のある武士と臆せず戦ってかえってその肝を冷やさせたこの勇猛な庶民兵は乱世の象徴とされる。最高の宗教権威である寺院さえためらうことなく放火してしまった彼らは、人びとが容易に手出しできなかった権威からも自由だったのである。だがその足軽が一方で、戦場を逃げまどう一般民衆を殺害し、掠奪し、その妻子を拉致（らち）して人商人（ひとあきんど）に売りとばし、その家を焼き滅ぼしてしまった張本人であることも否定できない事実である。乱世の民衆はまず何よりも「下剋上する民衆」が創り出す地獄から身を守らなければならなかった。

逆にまた、みずから「下剋上する民衆」となって地獄に身を投じることも、生きるためにしばしば強制された。これも石井氏が『中世のかたち』の冒頭で述べられていることであるが、中世は旱魃（かんばつ）、冷害、大雨、疫病の流行などの災害が頻発した時代であり、その結果生じる飢饉の頻発した時代でもあった。ことに乱世の深まってゆく十五世紀半ばから十六世紀末までの一五〇年間に、藤木久志氏の研究によると、ほとんど毎年のように不作、飢饉、疫病の流行、ないしその原因となるような旱魃、風水害、地震など災害があり、例外は一〇年に満たない。こうした災害を生きのびるために、普通に行われていたことは村を出て稼ぎにいくこと、ことに大名などに従軍して戦場で稼ぐことであった。

この点については1章でふれるが、乱世を生きるにあたっては、武将にしたがって戦場にも出向き、武器をとって戦わなければならない場合もあった。村での生活が立ちゆかず、だからといって戦いの埒外（らちがい）で孤立する道は出家するくらいしかなく、その僧侶とて戦争とまるで無関係に生きることはできなかった以上、従軍もまた乱世を生きのびる方法である。そしてその結果乱世の「地獄」がいや増（ま）しになることはたやすく理解できよう。

また3章でふれるように、戦場に出て行かないまでも戦国大名のもとで、城の留守を守るなど軍役に従事する必要もあった。孤立して身を守ることは論外であり、保護を求めて大名や領主に服属するのが普通だった以上、命令に服従しなければならないのはやむをえない。しかし一方、その大名や領主がどの程度の器量であり、はたして頼り甲斐のあるものかどうか、冷静な目で見きわめることも決して忘れられてはいなかった。強い大名、危機管理能力の高い領主が求められ、人びとはそちらに従うことになる。だから無能な大名や主人を棄てて寝返ることも乱世では常識に属することであった。言いかえれば民衆の厳しい鑑識眼と容赦のない辛辣な計算とが無能な支配者を滅ぼしたのである。

自治・自衛する民衆

生きのびるためにはまた、集団の規律に従わなくてはならなかった。当時の村も町も住民たちが組織をつくり自治を行っていた。権威を低落させた「御上(おかみ)」が少しもあてにならず、日常の治安さえ守ってはくれない時代としては当然のことともいえる。頼れるものは自分たちの力のみ、だから当時の民衆の多くは生まれながらに自治の担い手(にないて)であった。

自治とは自分自身の属する集団の力を結集してすべてを仕切ることである。平たくいえば自分の命を含めていっさいを委ねる自前の親分を創り出すことである。この自前の親分なしには、圧倒的な大名の軍勢を前に民衆は散り散りばらばらになってしまう。強者と対峙するために自前の親分を精一杯盛りたてる必要がある。だから親分の命令は絶対であり、時としてはその命令により、自己の属する集団のために死ななければならなかった。

乱世の民衆には集団の一員として行動することがすべての前提だったともいえる。ある時は大名・武士など有力者の配下の一人としてであり、ある時には村・町の指導者の統括する村民・町民の一人としてである。そして集団の一員であるかぎり、ある種の保護を期待することはできた。たとえば村から戦闘要員を出す必要のある場合、従軍する村民に対しては村から恩賞が約束され、討死したときには遺族に特典が認められた。村民には村による保護があったのである。また主人に召し使われる被官（ひかん）が他人と争い、殺害されたり負傷したりした場合には、主人がその報復を行うものとみなされていた。家来同士の争いが主君同士の争いに転化されるような事態がしばしば起こったのはそのためである。集団の一員たるかぎり、無名・無力な個人であれ、集団による保護を期待することができたのである。

ところがそうした集団を離れると事情はまったく変わってしまう。集団への帰属を断たれた者は、あらゆる保護から見離された存在、すなわち天下の公道に放り出されたも同然の存在として「公界往来人（くがいおうらいにん）」と呼ばれた。このような者は誰からも庇（かば）われることがなく、強奪されようが殺害されようが、成敗（せいばい）の権限や報復の権利を駆使した救済の手が差しのべられることはなかった。戦国時代の厳しい現実である。砂漠を旅する隊商のように、仲間から離れることがすぐ死を意味した時代であった。固有名詞を残すような生き方はほとんどの人びとには許されていなかったといえよう。

その、固有名詞を残さなかった民衆にスポットライトをあて、彼らの、とりあえず今日を生きのびるための戦いを通じて戦乱の時代を描いてみようというのが本書の狙いである。このような見方を等身大の人間に即した、それなりに意味のあるものとみるか、国取り・天下取りの英雄も一揆の英雄も無視した、みすぼらしく魅力に欠けるものとみるかは、それぞれの好みによるかもしれない。だがこのような見方に立つのは何も好みによるばかりでなく（もちろん小心な小市民の筆者としてはそれも大きい）、のちの時代を築いたという点では戦乱のなかを逃げまどった民衆のほうこそ主役ではないか、と思われるからである。

平和への道程

第一に、国取り・天下取りの英雄とも敢然と蜂起した一揆とも、戦乱のなかを逃げまどった民衆は決して無関係ではなかった。国取りに成功した戦国大名がみずから支配する民衆に誇ったことの第一は、3章で述べるように「国を静謐せしめた」つまり平和の秩序を回復したということである。この点は守護大名を追放した加賀一向一揆でさえも変わらない。彼らが、乱世を生きる民衆が望んだにちがいない平和の回復をアピールしたのは、自己アピールのもっとも重要な対象がこの民衆だったからにほかならない。本書で詳しく述べたいが、戦乱のなかを逃げまどう民衆にもっとも細心の気遣いをしたのは権力を握った戦国大名や一揆であった。

第二に、結果論にしろ「平和」の到来で戦国乱世は終結を迎えた。十六世紀後期から十七世紀初め、戦国乱世の最後を生きた連歌師、また第一級の知識人として知られる松永貞徳は乱世を次のように回顧する。

「戦乱が起こると町々は門戸の防備をし、堀を掘り、関所を設置し逆茂木（城郭の防禦施設の一種）を植えたため、ほんの一時的な行き来も自由にできなくなる。そのため近国・他国の情報も入らず、合戦の流言・蜚語に振りまわされて家財を隠し、避難場所を求めて右往左往したものだ」

そして平和をもたらした徳川幕府に対して、「御当家様の御恩こそ、山よりも高く、海よりも深きことにて侍れ」と最高の賛辞をささげている。あながち時の権力におもねった台詞と片付けるわけにはいかない。やはり無数の民衆の願いを想定すべきだと思われる。民衆の希望はともかくも実現したのである。

それればかりではない。乱世に彼らが、その自前の親分たちの下で創りあげた村や町の自治体制も、平和な近世社会の枠組みの原型として存続した。その自治を支えるために彼らが村の会議で行った村法制定は、近世にもひきつづき彼らの手で行われた。雑駁な言い方となるが結局のところ、彼ら民衆の言い分は大筋として通ったのである。

このようにみてくれば、軍記や記録や古文書など史料の表面に出てくることはほとんどないにしろ、乱世の真の主役は戦乱のなかを逃げまどった民衆である、とすら思えてくる。彼らの一人一人が、何かめざましい働きをした、ということはないが、めざましい働きをした戦国大名や一揆、そして天下人たちを動かしたのは、彼ら民衆ではなかろうか。織田信長や豊臣秀吉や、あるいは武田信玄や上杉謙信がいかに偉大だったかを考える以上に、民衆が偉大な彼らにいかに無言の圧力を加えていたかを考える必要があるように思われる。

それではまず、戦乱のなかで逃げまどう民衆を大量に生み出した応仁の乱から始めよう。その戦乱にいたる道程でいかに多くの民衆が戦いに巻き込まれていったか、戦国乱世の始まりをみることにする。

1 土民の蜂起

土一揆にかかわる人びと

頻発する土一揆

日本列島各地を戦乱に巻き込んだ応仁の乱は、いきなり起こったわけではない。三管領家と称される幕府の有力大名三家のうち、斯波、畠山という二つの家で家督争いが起こり、家臣たちもそれぞれに分かれた抗争が長期にわたり継続したことが有力な要因とされている。また将軍家自体に家督争いが起こった。将軍足利義政に実子がなく、僧侶となっていた弟を還俗させて義視と名乗らせ嫡子とした後に実子義尚が生まれ、どちらを嫡子とするかについての抗争が幕府諸大名を巻き込んだ。この抗争が先の斯波、畠山家の抗争と絡まり、諸大名の間にのっぴきならない対立関係が生じたことは有名である。

しかしながら、支配階級の間で長期にわたる争いが起こっただけで民衆の日常生活の秩序が破壊され、先述の「はじめに」で述べたような無法状態が続く、というような事態にはまずいたらないのが普通である。実は民衆の日常を支える秩序のほうにこそ亀裂が生じており、その亀裂の深まりの結果、諸大名の戦が生じ、戦乱の巷が現出したとも考えられるのである。このように考えるのは、応仁の乱の二〇年ほど以前から京都は頻々と土一揆（「どいっき」とも）の襲撃をうけるようになっていたという状況がみられるからである。表1をごらんいただきたい。

土一揆は、これもよく知られるように、京都近郊の民衆が徳政を求めて武装蜂起し、京都の金融業者土倉・酒屋などを襲撃して借用証文を破棄し、その軍事的圧力によって幕府に強要して徳政令を出させる民衆の運動である。徳政とは貸借関係・売買関係を御破算にすることである。借金のかたにいったん質に入れた担保が元金も返済しないのに債務を負っている借り手に戻ったり、年貢が払えないため売りに出した土地が無償で売り手に戻ったりするわけである。

著名な永仁の徳政令（永仁五年〈一二九七〉）を持ち出すまでもなく、中世には為政者の手により何度も徳政令が出されただけでなく、民衆の手によっても貸主・借主あるいは、

年代	土一揆勃発年						
1420年代	1428						
1430年代							
1440年代	1441	1447					
1450年代	1451	1454	1457	1458	1459		
1460年代	1462	1463	1465	1466			
1470年代	1472	1473	1478				
1480年代	1480	1482	1484	1485	1486	1487	1488
1490年代	1490	1493	1494	1495	1497	1499	
1500年代	1504	1508					
1510年代	1511						
1520年代	1520	1526					
1530年代	1531	1532	1539				
1540年代	1546						
1550年代							
1560年代	1562						
1570年代	1570						

表1　京都・京都周辺土一揆年表

売主・買主相互の間で行われた。土一揆のように武力に訴えて有無をいわせず徳政を行うことは私徳政といった。一定の地域内部で人びとの申し合わせにより、あるいはその地の領主の命令で行われる局地的徳政も当時「私の徳政」などと呼ばれ、学問的には「在地徳政」と規定されている。

中世ではこのようにさまざまな形の徳政が支配者の代替わり、改元、天災、戦乱などの機会を捉えて実施されたため、現代人には非常識な暴挙ともみえるこの政策は、民衆にはきわめてなじみ深いものであった。徳政に関する笑い話まで創られた。地方から上京した旅人の脇差など大事な所持品をわざわざ寸借し、徳政令を利用して巻き上げようとした旅館の主人が、逆に旅人に貸した宿を取られてしまう、という話が『塵塚物語』に収められている。

徳政を求める土一揆は十五世紀の初めから公然と京都を襲うようになる。正長元年（一四二八）には、「日本開闢以来土民蜂起、これが初めなり」と、のちに評された大規模な土一揆が天皇と将軍の代替わりをきっかけに起こり京都を襲った。さらに畿内各地に広がり、近国でも土民の蜂起がみられたことは著名である。また嘉吉元年（一四四一）、将軍足利義教が播磨守護赤松満祐に京都の赤松邸で暗殺された事件をきっかけに、「将軍の代替わりに徳政を行うのは（正長元年の）先例がある」と号して蜂起し、京都を襲った大規模な土一揆も有名である。このときには武力攻勢に押された幕府がとうとう徳政令を発布したことが知られている。

徳政要求の背景

このような大規模な土一揆の起こる背景として、通常指摘されているのは村住民の徳政要求である。２章でふれるように、この時代の村は領主に年貢を請負うことを代償として村民による自治を認められていた。この条件のもとで自治を維持するためには、豊作凶作のいかんを問わず確実に年貢納入を果たさなくてはならない。旱魃その他天災などによる不作の際には納入する年貢を確保するために、村民は土地を担保に京都の金融業者などから借金するのが通例だった。言いかえれば自治の村は慢性的な債務を負っていたのである。

徳政を待望しなければならないこうした現実に加えて、村人には徳政を要求する権利があるという観念も当時は強かった。この時代には、土地の所有権が財力のいかんで移動しうるとは必ずしも考えられていなかったのである。たとえば、いったん寺院や神社に寄進された土地は、その後寺社側の都合で売却され、他人の手にわたったとしても、ただちに買い取った者の所有と見なされるわけではなかった。なぜならいったん寺社の土地となればそれは仏のものであり神のものとなる。神仏のものとなった土地は、人間の財力などでおいそれと帰属を変更することなどできるものではない、というのが当時の人びとの土地所有観念だった。

だから村の土地も質入し、質流れしてもただちに債権者のものと見なされるわけではない。土地は本来開発者のものであり、その子孫のものである。土地はこの親族集団と一体のものであり、それらが不遇の時代に質に入れられることがあったとしても、それだけでこの親族集団から切り離されるわけではない。あたかも身売りされた子どものたちの脳裏から父母の記憶が消えることがないように、土地もまた「本主」とのつながりが切れることはなかった。そしてなんらかの契機で、いわば土地の身請すなわち徳政が行われるわけである。

村民の慢性的な債務と、所有地の「もともとの持主」としての確固たる権利意識、それが時として村住民の徳政要求として爆発にいたったものが土一揆だというわけである。

たしかにこの説明は事態の一面を的確に言い当てたものといえよう。しかし、それにしても十五世紀の土一揆はいささか頻繁すぎるのではないか。畿内全体を巻き込んだ正長の土一揆から、幕府を徳政令発布に追い込んだ嘉吉の土一揆までは一三年、畠山持国と細川勝元との政争が絡むといわれ、近江・河内・山城で蜂起し、奈良を巻き込み、京都を襲った文安四年（一四四七）の土一揆までは六年の間隔があり、ここまではさほど頻繁とはいえない。ところがそれからほとんど二年か三年おきに、盛んなときには毎年の割合で土一揆が起こり、応仁の乱勃発にいたるのである（表1）。

土一揆を形態からみれば、都の金融業者・大商人を襲う打ちこわしに似ている。近世の打ちこわしは大飢饉のあった宝暦・天明期、天保期などに頻発するとされる。しかし十八世紀中葉から十九世紀中葉のこの時期の、政治の中心江戸、その近隣の武蔵という地域をとってみると、手元の年表によるかぎり十五世紀の京都ほどには起こっていない。幕末になって毎年のように起こり始める以前には、このような頻発はみられない。つまり京都の土一揆は窮乏した農民の運動としてはあまりにも頻繁で、大規模であると思われる。

たしかに村の生活の立ちゆかなくなった窮乏した村民を、土一揆の群に見出すことはさほど困難ではないだろう。しかし実は、土一揆には多くの大名被官が加わるなど、単純に窮乏した農民の運動とはいえない側面をもっていたのである。しばらくこの土一揆の実態をこまかくみながら、迫りくる乱世の実情を考えることにしよう。

「余所者」たちの土一揆

応仁の乱より一〇年余り前の享徳三年（一四五四）にさかのぼってみよう。この年の春、京都では盗賊が横行し、多くの店がこれほど頻繁に被害にあうことは以前にはなかったと噂された。盗賊がいまや憚ることなく公然と行動し、七貫、五貫という大金を入会金としてその仲間に入るものが多いという物騒な噂もながれ、盗賊仲間の隠語が流行り言葉のように話題にされたらしい。また夏には大雨が降り、朝廷では二度にわたり雨をとめるために神社に奉幣使が派遣されたほどだった。さらに八月、畠山家の家督争いが京都住民を脅かした。八月には畠山義就（当時、義夏）と義富との対立により、義就の館では合戦の準備を始め、国々の軍勢が集まった。合戦の気配に内裏や将軍の御所にも軍勢が集められ、厳重な警戒が行われるなか、畠山氏の家臣の家が火事になるという事件が起こった。みずから邸宅に火を放って退却したとの噂であった。

こうしたなかで九月初め、京都近郊の土一揆が蜂起して東寺（京都市南区）など京都南部の寺院に陣をとり、洛中を横行するという事態になった。これを撃退しようと立ち向かった幕府軍も「雲霞の如き」一揆勢をみて退却してしまう。土一揆勢は下京あたりの土倉から質物を奪い、洛中の土倉から大規模な掠奪を行った。この年の冬には幕府の徳政令が出されている。

それから三年後の長禄元年（一四五七）十月京都では大規模な土一揆が起こった。この年諸国は大旱魃となり朝廷は雨乞いの奉幣使を派遣した。京都では大風が吹き、九月には奈良では旱魃を理由に年貢減免の訴えが行われている。十月に土一揆が蜂起して法性寺などから質物を奪取し、また一揆のため京都への通路は封鎖された。京都の土倉の組織した軍勢が政所執事伊勢貞親の家臣を加えて因幡堂に結集し、法性寺の土一揆に攻撃を加えた。一揆のなかには近隣の住民とともに稲荷社の神官もいたため、稲荷社門前の在家は土倉軍のために放火された。

管領細川勝元は、南山城の地侍であり細川被官の「八頭」と呼ばれる木津・田辺らに宇治橋の警固を命じ、平等院の衆徒もこれに味方したというから、かなり遠くからも土一揆が京都を襲撃する可能性があったのだろう。事実このあと「奥山城より土一揆」が攻め寄せたことが知られる。山城守護畠山義就はどういうわけか鎮圧に向かわなかった。

土一揆は東寺に陣を取り、土倉軍は因幡堂に陣を取って洛中では合戦が続いた。しかし一揆勢に押された土倉の軍勢は二十六日に五条あたりで戦って敗れ、土一揆の掠奪はいよいよ激しさを増した。この土一揆は西岡（京都市西京区・向日市・長岡京市一帯）の者だっ

焼け残った土倉　延慶２年（1309）に完成した『春日権現験記絵』巻14より。中世の土倉を描く唯一の例と考えられている（模本、東京国立博物館蔵）

たという。これに対して幕府は細川・山名・一色ら幕府の有力大名の軍勢を差し向けたが、土一揆に大敗北を喫した。幕府は「武家の為躰なきがごときか」と罵倒され、京都には〈冬の夜を寝覚めて聞けば御徳政、払ひも敢へず逃ぐる大名〉との落書が書かれたほどである。

この敗北によって、京都の土倉らは質物を土一揆側に出すことに同意した。それまで情勢をみていた京都郊外の山科七郷（京都市山科区）では土一揆に味方して行動することを領家山科家に通告し、質物を奪還するため京都に向かった。幕府が徳政令を発したうえで初めて徳政が行われる、というわけではなく、むしろ土一揆と土倉、土一揆と幕府との合戦の勝敗により、事実上降参した土倉が質物請出しに応じる、という形で徳政が行われることも多かった。人びとは土倉から質物の返済を求めたが、その際、京都住民や竹田・九条など京都周辺の者は借金額の十分の一を支払って取り返したのに対し、「田舎者は只取り」したという。

徳政に際して、借りた側も借金額の何分の一かを支払うことは正長土一揆や嘉吉土一揆の時代から慣行としてみられ、幕府もこれを条件に徳政を実施する、いわゆる分一徳政令を何度も発令している。京都およびその周辺の住民の行動もこれに基づくものだろう。今後も借金の必要から付合いの続くはずの土倉に対しては、そう居丈高なこともできなかったのが京都町民や周辺の村民たちの事情だと考えられる。

そうなると「只取り」した「田舎者」は土倉には日常的な借金のなかったことになる。「奥山城」から攻め寄せた土一揆もあったから、日常的な借金があるというわけではなく、地方から京都を襲撃する土一揆が徳政を求める一揆勢に含まれていたのである。幕府が土一揆の取締まりに際して、「商売などで京都に出入りする者には被害を及ぼしてはならない」と指示している点からも、かなり遠くからの土一揆参加がみられたといえよう。

武士・牢人の活動

十一月に入り東山東光寺にいた斯波義敏配下の四〇人余りの武士が、土一揆に便乗したためか、土倉から質物を奪い掠奪するという事件が起こった。将軍の命を受けた斯波家の家老格の家臣甲斐・朝倉・織田らの手によりこの四〇人余りの武士は一人残らず討ち果たされたという。みな名字ある武勇の侍たちだったというが、このように武士たちの姿が土一揆のなかに見出されることは珍しくない。

二年後の長禄三年（一四五九）の冬にも土一揆が蜂起した。この時は幕府軍が一揆軍を掃討している。さらに三年後の寛正三年（一四六二）九月に京都を土一揆が襲った。この土一揆は蓮田（兵衛）という「地下の牢人」（村に住む、主人のない武士）が大将であったことが知られる点で著名である。さらに注目すべきことは土一揆が洛中に乱入して掠奪、放火を行って三十余町が焼失するという事態になり、幕府が諸大名に討伐を命じたところ、家来のうちに土一揆に味方するものがおり、ほうぼうへ乱入したことである。土一揆の群れに武家被官の姿がみられることが多いと述べたが、これもその一例といえよう。

九月下旬になっていったん退散したかにみえた土一揆は、十月下旬になり再度蜂起した。土一揆は「京都七口」と呼ばれる京都への出入りの通路を塞いだため商業は停止し、京都は食糧窮乏に陥り、東福寺（京都市東山区）のような有力な寺院でさえ米穀に事欠くようになった。土一揆は鐘を鳴らし鬨の声をあげて周辺から京都突入を試みるが、細川・山名・一色・土岐・京極・赤松ら諸大名の軍勢が防禦を固めていて果たせない。戦闘がくりかえされるなかで一揆軍はしだいに勢力を失い、十月末に総崩れになって逃げ散った。大将の蓮田は淀で誅せられ、四塚（京都市南区）で梟首されたとも、淀から船で逃れたが、六条河原で梟首されたともいわれる。

十一月に入り土一揆の加担者の探索が行われた。東福寺門前、伏見、竹田などの村から加担者の首が差し出され、すでに逃げ去った者の家が検断され放火された。丹波国須智村（京都府船井郡京丹波町）からも土一揆が出たことが分かり、処罰された。そのほか東福寺領宇賀辻子（京都市南区）から首二つが差し出され、また放火された家がある。南禅寺門前からも二人の加担者がみつかった。さらに法苑寺の紹久西堂が徳政のことで寺院の組織から追放され、幕府に訴えられたあげく京都追放ときまった。

この土一揆については「地下の牢人」蓮田兵衛のもとに組織されたこと、諸大名の被官が加わっていたこと、さらに加担者の摘発から分かるように、ほうぼうの在所から数人ずつ参加する形態であったことが指摘できる。土一揆といえば、村の組織を介して行動するといわれることが多いが、この土一揆をみると、一人の大将のもとに大名の家中から、寺院から、あるいはそれぞれの在所から、いわば個人参加の形で結集した集団のものもあったことが知られる。こうした集団のなりたち方は、後述する足軽の集団に酷似している。

翌寛正四年（一四六三）にも土一揆が蜂起した。九月下旬には京都で徳政が行われるとの風聞があり、事実東寺周辺では夜間巡回による警固が必要なほど物騒な事態になっていた。九月末についに一揆が蜂起する。幕府では大名、将軍近習、奉公衆（将軍の親衛隊）らに命令して彼らの被官が土一揆に加わらないよう取締まりを指示した。これもまた土一揆に武士とその被官が含まれていたことを示す、注目すべきことがらである。

二年後の寛正六年十月にも京都西郊外で土一揆が蜂起した。この西岡と呼ばれる地域にいた革島、石井、鶏冠井ら政所執事伊勢貞親被官の地侍ら八人は一揆に同意した者は闕所処分にすること、同意の者が露顕したときにはすぐさま注進するよう主家から命令をうけている。さらに土一揆が猖獗をきわめているから、なお一層の取締まりが必要であるとの革島氏の報告をうけた伊勢家では、蜂起が鎮まるまで在京するよう乙訓郡の西岡の被官らに命じている。土一揆は、彼ら地侍の鎮圧すべき階層によるものではなく、むしろ日常的な関係からは合力せざるをえないような階層の者たちが中心となっていたのだろう。

このようにみてくると土一揆の顕著な特徴として、そこに大名被官など武士、武家奉公人たちの姿がみられることをあげることができよう。たしかに土一揆は、天災などによる不作、それによる窮乏も大きな契機になっている。寛正二年から始まった「寛正の飢饉」と呼ばれる大規模な飢饉が起きてからは毎年のように土一揆が起こっていることはまちがいない。しかし一方、武士や武家奉公人の影が見え隠れする事実も否定できない。次にみるように、実のところ、大名や武士が動員する土一揆も決して珍しくなかった。

動員された土一揆

京都を襲う土一揆のなかに大名被官など武士の姿が見出せるのは、なにも応仁の乱近くなってから始まったことではない。すでに正長土一揆の際に「諸家被官人」が土一揆に加担しないよう下知せよとの触れが行われた（『薩戒記目録』）ことが知られる。文安四年（一四四七）の土一揆の際には西岡にいる畠山持国の被官が管領細川勝元の討伐軍に抵抗しようとしたことが知られている。そもそもの初めから、土一揆と大名被官の下級武士とは密接にかかわっていた。

その理由を探ってみよう。まず土一揆の多様な姿を調べる必要がある。土一揆というものは徳政を呼号して京都を襲うのと同じくらい、武士に動員されて戦うことも多かったのである。永享四年（一四三二）、大和では衆徒（興福寺被官で下級僧侶の身分をもつ在地領主の武士）の筆頭筒井氏と、有力な国民（春日社神人で末社の神主の身分をもつ有力な国人）越智と箸尾の両氏とが武力で抗争したことがあるが、この時は双方とも土一揆を動員した。越智氏が筒井氏を攻撃して竜田神社を焼き払ったときには、筒井方の土一揆が越智軍を襲った。筒井氏の敗北により幕府から畠山・赤松氏が越智・箸尾討伐に派遣されたときには、越智・箸尾を敗退させて引きあげる筒井・赤松勢を越智・箸尾方の土一揆が襲っている。山門（延暦寺）もしばしば土一揆を動員した。永享五年ごろ、山門は訴訟を行っていたが、その折には近江あたりの土一揆を蜂起させるよう画策していると噂されている。また嘉吉三年（一四四三）に管領畠山持国が本拠の河内から大軍を上洛させたときには山門使節がこれに味方して土一揆を率いて河原に待機していたという。

このような状況は地方でもまったく変わりなかった。越前国にある興福寺の大荘園河口庄のうち兵庫郷では、国人の堀江氏が土一揆を蜂起させ、豊原寺（福井県坂井市丸岡町）を攻撃している。肥前国では文明年間（一四六九～八七）に千葉胤朝とその配下の国人岩部常楽とが、家老中村胤明の讒言から戦うようになった。胤朝の派遣した軍勢に対して岩部が日ごろ「撫育」していた土民が大規模な土一揆をおこして千葉軍を追い散らした。武将の命令により、あるいはその意をうけて蜂起する土一揆はどこにでも普通にみられる存在だったのである。

　したがって徳政を求める土一揆が起こった際にも、その背後には支配階級に属するような有力者の政治工作がある、と見なされることはごく普通のことだった。文安四年七月にはすでに述べたように京都を大規模な土一揆が襲っている。同様の土一揆は近江・河内・山城でも起こり、徳政を勝ちとっていた。そしてさらに奈良に波及してきたのである。この時、奈良では、この徳政を求める土一揆は、じつは前の興福寺大乗院門跡であり興福寺別当にもなった経覚と衆徒古市が土一揆を動員して奈良を滅亡させようと企てたものである、との噂が立った。

　みずから日記にこの噂を書きとめた経覚はまことに心外であるとの感想を書き付けており、この噂は文字通りたんなる風評にすぎなかったのだろう。しかしなぜこんな噂が立ったのだろうか。根も葉もない風評は常に、一見いかにもありそうな筋立てで作られるものである。当時の人びとにとってみれば経覚や古市が奈良を攪乱することは、当時の大乗院門跡の尋尊や衆徒の筒井と対立関係にあった彼らのいかにもやりそうなことだったし、彼らがそのために土一揆を動員することも、いかにもありそうなことだったのである。つまり、土一揆というものは、有力者同士の政治抗争のなかで彼らに動員されて起こるものだ、という考え方は当時にあってきわめて常識的だったことになる。

このようにみれば土一揆は、武士たちの動員した土一揆が厳然として存在するという事実ともあいまって、武家の抗争に絡まった政治的な性格も有するものだったと考えられよう。京都を襲った土一揆のなかで諸大名の被官たちが動いているのだから、とりも直さずこの土一揆のなかに大名たちの思惑もまた働いていたと考えざるをえない。このような見方はこれまでの研究でも提起されてきた。稲垣泰彦氏はもう四〇年近く前に土一揆は大名の被官となる階層の者がかかわっており、たんなる農民闘争とはいえないことを指摘された。永原慶二氏もやはり三〇年ほど以前、嘉吉の土一揆のなかに幕府の有力大名畠山持国の意向が働いていることを指摘しておられる。さらに今谷明氏は文安四年の土一揆が畠山持国と細川勝元との政争のなかで、畠山持国の影響をうけて蜂起したことを指摘しておられる。

前にみた享徳三年の土一揆の直前に畠山義就と義富との家督争いに端を発する抗争が、武力衝突の直前までいっていたことが注目される。また長禄元年の土一揆の際にはこれも家督争いの渦中にいた斯波義敏の被官が、徳政まがいの掠奪を行って家中の武将から成敗されたことも想起される。これらが土一揆の動きにどう絡まるかは明らかではないが、政争の渦中にいる大名たちと土一揆との、何らかの関連を想定することも決して不可能ではないであろう。

村落にとっての土一揆

山科郷と土一揆

これまでの研究でも、こうした見方がまったく否定的に扱われたわけではない。しかしそれほど注目されなかったのは、土一揆がなぜ徳政を求めるのか、がこのような見方では十分説明できなかったからである。仮に土一揆の背後に政治的有力者の動きがあるとしても、借金の棒引きを求める徳政が、これら有力者にとって一体なんの利益があるのかは説明が難しい。やはり徳政を切望しているのは、当時として大事な土地を担保に入れた村民くらいしか考えられないのではないか。このような理由から、研究の主力は村の切望する徳政の実態を追究するほうに向けられてきた。

だがそれでは、肝心の村は徳政を呼号する土一揆の際にどのような動きをしたのだろうか。
徳政待望の主たる勢力とされた村住民と徳政を呼号する土一揆との関係が、具体的に分かる材料は実のところほとんどない。そのなかで希有ともいえる実例が、京都東郊外の山科七郷のものである。室町時代の山科七郷は野村・大宅・西山・北花山・御陵・安祥寺・音羽の七つの村と南木辻・大塚・下花山・上花山・厨子奥・上野・四宮河原・小山・竹鼻などの枝村からなっていた。村の領主は大宅郷の山科家、賀茂家など公家、醍醐寺三宝院、聖護院、青蓮院、勧修寺などの門跡寺院、そのほか村によりさまざまである。

長禄元年（一四五七）十月、すでにみたように京都で土一揆が起こった。当初大宅郷の領主山科家は地下に対して徳政を行うことは堅く禁止している。ところが幕府軍が大敗して京都で徳政が始まると大宅郷（東庄）では、その夜七郷が同心して徳政行動に加わることになった。住民らは山科家に徳政に同心するべきかどうかを問い合わせてきた。山科家側は「今まで堪忍の儀」との返事を伝えた。おそらく徳政に向かうことにゴー・サインを出したのだろう。

注目されるのは大宅郷のきわめて慎重な対応である。領主の山科家の命令によって最初は徳政に加わらず、幕府軍の敗北により徳政が行われることが確定的となり、七郷全体がそれに同調するようになって山科家に問い合わせ、その承認により出撃しているのである。もし逆に土一揆が幕府軍に敗北すれば幕府による一揆狩りが行われたであろうから、最初の慎重な動きは当然としても、領主側の意図に反してまでも徳政にかかわろうとはしていない点は、土一揆の村主役論からみて奇妙な印象は拭えない。

それから二〇年余りのちの文明十二年（一四八〇）、応仁の乱終息まもないころ、京都は大規模な土一揆に襲われた。西郊外の向日神社（京都府向日市）で蜂起した土一揆は京都に侵入する。幕府からは山科家と七郷の沙汰人（庄屋クラスの村役人）らに土一揆に同意する者は処罰するとの通達が行われた。土一揆のため京都の治安は悪化し、京都の山科家の屋敷を警固するために七郷住民の数人は山科家の命により上京した。この段階では長禄元年のときと同様で、山科七郷に土一揆と同調する動きはみられない。

ところが九月十六日、とうとう京都では土一揆が質物を奪取して徳政を行うという状況になった。さらに十八日、山科家の屋敷警固に上京していた「いや五郎」という住民が、個人的に本銭の十分の一を支払って質物を取り返したことを七郷に伝えた。そこで七郷では全員結束して一揆を結び、徳政の行動に立ちあがることになった。その時の京都の土一揆は「きんやの又」なるものを大将としていると山科家では記録している。住民たちは二十一日には山科に戻り、今回の徳政行動にかかった費用は村の公的支出とすることにした。徳政は村全体の公的行動とされたわけである。

土一揆のしきる徳政状況

村民が村ぐるみで徳政に立ちあがったとみることはできよう。しかし今回も、徳政が行われるにいたったことが村の一員による通報によって確実となったあとにしか、村民は行動しなかった。もちろん徳政を村住民が切実に待望していたことはまちがいなく、村民の一人「いや五郎」はさっそく個人的に質物を請戻しているくらいである。しかしそれだけで一揆と連帯していたといえるだろうか。土一揆を「乱世の至極」と非難している公家だって、徳政となり自分の質物が戻ることになれば「土一揆の同類となるのも一興だ」と嘯(うそぶ)いてちゃっかり頂いてしまうような状況である。徳政に便乗することと、その原因となる一揆に参加することとは分けて考える必要があろう。すくなくとも村が土一揆ときわめて慎重に距離をおいていることはまちがいないようである。

そもそも徳政実施が確実な状況とは、じつはそれほど明確なものではない。徳政令でも出れば話は別だが、土一揆の攻勢のなかで、事実上、土倉などが質物請戻しに同意する、というような形でその状況が到来する場合も多い。極端にいえば土一揆とその攻撃対象の土倉ないし幕府軍との力関係こそが徳政状況を決定するともいえる。両者の戦いのなかで土一揆が優勢となれば、人びとは徳政の到来を予感し、幕府・土倉が優勢になれば土一揆の掃討を予想した。土一揆が高札(こうさつ)を立てて、自分がこの一帯を縄張りとして制圧していることを誇示することもよくあったし、幕府も負けずに徳政禁止の制札を警固させて威令が行われていることを強調することもあった。徳政状況はこのような政治的駆け引きのなかで現出するものなのである。だからそれに対処する村側も、優勢に立つのがどちらであるかを見きわめる政治判断は当然ながら必要だった。

嘉吉の土一揆が波及して若狭国でも徳政が行われたときのこと、東寺領太良庄（福井県小浜市）の荘園住民らは、宝蔵造営のための奉加借米を徴収しようとする領主東寺に、次のようにいう。「若狭ではどのような借物も返済してはならないと土一揆が掟を定めました。それに逆らえばどのような災いが荘園に及ぶか分かりません」と。造営の費用を貸付の利子の収納によって捻出しようとするのが宝蔵御造営米なのであるが、貸し付けられた米は徳政の法により返済できなくなった。土一揆の制裁があるから徳政に逆らうことはできない、というのが荘園住民の弁明である。

もとより、村民の本音は徳政の好機を利用し、土一揆の脅威を盾にしてあわよくば返済を免れようということではないか、と推測することは容易である。と同時に徳政は、土一揆の武力的脅威を背景として、違反者に無言の圧力をかけながら実施されたこともまた、うかがわれる。村民の側としては、冷静に全体の政治状況を判断しなければ、徳政にも、あるいは幕府や領主の徳政禁止にも同調できなかったのだといえよう。だから徳政実施が確実かどうかまだ分からないような時点から、積極的に土一揆と連帯するような突出した村は、皆無とはいえないにしろ考えにくい。徳政は儲けものであるとしても、最初から土一揆に従うような甘い展望をもつ村はほとんどなかったと思われる。村人だからといって土一揆に味方するというわけではないのである。

土一揆を取締まる村落

村人の土一揆とのかかわり方をうかがわせるもう一つの事例がある。長禄三年（一四五九）九月、京都西郊外にある東寺領上久世庄（京都市南区）では、荘園住民が幕府による土一揆参加者の糺明に応える起請文を幕府に提出した。その内容はだいたい以下の三点である。この荘園内には土一揆の張本人も「与力同心」の者も一人もいないこと、徳政に同心する者についても何も知らないこと、もし今後張本人と「同心」の者について聞いた場合には、ただちに幕府に突き出し、その者がたとえ親類兄弟などの縁者であっても秘匿しないこと、以上である。

幕府は土一揆を取締まる際に荘園領主や主人を介して土一揆を取締まり、土一揆張本人と加担者の注進を命じたりした。この前年の長禄二年にも東寺に、土一揆の張本人らを捜査してその在所や名簿を、起請文とともに寺領の住民たちから提出させるよう命令している。さらにさかのぼって享徳三年（一四五四）にも同様の命令を東寺に出している。以前述べた、寛正六年（一四六五）に政所執事伊勢氏が幕府の命をうけ、被官の地侍に土一揆

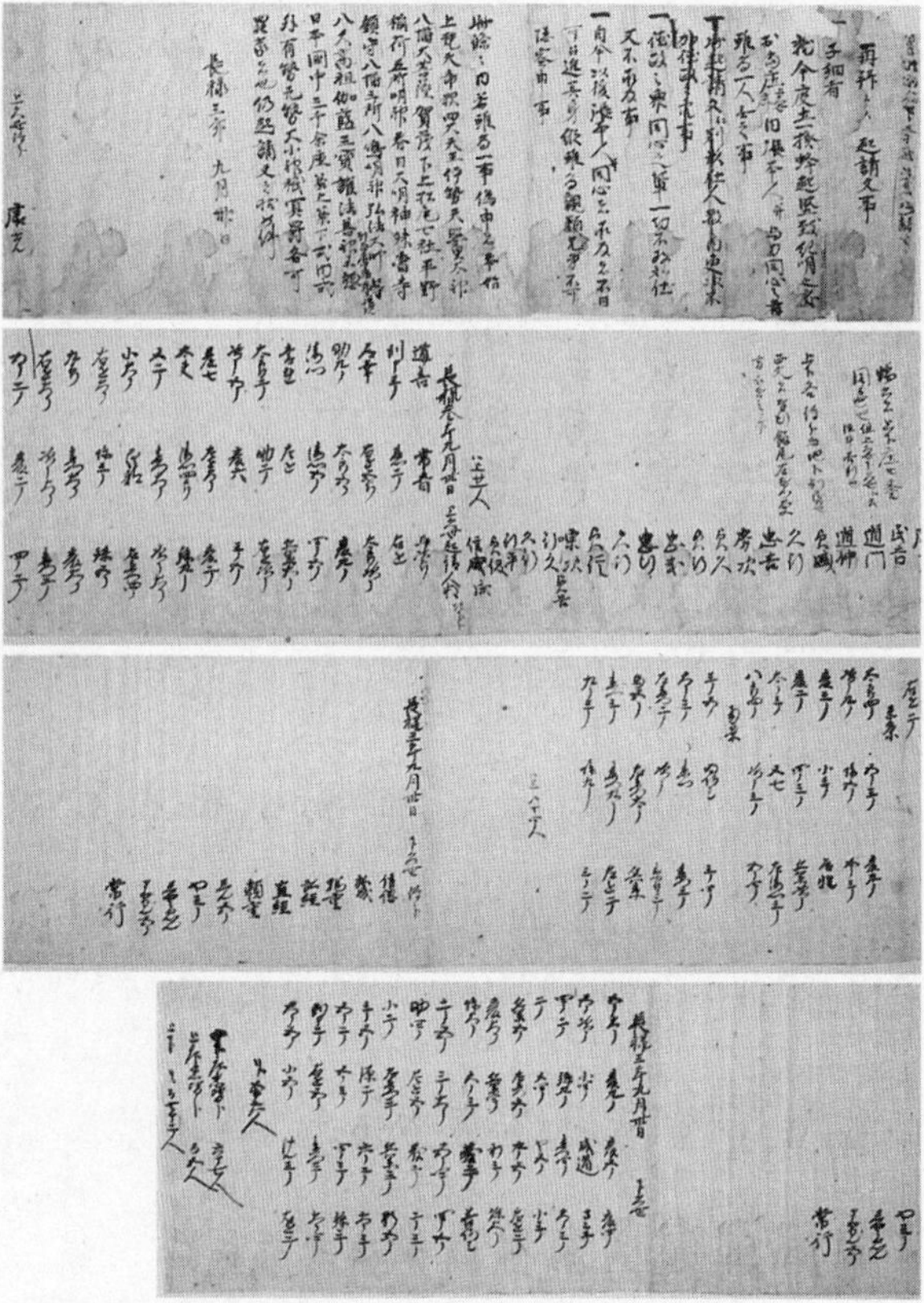

上久世庄民の起請文写　『東寺百合文書』を函。長禄３年（1459）９月30日、侍分と地下人双方住民の土一揆に関する誓約（京都府蔵、写真提供・京都府立総合資料館）

に加わらないよう命令しているのは主人を介した取締まりといえよう。

幕府の土一揆取締まりの方針は、武士の家中のまとまりや、村という自治組織（2章で述べるように、この時代の村では村自身の手で警察行為も行われるのが普通だった）などの力を利用するものであった。とすると幕府は、土一揆の取締まりは村の自治に任せることができると考えていたことになる。土一揆が名主（みょうしゅ）・沙汰人らの村民の指導者に率いられて蜂起するものだとしたら、この取締まりは土一揆の張本人に、降参して仲間を引き渡せ、と命令するに等しいものとなってしまうのだが、しばしば土一揆と合戦し、鎮圧してきた幕府がいくら何でもこんな馬鹿げた手段をとることはないだろう。

もちろん土一揆が名主・沙汰人らに率いられて蜂起することもないわけではない。戦国の争乱が深まりをみせていた永正（えいしょう）元年（一五〇四）、細川政元（まさもと）の家臣薬師寺元一（やくしじもとかず）が反乱を起こして淀で挙兵したとき、政元の家臣香西又六（こうざいまたろく）は、村々の名主・沙汰人に命令して土一揆を起こさせている。だが幕府の最高実力者細川氏による動員ならともかく、通常の場合に、村の指導者がそう簡単に蜂起命令に従うとは思えないのは、すでにみた通りである。

このように村は、むしろ土一揆を取締まっている場合も少なくない。そして土一揆は必ずしも村民たちの組織によってなされるとはかぎらない。前述した寛正三年の土一揆の際には、在所在所から、ある場合は二人、ある場合は寺から一人など住民組織とはかかわらない形で一揆蜂起への参加がみられた。そしてその参加者が村など住民組織の手で処刑され、首が幕府に進上されたのである。土一揆がこのような形で結成されるものだとするならば、村を通じての取締まりはそれなりに理にかなった方法であると思われる。

もう一つ土一揆が村とは別の次元で動いていることをうかがわせる事実がある。村民が名主・沙汰人に率いられて蜂起する場合には、通常は村の鎮守（ちんじゅ）ないし「惣堂（そうどう）」と呼ばれる、村民が公共の場として利用する仏堂に集会し、そこで一揆を結成した。このときは一揆結成の儀式に際して鐘が用いられた。鐘を鳴らすことで村民一同の前に神仏を招き降ろし、誓いを行うというのは、2章で述べるように一揆結成のやり方の一つだったのである。

土一揆の際にもこれは同様だったが、土一揆は一揆結成の決まった場所をもたず、よその村でも寺でもともかく鐘のある場所を探して結成の儀式を行っていたと考えられる。十五世紀末のことであるが、土一揆が鐘のある場所を探して集会するのが迷惑なので、京都近郊の千本（せんぼん）（京都市上京区）の村々では鐘を下ろして京都に預けてしまったという。土一揆は拠点となる村をもたないことが多かった、という事情をうかがうことができよう。

伏見庄と土一揆

以上の点からみると、土一揆が村の組織を介して蜂起し、村の指導者に率いられた村民の集団を中核としたものだとは必ずしもいいにくくなってくる。村が結束して蜂起すれば、日頃から交流のある近隣の村々はもちろん、村の領主や幕府に対しても村の政治的立場を明示することになる。政治的対立のなかで、村民たちの命を預かる村が旗幟を鮮明にするのは容易ならぬことであることは簡単に想像できよう。もし負けた場合は降参の表明として相手側にそれなりの代償を払わなければならなかった。

京都東南の郊外にある伏見庄（京都市伏見区）は伏見宮家の荘園である。この伏見庄では嘉吉三年（一四四三）ごろ、近隣の竹田村と出入りがあり、武力抗争に発展した。結局、伏見庄側が相手の竹田村に詫びを入れる破目になったのだが、伏見宮家では村の指導者である「政所」の地位にいた小川浄喜という地侍を罷免して竹田村に応えようとした。この武力抗争は「一庄同心」つまり村ぐるみのものだから誰を張本人というわけにはいかない。したがって村の代表者である小川浄喜の罷免を条件に降参することにしたのである。

伏見庄ではこれ以前の永享六年（一四三四）にやはり近隣の村である鳥羽から、村同士の争いについて合力を求められたことがある。この時代には、所有地の山や用水などの帰属、所有権、使用権などをめぐり村同士が実力で争うことは頻繁にみられた。そしてそのような場合に村は、日常的に交流のある周囲の村に合力を依頼するのが普通だった。近隣とのこのような付合いなしに村が立ちゆくことはできなかったのである。伏見庄民は「このようなことはお互い様なのだから村全体で出陣しよう」と決定したが、伏見宮家は「将軍様への聞こえもあるから村ぐるみ出陣してはならぬ。鳥羽に親類縁者のいる者にかぎって合力するのがよかろう」と命じている。村ぐるみの軍事行動は、その政治的立場を宣言することになるから、かなり高い危険性をはらむものだった。

こうしてみると村ぐるみの行動に出るのは、村が危急存亡のときで十分に言い訳のたつ場合か、幕府などの為政者の命令のあった場合が主ということになる。前者については、たとえば村民の生活のかかった入会山（いりあいやま）をめぐる争いや、農業用水をめぐる争いなどだろう。後者についていえば、先ほどみたような細川氏による村の動員がある。そしてこのときには村への恩賞として年貢の半分を村に与えるという、半済（はんぜい）の給与が約束されていた。たしかに徳政は村が切実に望むものであり、おそらく喉から手が出るほどほしかったにちがいない。しかし一方で、土一揆に加わることの危険性を十分にわきまえながら、醒めた状況判断のもとに徳政状況の到来を冷静に読んでいるような村も、決して少なくなかったと思われる。村は土一揆について、いわば突き放した見方をしていたのである。村からそのような視線をうけていた土一揆の実態について、さらに検討をすすめよう。

飢饉と足軽

土一揆と足軽

応仁の乱が一応の終息をみて三年ほど経った文明十二年(一四八〇)十一月、奈良興福寺大乗院に、京都から足軽が大和方面にむかったとの注進があった。注進した学侶(がくりょ)の一人はこの書状のなかで、

「京都の足軽がやってくるという風聞があります。今時の土一揆というのは寺社に乱入して掠奪をするつもりでいると、ほうぼうからも言われております。興福寺の学侶も六方(ろっぽう)の衆(興福寺の学侶ではない一般僧侶の集団)もことのほか油断しておりますが、どのような算段をしてでも防衛隊をかき集めなくては、奈良はたちまち滅亡してしまうでしょう。京都の足軽といえば、将軍様だって手に負えないのですから、この点をよく考えて方策を練られることが必要でしょう」

と述べている。

応仁の乱後も大名たちが京都に駐屯させていた足軽の掠奪ぶりがうかがわれるが、ここ

で足軽のことを「土一揆」と言いかえていることが目につく。つまり両方とも同じものなのだというわけである。このような見方は奈良では常識だったらしく、一条兼良の息子で興福寺大乗院の門跡尋尊は、応仁の乱中の文明四年、次のように述べている。

「京都・山城の痩せ侍どもの一党がみずから『足白』（足軽と同じ歩兵）と号し、土民のように蜂起した。これは近年土民たちがみずから足軽と号して好き放題をするため、このようなことが起きたのである。これほどの亡国の原因はない」

「足白」も「土民のように蜂起する」足軽の同類である。足軽とは土民の蜂起、すなわち土一揆のことと見なされていた。

このような見方を摂関家出身の、支配層に属する僧侶の偏見にみちた土一揆観であると簡単に退けることはできない。たしかに都市を襲撃して掠奪行為を行う点は、形態だけからみれば同様といえなくはない。しかもこの掠奪行為はただの盗賊のような掠奪ではなく、一種の大義名分に基づいていたのである。土一揆は徳政要求、つまり前に述べたような「本来の持主」の権利に基づき、それを行使する「徳政」と号して土倉や酒屋を襲撃した。個々の土一揆参加者の実情がどうであろうと、振りかざした大義名分は「徳政」であった。

一方、足軽の掠奪もまた大義名分に基づくものだった。それは戦士としての権利である兵粮米の確保ということである。文明十一年（一四七九）、奈良で防衛のため越智・古市の配下を動員することが決定されたとき、大乗院尋尊は次のような危惧をもらしている。

「彼らを動員すれば、彼らはひっきりなしに、ほうぼうで掠奪を行うだろう。もともと給与するための兵粮の備えなどないのだから、京都の場合と同様に足軽自身に兵粮調達を許可するしかない。そうなれば奈良は滅亡する」と。実際足軽は奈良で「棟別銭（むなべちせん）」（一軒ごとに課せられる税金）を掛けたりしている。

応仁の乱が始まるずっと以前、将軍足利義教が暗殺された嘉吉の変に際して、下手人の赤松氏を討伐に向かう山名の兵が土倉を襲撃して質物を奪取したことがある。その理由は「陣立（じんだて）」、すなわち出陣の準備ということであった。中世という時代に兵を動員するということがどのようなものかをかいま見させるような事件である。土一揆のなかで行動する大名被官の姿が想起されよう。彼らもまた土倉・酒屋を襲う大義名分をもっていたのかもしれない。ともかく従軍の代償として土倉・酒屋からの掠奪が公然と行われてきた以上、足軽の兵粮調達を理由とする掠奪も全面的な取締まりは困難だったのだろう。

土一揆の組織・足軽の募集

このようにみれば、大義名分の中味はそれぞれに異なっても、土倉・酒屋からの掠奪という目的、大義名分をふりかざしての掠奪という行動形態では、土一揆も足軽もきわめて類似している。だからこそ、その行動は酷似してくる。応仁の乱のさなかの文明四年（一四七二）、京都では「足軽どもの沙汰」として徳政が行われた。文明十二年に京都で蜂起

応仁の乱中、京の真如堂を破壊する足軽　『真如堂縁起』より。この部分の詞書には「西国諸軍勢寺中に乱入諸堂坊舎等陣屋のために破取し……」とある（真正極楽寺蔵）

した土一揆は酒屋・土倉に兵粮米を賦課し、伏見宮家や右大臣今出川教季らから酒肴料を徴収した。酒代を徴収するといえば、この年、奈良で土一揆が起こったとき、興福寺は内々で酒代を与えて退散するよう申し付けたところ、そのまま騒動は収まったという。足軽も徳政を行ったし、また土一揆も兵粮米を徴収した。両者を同じものとする見方も相当の根拠をもっていたのである。

　そもそも足軽集団とはどのように形成されるものなのだろうか。文明三年正月ごろ、遍照心院領の住民で足軽大将の馬切衛門五郎というものが京都の八条で足軽の募集を行った。領内からこれに加わる者が出ることを危惧した東寺は公人（寺の下級役人）、諸坊の使用人、力者（力役に従事する下僕）、境内の百姓らに足軽に加わらないよう不動堂の前で起請（神仏への誓約）をさせた。その折、以前足軽に加わったことがあると白状し、起請だけは勘弁してほしいと訴えた諸院の下部も現れたという。足軽集団は大将の募集に応じ、そのもとに寺で召し使う下部たちや、あるいは領内の百姓らがそれぞれの事情から結集していくという実情をうかがうことができよう。

寛正三年（一四六二）に京都を襲った土一揆が想起されよう。大将の蓮田兵衛のもとに東福寺門前・宇賀辻子・南禅寺門前などの寺領、伏見・竹田など京都の南の村から、あるいは遠く丹波国須智村から、さらに法苑寺など寺院内部から三々五々結集して徳政一揆が蜂起したのである。ただちに同一とはみられないものの、足軽集団と土一揆とはきわめてよく似た方法で結成されたのではないか、と思われる。だから領主を通じ、在所を通じて起請文を提出させて取締まることも土一揆と変わりなかった。

前述した東寺領での足軽の取締まりはまさにこうしたものであった。文明九年、東福寺の寺家被官や門前住民らが足軽に加わっているとの噂があり、幕府は東福寺にその禁圧を求めているが、これも同様であろう。摂関家出身の当時一流の知識人一条兼良が将軍足利義尚に政治の要諦を講義した『樵談治要』では「超過したる悪党」足軽に触れて、「それぞれの主人に命じて取締まらせ、土民百姓なら在所に命じて取締まらせれば、鎮圧できないこともない」と述べている。在所から起請文を徴収し、伊勢氏のような主人を介して取締まった土一揆との類似はもはや明らかではないだろうか。

京都へ向かう

それにしてもなぜ、このような足軽集団に参加する人びとが出てくるのだろうか。応仁の乱で西軍方の畠山義就に属して活躍した御厨子(みずし)という足軽大将はもともと東福寺門前の住民だった。家業に精を出すこともなく、戦を好んで兵士を集めていったという。これとよく似ているのは、応仁の乱直前に起こった諸大名の大規模な政争である文正(ぶんしょう)の政変(五六ページ以下参照)を描いた『文正記』の土一揆についての記述である。この時代の平民たちは税金も納めず、御政道(ごせいどう)に従わず、農業を棄てて武芸を習い、系図を買い、盗賊の棟梁(とうりょう)になって国家に背き、徳政の張本人となっていったという。

もともとは村民などの一般人であったものが、家業、農業を棄てて武道を志すというのが足軽や土一揆に入る経路であった。土一揆に、京都の土倉・酒屋から借金をしているはずのない、「田舎者」や丹波のような地方の一揆が加わっていたことが思い出される。家業を棄てて京都へ向かう、という行動様式は足軽にも土一揆にも共通するものである。

なぜ京都に向かうのであろうか。土一揆がしばしば、天災による不作、その結果としての飢饉を契機としていることを想起したい。表2(次頁)は京都を襲った土一揆が勃発した年と災害との相関関係をまとめたものであるが、土一揆の起こった年はほとんど飢饉の前提となるような災害の起こった年である。そして飢饉が起こると京都周辺の村民は京都

土一揆勃発年	災害の内容
1428	飢饉・三日病・洪水
1441	麻疹・赤斑瘡・洪水・大雨・大風
1447	日照り・三日病
1451	大水・大雨
1454	大雨
1457	日照り・大風
1458	日照り
1459	飢饉・日照り（旱魃）・大風・洪水
1462	凶作（寛正の飢饉）
1463	疫病・大雨
1465	大風・大雨・洪水
1466	風雨・地震・雷雨・雹
1472	飢饉・水災・炎旱
1473	旱魃・疫病
1478	洪水・炎旱・旱魃
1480	大風・炎旱
1482	風損・洪水・暴風雨
1484	麻疹・疫癘・大風・地震
1485	流行病・炎旱
1486	大雨・洪水・暴風
1487	大雨・洪水
1488	大水・流行病・三日病
1490	大風・洪水・風損
1493	暴風雨・地震
1495	疱瘡流行・洪水
1497	炎旱・地震
1499	飢饉・疫癘・洪水・炎旱・虫害
1504	飢饉・疫病流行・炎旱・寒気
1508	
1511	洪水・地震・暴風
1520	
1526	（虫害）
1532	
1539	洪水・不熟・虫損
1546	霰・雹
1562	
1570	（近江疫癘病死多数）

表2　京都周辺土一揆と災害相関年表　「日本中世における風損・水損・虫損・旱魃・疫病に関する情報」（藤木久志氏作成、『日本中世後期・近世初期における飢饉と戦争の研究―史料所在調査と年表作成から』1997〜99年度科学研究費補助金基盤研究Ａ〔１〕〈研究代表者・佐々木潤之助氏〉研究成果報告書に収録）をもとに作成。

へ流入していくのが普通だった。目的は京都で幕府や諸大名が行う施行を受けることである。

たとえば応永二十八年（一四二一）の飢饉のときは、諸国の住民の多くが京都へ向かった。旱魃の年に河内の農民の母子が村を捨て「流民」として「乞食」をしながら都に出て来た例も知られている。こうして流入する民は「非人」と呼ばれ為政者の施し、すなわち施行の対象となった。応仁の乱の数年前に起こった「寛正の飢饉」の名で知られる全国的な飢饉の折には願阿弥という僧侶からの願い出をうけて、将軍足利義政が願阿弥に施行を命じ、京都の六角堂の南に流民のための小屋が立てられ、粟粥がふるまわれた。飢えた者にいきなり飯を与えれば死んでしまうから粥を与える、という配慮のもとに行われたこの施行を支える財源は勧進（僧侶による募金）であり、まず将軍自身が一〇〇貫文の寄付をした。

飢饉の年は京都に行けば施行が受けられる、ということは、この時代、諸国の農民たちには常識に属することがらだったと思われる。言いかえれば土一揆が来襲した年の京都には、飢えて村を捨て、京都に流入してきた「流民」たちが充満していたはずである。土一揆の群れに見出された「田舎者」と呼ばれる地方出身者のなかには、このような「流民」がいたと考えて少しも不思議はない。土倉・酒屋の襲撃は飢えた「流民」による施行の強要という様相を呈していたはずである。

土一揆も足軽も、「流民」と同じ土壌をもっていたことになる。彼らの多くは飢饉などの理由で家業を捨て、施しを求めて都へ出てきたのだろう。だから彼らの多くは都に対して施しを要求する権利があると確信していた。当時の常識からすれば、飢饉などで家業を捨てる破目になり、都で「非人」呼ばわりされるまでに零落した者に施しをすることこそ、本来の為政者の役割だったからである。「徳政」を大義名分として土倉・酒屋を襲う土一揆、「兵粮」を大義名分として土倉・酒屋を襲う足軽、いずれも「掠奪」を正当の権利と主張している。そして彼らにはこれらを正当とする独自の理由があったのである。

こうした土一揆、足軽、「流民」を生み出した大規模な飢饉が応仁の乱の前に起こった。そしてこれに加えて、彼らを戦場へと導いていく事情もあったのである。

戦乱の主役たち

大乱前夜の政変

文正（ぶんしょう）元年（一四六六）九月に幕府の中枢にいた政所執事伊勢貞親と相国寺蔭凉軒（しょうこくじいんりょうけん）の季瓊（きけい）真蘂（しんずい）とが山名持豊（もちとよ）、細川勝元、朝倉孝景（たかかげ）らの大名によって追放されるという事件が起こった。事件の原因は大雑把にいって二つある。一つは斯波氏の家督争いで、伊勢貞親、季瓊真蘂ら将軍側近は家中の有力者から支持されていた斯波義廉(よしかど)を廃し、忌避されていた斯波義敏を惣領(そうりょう)に取り立てた。これを不満とした朝倉孝景をはじめ山名・細川ら諸将が義廉を支持、将軍義政およびその側近と対立した。もう一つは将軍家の家督争いで、足利義政の実子義尚と対立する立場にいる義視を葬ろうと、貞親・真蘂ら義政側近は義視が斯波義廉と結んでいる、と将軍に訴えた。これを知った義視は、身の危険を感じて細川勝元らに救援を求める。山名・細川・朝倉らは将軍に貞親・季瓊真蘂らの処罰を訴えた。

事件は伊勢貞親・季瓊真蘂・斯波義敏らが近江へ逃走することで終わった。だが京都にいた伊勢貞親と季瓊真蘂の被官人たちは、その住居を山名・朝倉ら大名の軍勢によって破却され、放火され、さらに騒ぎに便乗して蜂起した土一揆の掠奪を受けることになったのである。ことに伊勢貞親の被官だった町人たちは皆殺しとなったとも噂された。それだけではない。山名・朝倉らの被官人たちは土倉・酒屋へ乱入し、掠奪し、放火し、京都の町の一条から三条にかけて土倉・酒屋は諸大名の軍勢により軒並みにほしいままの掠奪をうけ、とうとう徳政が侍所(さむらいどころ)によって宣言されるにいたったのである。

後世になり「文正元年土一揆」とも呼ばれるこの争乱のなかで、「町人など下々の者は仰天狼狽し、ほうぼうを逃げまどい、洛外に縁を頼り家財を運び出そうとしたが土一揆の掠奪に遭い、目もあてられない悲惨な姿となった」と『文正記』は記している。

この土一揆が、幕府内で行われた主君らの政治抗争に勝ち誇った被官人たちの手によるものであることは明白である。敵方被官の町人、土倉・酒屋に対するすさまじい掠奪、放火をほしいままにしたこの被官人たちが、土一揆や足軽と同じく家業を棄てて都へ出てきた者らであることは想像にかたくない。彼らが都で土一揆として蜂起するとともに大名の被官として戦闘に従事するようになっていたことがうかがえる。

食うための戦争

藤木久志氏は、飢饉・凶作により食うことのできなくなった農民たちが、戦場へ「食うための戦争」に出向いていくこと、これが戦国時代の軍隊の、無視できない部分を形づくっていたことを明らかにされた。応仁の乱前夜、都にやってきた「流民」たち、土一揆や足軽となった彼らはまさにこの「食うための戦争」を求めていたと考えられる。「食うための戦争」を求める彼らが就職口に事欠くことはなかった。斯波・畠山・細川・山名といった、幕府の中核を形成する有力大名はしのぎを削る政争の渦中にあったからである。享徳三年（一四五四）、都で畠山氏の家督争いが一触即発の危機を迎えたと同時に土一揆の蜂起したことが想起される。「流民」たちは、幕府有力大名の軍事力として、いわば都に所を得たと考えられよう。

このようにみれば応仁の乱が終わろうと、「流民」を母体とした被官の雑兵（ぞうひょう）たちによる土一揆の蜂起がくりかえされることになんら不思議はない。本拠地から離れ、消費生活しかできない京都という場所で、常時巨大な軍勢を確保しておくわけにはいかない大名にとっても「流民」の存在は恰好の軍事力資源となっていたことだろう。だから大名たちは、「食うため」に命をかける「流民」たちを被官として確保していたのである。乱世を象徴する剽悍な足軽はこうして生まれたのではないか。一方「流民」たちは土倉・酒屋を襲撃して「食って」いたから、大名の軍隊は、土一揆の火種を常時かかえていたともいえるであろう。

応仁の乱後の文明十七年（一四八五）、京都を襲い土倉・酒屋を襲撃して徳政を行った大規模な土一揆は、細川政元被官の三好・物部などにより引き起こされたものであり、細川政元自身、館の前で土一揆の閲兵を行っている。翌年にも細川氏の被官人らは徳政を呼号して東寺で集会を開いた。このときは将軍足利義尚がじきじきに政元に被官人の行動を制止するよう命令したので一揆は起きなかったという。さらに二年後の長享二年（一四八八）にも細川氏の被官が徳政を起こすとの噂があったが、足利義政が細川に命令してやめさせた。このように土一揆が「このころ毎年この時期に起こるのはまことにけしからんこと」との非難が浴びせられている。細川政元の被官内田弥五郎というものは政元の寵愛をうけ、みずから望んで「土一揆の大将」に任命されたという。

こうしてみてくると応仁の乱の戦闘には、何よりもこの「流民」の果たした役割が大きいのではないかと思えてくる。『応仁略記』は、文正の政変以後、畠山義就の軍勢が京都を出奔してから、畠山氏の反乱が起こって京都は騒然とし、その混乱に便乗して西岡・伏見・深草・淀・鳥羽の土一揆が夜な夜な下京に集まって徳政を呼号し、酒屋・土倉から掠奪をくりかえしたと記している。諸大名の軍勢の一角を形成していた「流民」たちによる主君の武威を頼んでの行動が想像される。一方、応仁の乱が始まると、京都ではまったくといっていいほど、土一揆はみられなくなる。「食うための戦争」に向かった人びとの主な稼ぎ場はもちろん戦場であった。

京都に流入した「流民」が京都で応仁の乱を戦う大名の戦力を支えていたとみることができる。むしろ「流民」たちを指揮して戦わせているかに見える大名たちが、実は彼らの「食うための戦争」に突き動かされていたとさえ考えられよう。土一揆と足軽、応仁の乱の主役は彼ら土民であった。「下剋上」の名にふさわしい時代だったといえよう。

乱世の到来

その一方で同じ土民、彼らが村にいたころ、ともに農業に従事していた村民、京都で土一揆や足軽に掠奪された町人、そしてこれらの人びとの妻子が、この「下剋上」の戦いのなかで、一揆や足軽によって踏みにじられていったことも無視できない。「下剋上」の最大の被害者は「食うための戦争」で活路を開けない民衆、要するに言葉の真の意味での弱者であった。戦国乱世はこれら弱者の夥しい血を、これから一〇〇年余りの長期にわたって際限なく流していくことになる。

もちろん弱者こそ真の民衆で、「食うための戦争」に出向いていった「下剋上」の土一揆や足軽らは民衆の敵だとか、その類の御題目を並べたいのではない。民衆といえば、「下剋上」の土一揆、足軽も、彼らに踏みにじられていった弱者も等しく民衆である。ほんの少し状況が違えば、両者の立場はあるいは入れ替わったのかもしれない。民衆が同じ民衆を踏みにじって支配者に成り上がる、これが「下剋上」の正体である。

そして考えるべきは、乱世の正体よりも結末である。「人民相食む」乱世が多くの民衆に多大な被害をもたらすと同時に飛躍の機会をも与え、破格の出世をする庶民や、途方もない英雄が生まれる、とは想像のつかないほど珍しいことではない。それよりも一〇〇年後に戦争が収まり、ともかくも平和な時代が到来したことのほうが不思議ではないだろうか。戦乱をきっかけに飛躍した強者の出世欲以上に、弱肉強食の戦乱のなかで、なすすべもなく滅びるしかなかったはずの弱者の願いが、曲がりなりにもかなったのはなぜなのだろうか。これこそ解明すべき戦国乱世の問題であると思われる。

このような課題のもとに戦国乱世を考えていきたい。その主人公は、あくまでも住処を戦場にされ、逃げまどう民衆である。それも平和の実現という大望を懐いて積極的に行動することなどできなかった、いかに今日を生きのびるかに腐心した民衆である。彼らとともに戦国乱世の諸相をみていくことにしよう。

2　一揆と村

国一揆の平和

京都を襲う土一揆

文明五年（一四七三）に山名持豊（宗全）・細川勝元という西軍、東軍それぞれの指導者が没してから、大名たちの間では講和の機運が高まり、乱で中断していた朝廷の行事も徐々に再開され始めた。結局、文明九年に畠山義就、大内政弘、土岐成頼という西軍方大名が国へ下って、応仁の乱は一応の終結をみた。もちろんこの後も諸国では、東軍方の大名や武士と西軍方のそれとの戦いが続いている。全国的争乱という意味では決して平和が戻ったわけではない。しかし京都についてみれば「洛中静謐」となったのである。たしかに戦争は一つの画期を迎えた。その画期とともに応仁の乱の間はすっかりなりをひそめていた土一揆が、再び一年から三年に一度の頻度で京都を襲うようになったのである。土一揆の主力が応仁の乱で活躍した雑兵のそれと重なりあっているのだから、戦場の働き口がなければ土一揆を企てるのは当然の成行きといえよう。しかも京都で大きな勢力をもっていた細川政元の配下が土一揆にかかわっていたことはすでにみた通りである。

延徳二年(一四九〇)三月、京都の北野社の社家では、細川政元が物詣で京都を留守にするとの情報を得て、政元の留守中に「京中の悪党」が蜂起することを予想し、早くも京都を避難する女性たちのいることを日記に記している。はたせるかな、それから二週間も経たないうちに土一揆が蜂起して京都を襲った。京都での「戦争」が終われば今度は「土一揆」が京都を襲う。応仁の乱で活躍した雑兵が大名に扶持されているかぎり、京都に平和は訪れないのであろう。1章でみてきたような、彼らの掠奪・放火に人びとはどう対処しようとしたのであろうか。この点は3章でみることにして、しばらく目を京都から南山城に移して、軍勢の掠奪に対処する民衆の動きを追ってみよう。

山城国一揆の決起

史上名高い山城国一揆は、南山城地域に陣取って、睨みあいを続ける畠山義就の軍勢と

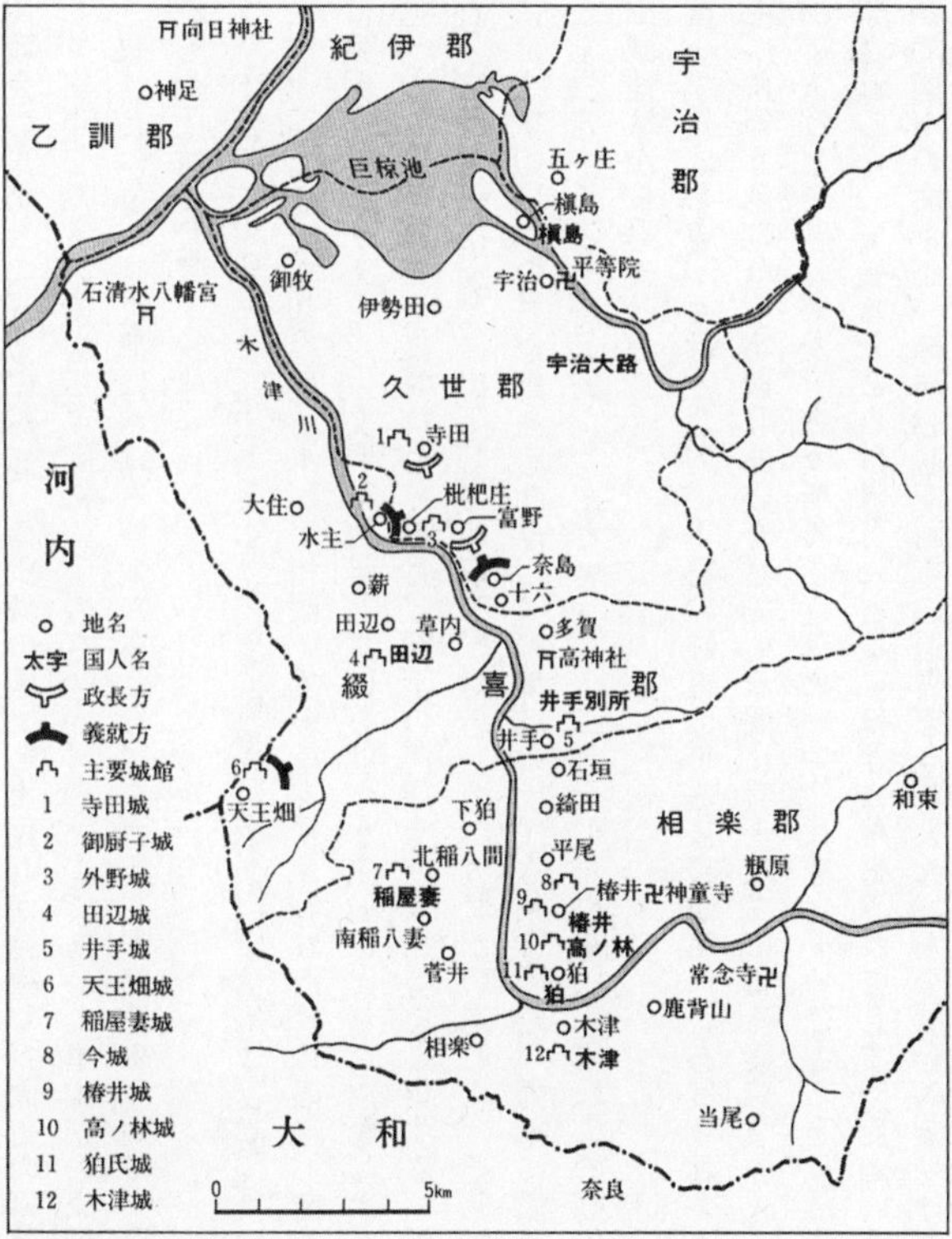

山城国一揆関係図（小島道裕氏作成）日本史研究会・歴史学研究会編『山城国一揆—自治と平和を求めて』東京大学出版会、1986、238頁

畠山政長の軍勢との双方に対し、南山城の国人と土民とが結束し、両方の軍勢に撤退を要求して実現したものである。応仁の乱のきっかけの一つであった畠山家の家督をめぐる義就、政長との争いは京都における停戦のあとも尾を引き、本拠地の河内や、畠山氏が守護職をもつ山城で合戦が続けられた。

文明十四年（一四八二）末から十五年にかけて政長方の国人が守る草路城（京都府京田辺市草内）、水主城（京都府城陽市）が相次いで義就方に奪われた。この後、南山城地域で両軍は戦闘をくりかえした。文明十七年七月に義就が水主城に入れた斎藤彦次郎が政長方に寝返った。義就はこれに対抗して十月、配下の河内勢、大和勢を動員する。両者は奈島・多賀・富野・寺田などに出張して陣取り、対峙して二カ月が経過した。そして十二月十一日に南山城の国人たちが集会を開き、この地域の土民も集まった。両軍に撤退勧告を行うことを決定することが目的だったという。十二月十七日、畠山両軍はこの勧告を受け入れ、南山城地域から退去した。

国一揆結成のきっかけとして、軍勢の駐留による被害が第一にあげられよう。戦線が膠着し、両軍が陣取り、小競りあいをしている間に兵士たちによる凄惨な放火・掠奪がこの地域の人びとを苦しめた。在々所々で寺院といい、民家といいことごとく放火されるか、襲撃されるかして残るところはほとんどないほどに荒らされてしまったという。こうしたなかで国中の面々が一味同心して両軍に退去を申し入れ、両軍はそれを受け入れて退去したのであった。

国一揆の中核になったのは「三十六人衆」と呼ばれる国人集団であり、幕府の大立者細川政元の被官衆（ひかんしゅう）であった。彼らは国一揆蜂起以前から組織をつくって活躍していたと考えられ、国一揆が解体したとされる明応（めいおう）二年（一四九三）以降も依然組織としては健在であった。この中核的組織以外にも、「山城国人百人分」「百人衆」と呼ばれる集団が国一揆に加わっていたと考えられる。おそらく「三十六人衆」をはじめ、日常的に結束して動いていた国人たちの集団が複数参加していたと考えられる。

南山城の国人たちの結束が大名の軍勢に撤退を受諾させたのには、さまざまな理由が考えられる。国一揆は畠山両軍に対し、撤退を受け入れない場合には相手方に味方して攻撃を加えると威嚇したという。双方が睨みあって膠着状態にあるとき、一方に地元の軍勢が味方すれば、そのことによる結果は明らかであろう。また一方で国一揆は示談金を出そうともちかけ、撤退を促すという、いわば飴と鞭の両方によって畠山両軍に働きかけたと考えられる。さらに国一揆の中核になった「三十六人衆」は細川政元の家来であり、この幕府の大立者が背景にいたことが撤退要求実現にあずかって力あったことはたやすく想像できよう。

一揆の力量

こうしたさまざまな理由に加えて、一揆そのものの力を考える必要があろう。一揆とは「揆を一にする」（道を同じくする）との原義をもつ、団結した集団のことである。この集団が多くの場合武力行使を目的として結成されるので、一揆は集団的武力行使のことと考えられやすいが、本来は団結した団体を指す言葉であった。

団結といってもさまざまな質の団結があるが、一揆は「一味同心」の団結をもつ集団であった。勝俣鎮夫氏によれば、中世の人びとは、通常の手段では対処することのできない困難にぶつかったときに、この「一味同心」の団結によって対処した。それはたとえば、団結をめざす人びとが神社の境内に集まり、神前で「一味神水」という、神にささげた神水を飲みかわす儀式によって団結を固めるような特異な性格の結束であった。「一味同心」の決定による行動には神の加護があると信じられていた。一揆は、いわば神がかりの結束だったのである。

当然ながら、このような団結は日常的にみられるものではない。非常時に際して一時的に行われる団結であった。先ほど述べたように国一揆のメンバーは「三十六人衆」「百人衆」などの集団に属して日常的に活動していた。しかし両畠山軍へ撤退要求をつきつけるという、かなりの困難が予想される目的に対して、改めて「一味同心」に結束したと考え

山城国一揆の舞台となった地域　写真上方が北。東から北へ大きく屈曲して流れる木津川一帯が国一揆の地。写真右下が現在の相楽郡木津町、木津川をはさんで北の町は山城町上狛、木津川の西部は精華町（撮影・梅原章一）

られる。このような国一揆が、畠山両軍にとっても、ただならぬ相手とみえたことはまちがいないだろう。国人たちが戦いに臨んで、あるいは地域を共同して支配するという目的によって、一揆を結成することは、すでに南北朝期からみられる。その意味で国一揆はとくに珍しいわけではないが、国人・地侍（じざむらい）などの武士のみならず、村の住民なども共同することは、この時代になってよくみられるようになることである。

いずれにしても一揆は、中世の人びとが昔から手のうちにしてきた最強の手段であった。京都を襲った土一揆が京都郊外の、鐘のある場所に集まって結束を固めたことは1章で述べたが、これも出陣に際してこの最強の手段による結束を図ったものである。幕府の軍勢が守る京都を攻めて土倉（どそう）・酒屋（さかや）を屈服させるためにも、また自分たちの住む地域を兵士らの放火・掠奪から守るためにも、人びとは一揆に訴えたということができよう。

寺社本所領の保障

山城守護の畠山政長とその守護職を狙う畠山義就を追い出した国一揆は本来守護のやるべきことがらを代行した。国一揆の方針は第一に「本所領（ほんじょりょう）」（「寺社（じしゃ）本所領」ともいう）すなわち「本所」と呼ばれる上級の公家や寺社の荘園を本来のあり方に戻すこと、本来の領主である「本所」の支配を保障することである。第二に大和など他国の国人を荘園の代官としては用いないこと、第三に荘園住民の年貢滞納をさせないこと、第四に新たな関所を廃止することであった。

「本所領」における荘園領主の支配を認める、という点には少し説明が必要であろう。室町時代の守護大名は、鎌倉時代のそれに比べて格段に大きな力をもつようになったとされている。前代から国を支配していた国衙（こくが）の機能を吸収し、朝廷や幕府が国に賦課する内裏（だいり）造営役（ぞうえいやく）などの課役も守護により徴収されるようになった。幕府の裁判の結果正当と判定された荘園領主や地頭らの領主権を、現地において、強制力を背景に保障する使節遵行（しせつじゅんぎょう）も守護の役目であった。このように領国内で大きな力を有した守護にも介入できない場所があり、それが寺社本所領や将軍の親衛隊である奉公衆（ほうこうしゅう）の所領である。これらは「守護不入（しゅごふにゅう）」の在所（ざいしょ）と呼ばれ、将軍が直接管轄する在所だった。

だからたとえば十五世紀中ごろの山城国では、「守護不入」の在所において、盗賊が地下（じげ）に住んだり、余所（よそ）から入り込んできた場合には、幕府の下知（げち）により荘園代官や名主（みょうしゅ）・沙汰人（さたにん）など村の指導者が逮捕にあたることになっていた。もし逮捕できなければ寺社領であろうと権門（けんもん）の所領であろうと幕府の役人が直接踏み込んで逮捕する、またこのとき、領主権を侵害されたといって異議を唱えるような荘園領主に対しては、所領を没収することもあるとの命令が出されている。

このように幕府・将軍が直接に管轄する土地であるため、守護が領主権を侵害すれば、荘園領主側は直接将軍に訴え出て、権利回復を試み、承認されることも多かった。将軍による寺社本所領の安堵は応仁の乱後もみられ、6章でみるように、足利義昭を擁立して入京してきた織田信長にも引き継がれているのである。一方将軍の管轄であるという理由から寺社本所領は、場合によっては将軍の軍勢の兵粮料所として、武士たちに給与されることもあった。また将軍が必要あって一時的に借用することもあった。将軍の強力な保護と強力な介入とは表裏の関係にあったのである。

寺社本所領は応仁の乱後も、守護の介入を排して将軍が直接管轄する場所だった。その意味で寺社本所領は、応仁の乱により衰退したとはいえ将軍の権威の象徴であり、また最後の牙城であったということができよう。だから将軍の権威と寺社本所領の安泰とは密接にかかわるものと考えられており、将軍自身が寺社本所領の維持に努めている例もみられる。長享元年（一四八七）、将軍足利義尚は、寺社本所領の回復を目的として、近江六角氏討伐の軍を起こした。応仁の乱後も諸国の寺社本所領などが乱当時と同じく守護に押領され、人びとが困っている、というのが討伐の理由といわれていた。同様の六角討伐を、義尚の死後に将軍となった足利義材（のち義尹、義稙）も行っている。

一揆の尊重する寺社本所領

将軍が応仁の乱で崩壊した荘園領主の支配を回復する、と聞けば、いかにも時代錯誤の感を免れない。したがって従来は権威を失墜した将軍が試みた時代遅れの人気取り政策と見なされ、まともに取り合われることが少なかった。正面から考察した数少ない研究においても、寺社本所領の回復は建前のスローガンであり、内実は奉公衆など将軍近習の所領を回復することが目的であると見なされていた。白状すれば筆者自身、長らく将軍の人気取りに近い姑息な政策と考えてきたのである。

ところがそれだけではないのかもしれないと、ふと考えるにいたったのは、加賀の守護富樫幸千代を追放し、一族の富樫政親を守護に擁立した加賀一向一揆について、本願寺一族の一僧侶が記した記録をみたからである。光教寺顕誓といえば、本願寺第八世住持であり本願寺中興の祖とされる蓮如の孫にあたる。その顕誓が自著『今古独語』のなかで、加賀一向一揆が実権を奪取してから、寺社本所領をもとの領主に返還するように将軍や天皇の命令があり、武家・公家・寺社の側からもしきりに依頼があったので、門徒たちは守護に依頼して寺社本所領を返還したと記している。

これを、たんなる伝説とみることはできない。というのは一向一揆が寺社本所領の回復を宣言した事実があるからである。永正三年（一五〇六）に蜂起して越中を制圧した一向一揆の場合がそれである。このときは、京都の公家三条西実隆が尊海という僧侶から、越中の門跡領がほぼ全面的にその領主に返還される見通しであるとの報告をうけている。一向一揆が寺社本所領の回復をスローガンとしたことはほぼ事実といえよう。

とすれば、加賀一向一揆のしたことと足利義尚・義材のめざしたこととは同じということになろう。しかもこれは山城国一揆の、「本所領」をもとの通りにするという方針とも共通するものということになる。将軍の一見古色蒼然たる荘園領主保護政策が下剋上のチャンピオンである一揆の政策と一致しているのである。こうしてみると寺社本所領の回復は、いちがいに姑息な人気取りと片付けることはできない。上は公家・寺社などの荘園領主から下々の民衆にとっても、受け入れられる政策だったとみることができる。事実この時代、武家被官の代官を排した荘園領主の直接支配、すなわち「直務」を求める運動が、荘園住民の間に広くみられた。

このように考えれば寺社本所領がこの時代にもっていた特質を検討する必要があろう。先走って結論を述べておくなら、寺社本所領は戦乱のなかにあっても一般の地域と異なる、将軍や「寺社本所」の権威に守られた平和な領域と見なされたことが大きいと思われるが、この点はあとの、和泉国日根庄（大阪府泉佐野市）のところで詳しくみることにして、山城国一揆へ戻ろう。

守護権の代行

国一揆の行った「本所領」の安堵は、将軍と守護との権限の棲分けという意味では将軍の権威に服すべき、守護本来の義務というものである。一方守護の権限として先にふれた使節遵行も一揆の手により行われたことが知られる。文明十八年（一四八六）十二月、興福寺が興福寺十二大会の料所である加茂庄（京都府木津川市加茂町）・綺庄（京都府木津川市山城町）の安堵を国一揆に依頼している。荘園領主のほうも国一揆が守護に代わって知行安堵などの所領の裁定にかかわる資格があることを認めていたらしい。同じ年に、以前、守護を称して畠山義就が行った裁許を盾にとり、狛下司が年貢納付をしぶった際、興福寺は、この地域は一揆がすべて仕切っているのだから守護権を放棄して退却した畠山義就の裁許は無効であると主張している。

また国一揆によって警察権の行使すなわち検断も行われた。文明十九年一月、大和国人箸尾金剛寺被官の油売りが、山城国多賀（京都府綴喜郡井手町）において人を殺害し、雑物を奪うという事件が起きたが、犯人の逮捕、処刑を担当したのは国一揆の国人たちであった。所領などの利権をめぐる相論も一揆の国人たちに訴え出られ、裁定が任されている。さらに一揆は支配地域内の荘園に年貢の半分を租税として徴収する半済を行っている。これは南北朝期以降守護に認められた権限であった。

以上をみると、国一揆は要するに、本来守護が果たすべきものと、当時の人びとから考えられていた役割を代行することをめざしたと思われる。現実の守護大名が行っていたような寺社本所領の侵略もせず、正当な領主を保護し、犯罪者は厳しく取締まり、公正な裁判を行うという守護の、いわば理想像を建前に掲げて行動していたといえよう。摂関家出身の大乗院門跡尋尊が「然るべし」「神妙」など手放しの賛辞を記す一方で、「下剋上の至

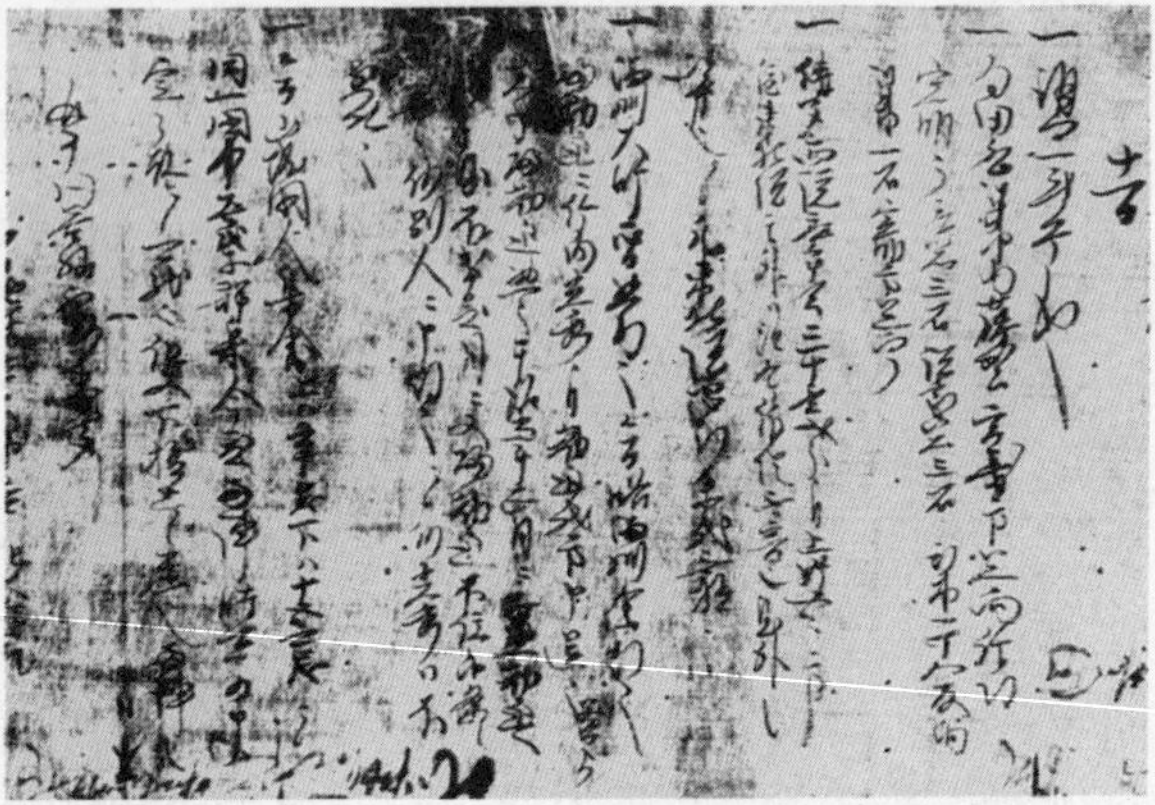

『大乗院寺社雑事記』文明17年（1485）12月11日条　大乗院門跡尋尊が「然るべし、但し又下剋上の至りなり」と記している（国立公文書館蔵）

り」、盛んになれば「天下」のためにならない、と警戒心を露わにしているのも、この間の事情を物語るものといえよう。やっていることは文句のつけようがないが、本来その分にない下々の者が仕切る「下剋上」である、というわけである。

地域の正義

その国一揆が掲げた守護の理想像に、当時の人びとがもっていた正義の観念が投影されていることは注目すべきであろう。この時代には後述するような惣村が各地に成立し、村をはじめ国人・寺社・荘園領主などが、彼らの日常的に直面する地域の政治課題に関して、地域固有の利害を守るために共同するようになった。いわば地域社会のネットワークが成立していたことが榎原雅治氏らにより明らかにされている。そして守護はその地域の秩序維持を図る存在として自らアピールし、また社会的にもそう見なされていた。

十五世紀になれば一宮、府中総社という一国を代表するような神社をはじめ、国の有力寺院や荘園の鎮守などと守護が深いかかわりをもつにいたる。そのあるものは守護に掌握されたり守護自身の手で維持されたりするようになっていった。また五穀豊穣の祈願や、旱魃に際しての雨乞い、農作物への虫害を鎮めるための仁王講など地域の祭りもまた守護によって行われるようになる。守護こそ百姓の安穏の守り手であることがたえずアピールされた。

　こうした地域の秩序維持はもちろん守護の力のみによってできるわけではない。守護にそうした役割を期待し、そのかぎりで守護を支持する村住民、国人、寺社、荘園領主などを後ろ盾として実現するものであろう。だから守護にそのような力量が期待できない場合、地域の人びとは結束して守護の果たすべきものと考えられる役割をみずから行ったのである。こうした代行を実現するために一揆が結成されたのである。

　このような一揆は郡単位で結成されることが多かった。山城国一揆は相楽・綴喜・久世の三郡のものだが、山城国乙訓郡で行われた国一揆もある。長享元年（一四八七）閏十一月、細川政元被官上田林が乙訓郡西岡に入部しようとした。細川政元は畠山義就に味方した者の所領を没収し、上田林に給与したのである。これに対して「国衆」の面々が政元と交渉し、礼銭をもって入部免除を実現した。その礼銭を調達するため「国衆」が西岡の諸郷からそれぞれ負担金を徴収した。この出銭を渋った上久世庄の荘園領主東寺に対して「国衆」は、この問題は「惣国の大儀」であるから「寺社本所」といえども協力すべきであると申し入れている。

また明応七年（一四九八）には細川政元から山城守護代とされた香西元長が、各荘園から「年貢・諸公事物」などからの「五分一」を徴収するために入部しようとした。このときも乙訓郡の面々は向日神社で談合を行い「五分一」を支払う代償に「当郡を国持」に、つまり国人ら自らの管轄とし、守護代の入部を謝絶することに決定し、各荘園にそのための費用を割り当てた。守護不入の慣行が国人たちの一揆の結束により保たれたのである。

上田林の入部を「惣国の大儀」にかかわることとし、みずからを「国持」の主体と宣言する乙訓郡の「国衆」たちは「国」を維持する主体をもって自認していたといえよう。ここでは守護の領域を示す「国」という言葉が、同時に地域社会そのものを指す言葉とされている。このような意識をもつ「国衆」たちにとって「国」の秩序を維持すべき守護家が内部抗争に明け暮れ、その動員した軍隊が「国」の寺院や民家を放火し襲撃し、「国」の住民が甚大な被害をこうむることはみずから解決すべき「惣国の大儀」であったろう。山城国一揆の蜂起はこのように説明することができる。

戦乱を停止してともかくも平和を回復することが国一揆の課題であった。その指標となったのは、いまだ戦乱に巻き込まれる前に守護大名の維持すべきものとされた秩序のありさまであった。一見、荘園制が実態を保っていた時代への回帰とみえようとも、寺社本所領の不入をはじめとする、守護による荘園の尊重こそが平和への道と認識されていたのである。

国一揆の「解体」

国一揆成立の翌文明十八年（一四八六）に、早くも幕府は山城守護に伊勢貞陸（いせさだみち）を任命した。この守護が国一揆の支配する南山城にただちに入部することはなかったが、その翌年の文明十九年六月には山城国人のなかにも、山城を御料所（ごりょうしょ）として進上し、幕府に年貢一〇〇貫を納めようとする動きも生まれた。ともすれば山城守護の入部と国一揆の自治とは相容れないものと考えられることが多いが、国一揆の目的が地域の秩序回復だとすれば、国人たちをはじめとする地域住民に支持された守護が入部することは、必ずしもありえないことではなかったといえよう。明応二年（一四九三）八月になって、再び伊勢貞陸を守護として承認しようとする動きがあった。この段階で伊勢貞陸を迎える勢力と、それに反対する細川政元寄りの勢力とに国一揆は分裂し、伊勢貞陸は古市澄胤（ふるいちちょういん）と結んで、政元派国人を稲八（いなや）（屋）妻城（づまじょう）（京都府相楽郡精華町）に攻撃する。戦いの結果稲八妻城は、竹木（ちくぼく）も一掃されるほどの被害をうけて落城したという。

これによって山城国一揆は八年におよぶ自治の歴史を閉じたとされている。しかし先にみたように、国一揆の立役者の一員であった「三十六人衆」はこのあとも健在であった。伊勢貞陸の入部により、国一揆が維持しようとした地域の秩序がただちに破壊されたというわけではないとみることもできるように思われる。むしろ政元派の国人と対立し伊勢・古市らにつく国人たちが地域を牛耳るようになったとみたほうが、事実に近いのではなかろうか。

ともあれ、戦乱のなかで秩序の回復をめざして国一揆が立ちあがる契機はなくなることはなかった。戦国時代を通じて伊賀惣国一揆や近江国甲賀郡中惣(こうかぐんちゅうそう)など、この後にも国一揆はみることができる。それればかりではなく、山城国一揆と同じころ、やはり郡域を基礎として結集し、加賀国に新たな守護を立てて国内の戦乱を克服した加賀一向一揆もまた、4章で述べるように一〇〇年の長きにわたり国の秩序維持に携わったのである。戦乱を生きのびるための手段としてまずは国一揆の結成をあげることができるだろう。そこで次に、地域の個々の構成要素である村をみることにしたい。

村の自検断

惣村の自治

戦国時代の社会を考えるうえで重要なものは地域ごとに広く成立していた村である。村といえば「日本的村社会」などという言葉の印象から、日本の歴史とともに存在していたように錯覚しがちであるが、現在我々の知る村が成立してくるのは中世後期であった。その村は惣有財産、地下請、村法と自検断という三つの要件をそなえた自治組織である。

惣有財産とは村という組織のもつ財産であり、村という、いわば「法人」に属するものである。村民の生活資源を確保する山野など入会地、また農業用水の供給を維持するための灌漑施設、さらには村の資産として蓄積され、村が必要とする資金調達の際用いられる惣有田などの土地がこれに該当する。第二の地下請は、近世になると村請ともいわれ、村という組織が領主に対して年貢納入を請負うものである。これにより領主は村民を直接支配することをやめ、通常は村との契約関係において年貢を徴収するのみとなり、村民の訴えがなされるなど非常の場合以外村に介入しないようになるのである。第三に、村によっ

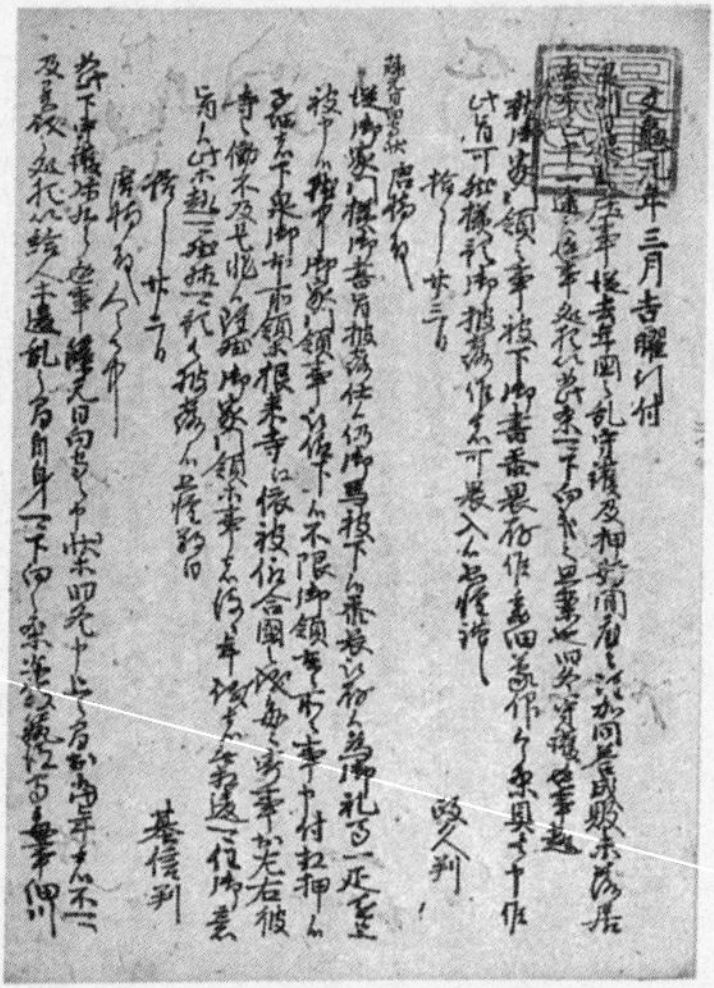

九条政基の『政基公旅引付』巻頭　文亀元年（1501）3月吉曜の引付に始まり、3月28日の京都出立から、永正元年（1504）12月にいたる日根庄での日記（宮内庁書陵部蔵）

て村のための法令が制定され、それに基づいて犯罪の処理、犯人の逮捕・処罰などの警察行為が村民の手による自検断により実施されるようになるのである。

これらをそなえた惣村と呼ばれる運営組織をもつ村は、鎌倉末に畿内とその周辺地域に現れ、室町時代には各地にひろがっていった。戦国乱世の民衆の多くはこの村の一員として戦乱に対処していったのである。

戦国時代の村民がどのように戦乱に対処していったかを知ることのできる絶好の史料として、摂関家の一つ九条（くじょう）家の当主であった前関白九条政基（まさもと）が書き記した『政基公旅引付（たびひきつけ）』がある。これは十六世紀の最初の四年間、当時前関白の九条政基が領地であった和泉国日根庄に下向して、崩壊に瀕した支配を維持しようとした時期の日記である。戦国の村の実情をうかがい知ることのできる希有の史料として著名なものである。

日根庄の自検断

日根庄におけるもっとも目につきやすい惣村の自治活動は、村民みずから犯人逮捕、処刑などの警察行為を行って治安維持にあたる自検断である。永正元年(一五〇四)の春は前年大旱魃のため大飢饉となり盗みが横行した。村民は蕨の根を粉にして水にさらして食糧を確保するなどしたが、それを盗む者もいた。中世の在地では盗みは重罪である。夜番の若衆は盗人の現行犯をその場で殺害した。犯人が逃げ込んだ滝宮の巫女の家では、その場にいた巫女の親子三人も一緒に殺された。自検断とはいえ、領主の九条政基が「大変理不尽な殺傷だが盗人なのだから自業自得」と感想を述べるほどむごい仕打ちであるが、こうでもしなければ飢饉のなかで治安を維持することなどできなかったのであろう。二月早々には番頭(近世の村の庄屋に相当する有力農民)の妻子が強盗に殺害されて家を焼かれるという事件が起こっていたのである。

九条政基が下向している間には領主による検断も行われているが、村内の犯罪を含めて紛争を自力で解決する村の指向は強かった。荘園領主ないし戦国大名など領主による検断とともに、村の自検断は村内の秩序を維持するもっとも強力な手段の一つだったのである。そして場合によっては荘園領主の検断が村の意向により覆されてしまうこともあった。

文亀二年（一五〇二）正月、犬鳴山にある七宝滝寺の明王の供米が盗まれ、政基の配下のものが犯人の法師を逮捕した。犯人に対して九条家の取り調べが行われたが、同類を白状させる拷問を命じられた番頭らは、入山田村には犯人の親類が多いとの理由で拷問に携わることを辞退した。犯人が斬刑に処せられる段になると、番頭らは七宝滝寺の別当代玄仙を先頭に助命を求めてきた。盗みの犯人でもあり、在庄初の検断であるからやすやすと助命はできないとして処刑を命じた政基の裁定をくつがえして助命を勝ち取ってしまったのである。

僧侶の救済活動

窃盗を重罪とする原則には明らかに反するものの、村民に多くの親類をもつ犯人の背景を考慮することも、村民自身による自治にとっては、やむをえない妥協であったかもしれない。しかし村としても、まったく無原則に妥協することはできない。その妥協を合法化するために用いられたのが僧侶の力であった。村民の先頭に立った玄仙は、今回のことを先例としないと約束するのなら助命を考えてもよい、と妥協案を提示する政基に対して次のようにいう。「処刑されようとする人を道路などで見かけてさえ、助命を嘆願するのが黒衣をまとう僧侶のつとめなのです。今後このような嘆願をしないなどとどうしてお約束することができるでしょうか」と。死刑囚の助命を勝ち取ることは、来世の善根をつむための僧侶の修行と見なされており、中世にあってはすでに、鎌倉時代の初めに東大寺の再建を主導した俊乗房重源（しゅんじょうぼうちょうげん）の時代からみられるものである。

そして戦国時代にはいかなる重罪人であっても、僧侶の立場から助命を嘆願することが普通にみられた。檀那（だんな）である大名に対して行った助命嘆願が認められなかったため、当の死刑囚を得度（とくど）させて僧侶にし、ともに領地を出奔（しゅっぽん）してしまった僧侶がいる。大名のほうはただ再三にわたり帰還を乞い、あまつさえ新たな寺院を建立し、開山として件（くだん）の僧侶を招いて、やっと帰還を実現したのである。またみずから匿（かくま）っていた罪人が大名の配下によって殺害されたため、やはり抗議のため出奔し、とうとう大名自身に迎えに来させた僧侶がいる。ともに戦国時代の逸話であり、この時代の僧侶の力をうかがうことができる。

犯人助命を感謝する入山田村民の誓約状に玄仙は最上位に連署し、「この者の親類が村に仇をしたり、御本所様（すなわち九条家）に不忠をしたら、この証文を根拠に処罰してください」と言明してはいる。しかしもし九条政基があくまでも処刑に固執したら、彼はどのような抵抗を示すか分からない、という恐れがあったのである。入山田村の村民が利用したのはこのような僧侶の力であった。村人が僧侶の権威を動員し、九条家の裁定さえ覆そうとしたのは、村の結束とそれがもたらす平和を守るためであり、そのための自検断だったからだと思われる。

自検断の承認

九条家の側も、みずから行う領主の検断と場合によっては衝突するとしても、自検断を抑制するなど思いもよらなかった。それどころかその役割を無視できず、これを承認して積極的に促しさえした。文亀二年(一五〇二)二月、京都から日根庄へ下向してきた人夫が、守護の被官から追剝(おいはぎ)に遭い、荷物や書状を奪われた。当時守護は、九条家の日根庄支配を陰に陽に妨害していたのである。事件の場所が日根野村西方の辻鼻であったため、九条家はさっそく辻鼻の番頭に詰問した。「当方の人夫が書状や荷物を奪われたのは、辻鼻の地下が『盗賊の所行』を許しているからであり、言語道断である。こんな『盗賊の所行』は、よもや守護の御命令ではなかろう。地下の落ち度は免れられないものである」と。守護の被官による追剝は、つまるところ「地下」すなわち村民の取締まりが不十分であるからだ、というわけである。守護と日根野村西方との内通をほのめかし、暗に非難しているものの、正面から問うているのは「地下」の責任である。村民の自検断による治安維持は公的責任の次元の問題であった。

この時代、自治の村による治安維持は広くみられ、3章でみるように戦国大名の領国でも、村民による治安維持は公的責任を問われるものであった。自治の象徴ともいうべき自検断は、畿内の荘園においても戦国大名の領国においても事実上承認されていた。それどころか、むしろ義務づけられたものであったことがうかがえる。支配者にとっても独力での秩序維持などできない相談である以上、村民たちの自立した振舞いを掣肘するどころか、秩序維持のためにこれを動員しなくてはならなかったのである。もちろん村民の自治は応仁の乱後に急に始まったことではなく、十五世紀ともなれば普通にみられた。しかし乱世に治安を維持する際には、ひときわ重要な要素となった。既成の自治を積極的に承認する以外、有効な方法がなかったからだと考えられる。

日根庄においても同様であり、日根野村・入山田村の村民による自検断は当然の前提であった。九条家の権威は村民の自治の上に神輿のように担ぎあげられていたのである。それでは、その担がれた権威はどのような意味をもっていたのだろうか。九条家が現地で果たしていた役割をさぐるために、九条政基の日根庄下向の意味をみてみたい。

本所領の平和

「御本所」様「御在庄」

文亀元年、九条政基が日根庄に下向したのにはいくつかの理由がある。第一には、明応五年（一四九六）に、九条家の家司唐橋在数を殺害して勅勘をこうむったことに対する謹慎のためであった。第二に、それまで日根庄の代官を勤めていた根来寺（和歌山県那賀郡岩出町）の僧侶が代官職を放棄して、日根庄が和泉国の守護に蹂躙される危険にさらされたためであった。

根来寺は平安時代に覚鑁の開いた大伝法院を中核として多くの子院をもつ寺院であるが、戦国時代には行人と呼ばれる僧兵集団の活躍で著名である。その中核にある惣分と呼ばれる全体会議により運営され、イエズス会の宣教師が彼らを「騎士団員の様に、戦争を仕事とし、金銭で雇われる傭兵集団であり、常時二万人の兵を擁する」と述べるように、侮りがたい武力を有していた。

根来寺の背後に、この時期にいたのが畠山尚順である。畠山尚順は幕府将軍義澄（義高）と管領の細川政元に敵対し、したがって和泉守護細川氏とも敵対関係にあり、下和泉地域は守護と根来寺との勢力がぶつかりあっていた。明応末年ごろに守護方は下和泉方面に進出しており、根来寺は撤退せざるをえなかった。このため明応九年（一五〇〇）には日根庄も九条家からみれば「守護押妨（不法侵入による掠奪）」に遭うこととなったのである。

この「守護押妨」を退けるために九条政基は幕府の力を利用する。摂関家領、当時の言葉でいえば寺社本所領を安堵するのは、前述したように幕府の役割であった。その幕府を動かすに絶好の人脈が政基にはあった。当時管領として幕府の最高実力者であった細川政元は、九条政基の子を養子としており九条家とは姻戚関係にある。この利点をフルに活かして幕府の安堵を得た九条政基は日根庄現地へ下向したのである。

だが「守護不入」の特権をもつはずの日根庄に対して守護側は収穫期には必ずといってよいほど年貢催促を行い、折にふれて住民を拉致したり、また往来する住民や九条家の家来に対して掠奪行為を働いたり、時には軍勢を率いて襲撃したりした。彼らは日根庄を、守護に任命されて以来権利をもつ土地であると主張しているが、これほど執拗な攻撃を加えるのにはもう一つの理由があった。それは政基が根来寺と結託して守護の進出を妨げるために下向して、「直務」すなわち直接支配を行っていると見なしていたからである。

守護側は「紀伊との境にある日根庄は根来衆と一味して住民は敵に同意し、ことあるごとに敵を引きいれている。そこに九条様が下向されたのだから、まるで敵方と内通されているようである」と述べている。守護にとって政基は根来寺に一味する日根庄への攻撃を妨げるバリケードともみえたのであろう。

根来寺の影

もちろんこれは、守護側からみた日根庄の姿にすぎない。だが守護の主張もそれほど根拠がないわけではなさそうである。入山田村は根来寺方と見なされてもおかしくない状況にあったからである。

入山田四カ村のうち船淵（ふなぶち）村には犬鳴山という山があった。修験の山であり、役小角（えんのおづぬ）の遺跡とされるところである。ここにある七宝滝寺は、滝宮の別当寺でもあり、九条家の「家門（かもん）の寺」でもあって、日根庄にとって重要な位置を占めていた。この七宝滝寺の別当真福院（しんぷくいん）が根来寺惣分のなかで重要な地位にある僧侶だった。文亀二年（一五〇二）に根来寺方の軍勢が入山田村に陣をとらないよう根来寺の制札を入山田村が獲得した際、惣分のメンバーに根回しし、入山田村の要請を入れるという議決に漕ぎつけ、制札の発給を実現したのは、ほぼ全面的に真福院の力によるものだったのである。

したがって入山田村は、根来寺と関係をもたないわけにはいかなかった。文亀元年五月には根来寺の軍勢がこの地域に進出するにあたり、かねてから「申し合わせの郷」すなわち同盟関係にある村として合力（ごうりき）の要請が入山田村になされている。これに加えて和泉国の、この地域に住む住民の子弟は根来法師となり、その「氏人（うじびと）」となる者が多く、日根野村にもこうした「氏人」がいた。日根庄は根来寺と縁の深い地域だったのである。

永正元年（一五〇四）、根来寺の大攻勢により、和泉守護と根来寺との和平が成立すると根来寺僧たちは態度を変えた。根来寺僧のうちある者は、九条家に対する債権のかたに日根庄の代官職を手に入れていた。守護の脅威がなくなると彼らは日根庄に対し、代官職の権利主張を前面に出すようになる。その権利主張のあからさまなことは、九条家側が

「以前は代官をしていながら放棄して逃げたではないか」と反発するほどであった。こうみてくると、根来寺が九条政基の「在庄」をあらんかぎり有利に利用したことは守護方の言い分の通りだろう。すくなくとも結果的に、根来寺が守護との交戦で苦境にあった時期に、政基の「在庄」が根来寺の権益を守る役割を果たしたことは確かなようである。

一方、九条政基が、とくに根来寺と通じて守護と対抗した形跡はみえない。根来寺と通じているとの、守護方からなされた非難に対して、「だいたい細川政元と根来寺とは敵対関係にある。予の末子はその細川政元の養子となっているではないか」と、政基は守護方のかんぐりを笑い飛ばしている。政元の家臣もまた「九条殿は私どもと一体の関係」と述べており、根来寺との関係は考えられない。しかし、政基が守護と根来寺との間で自分自身がどのような立場にあるかにまったく気づかなかったとも考えにくい。

永正元年の守護と根来寺との和平が日程に上がったとき、政基は「もし守護と根来寺との和平が事実なら、入山田の村民がいくらふんばってみても根来寺に勝てるはずはない。またもし和平が実現していないなら、今までのように直務の支配が行えるだろう。和平の実否こそが在庄の要件である」と感想を述べている。九条家の役割が守護と根来寺とが拮抗する状況のなかでこそ意味をもっていることは政基も自覚していたのだろう。

「御本所」の力

しかし仮にそうだとしても、九条家がここまで利用価値をもっていたことは乱世にあって不思議ともいえる。すくなくとも守護方は九条家に対して正面から手出しすることはできなかった。政基が日根庄に下向してからしばらくして、佐野の市場（大阪府泉佐野市）で入山田村の住民が守護の家来に拉致される事件が起こった。九条家の家臣塩野兵庫助は守護の滞在する堺に出向き、幕府の裁許を振りかざして守護の家臣中沢の申次林新右衛門と問答し返還を迫る。

塩野「百姓たちは『御本所』九条家の命令に従っただけで罪はありません。幕府の法廷で解決を図られることなく、こういう百姓の一人や二人拉致したところで意味はないでしょうから、解放なさるのがよいでしょう」

林「いやいや、彼らは敵方を入山田に引き入れたのです。きわめて反抗的でけしからん行為だからこそ、制裁を加えたのです」

塩野「なんと（守護と九条家とが係争中の）御領についての問題ではないのですか。驚き入ったことです。一体彼らが敵方を引き入れたとは、根来寺を引き入れたとでもいわれるのですか。それとも畠山尚順殿を引き入れたとでもいわれるのですか」

林「武器をとってあからさまに敵対することを申しているのではありません。わが殿の知行を妨げるような御方（九条家を指す）を引き入れ申し上げ、敵対していると申しているのです」

塩野「それならば九条殿の家来を拉致なされればよいでしょう。その一人である私が現にここにいるではありませんか。私の代わりに罪もない百姓を解放されてはいかがですか」

昂然と見得を切る塩野兵庫助に対して守護方はこれ以上何もできないのである。

九条政基も、守護方が入山田村に夜討をかけるという風聞に接して不思議がり、次のような感想をもらす。「守護が予に対して武力で襲撃すれば、入山田を含む九条家由緒の五カ村が昔のように九条家領になってしまうことは目に見えているではないか。予とともに討死する者たちは不憫ではあるが、予の討死こそ（幕府の処断により）九条家領が回復される絶好の契機なのであり、ここに下向したときから覚悟していることである。いかに頭の働かない者であっても、武力でこの領地を手に入れられると考える者はいないはずである」。守護が自分に手出しできるはずがないという政基の確信が、幕府の後ろ盾や情勢に関する周到な読みからのものか、摂関家に生まれた者の驕りからのものか、ここでは問うまい。いずれにしろ、このような感想の生まれる当時の現実はたしかに存在したと思われる。

九条家の守護に対するこのような優位が、幕府の保護する寺社本所の一員として手厚い保護をうけていることによるところが大きいのはいうまでもない。実際守護方の人質拉致に対して管領細川家は、報復として幕府の膝元である京都、あるいは細川家の本拠である摂津で和泉守護の係累を人質にとることを提案しているくらいだから、九条家の背後にいる幕府は無視できない政治的意味をもっていたと考えられる。

管領を世襲してきた京兆家（右京大夫の官途を世襲してきた細川宗家の別称、京兆は右京大夫の唐名）と呼ばれる細川家は、和泉守護細川家の本家である。しかしながら、守護の国に対する支配権を押さえて「守護不入」の寺社本所領を擁護すべき幕府の最高実力者京兆家としては、相手が分家であっても、制裁を加えざるをえないのである。幕府が国の支配者である守護を抑制しながら寺社本所領を守るという、古典的ともいえる幕府・守護の構図は乱世にあっても健在であった。

中立の維持

もちろん往年の幕府の権威、寺社本所の権威はこの程度のものではなかったことは十分考えられる。乱世を迎えた以上、権威の後退はやむをえないことであった。しかしそれにしても幕府はこの程度には健在であり、寺社本所もこの程度の権威は保っていた。幕府が、そして寺社本所が、乱世のなかで曲がりなりにも権威を保つことができたのはなぜなのだろうか。その大きな原因の一つとして、ほかならぬ民衆がその利用価値を重視したことを考えることができよう。

日根庄では、「御本所」すなわち九条家が直務をしている間、相争う両勢力にいずれにも味方する必要がなく、戦乱に巻き込まれずにすますことができた。前述のように文亀元年（一五〇一）五月、この地域に進出を試みた根来寺は、かねて「申し合わせの郷」である入山田村に合力を要請した。通常は、この「申し合わせの郷」の盟約に従うのが乱世の仁義である。しかし村側は「かねての約束をないがしろにするつもりではないが、『御本所様』が御在庄されている以上、味方するわけにはいかない」と回答した。村民のこの対応を聞いた政基は、これをうけて「根来寺が出張してきた場合には、たとえ親類縁者からの要請があったとしても、誰一人守護方へも根来寺方へも出向いてはならぬ。出向いた者には屋内破却（住居を破壊する処罰）の成敗を行うであろう。守護方・根来方いずれから要請があろうと、予の成敗を示して出陣を拒否せよ」と命令した。この命令は「御成敗もっとも」と村民に支持されたという。

村の民衆が守護や根来寺などの人員徴発はもちろん、親類縁者への義理からも、また「申し合わせの郷」という村同士の連合関係からも戦場に出向いていかざるをえなかった事情がかいま見られる。そして従軍の事実が知られれば、相手方から、新たに攻撃の危険にさらされることは容易に想像される。根来寺との「申し合わせの郷」であった入山田村が守護方の攻撃にさらされたことは、このことを雄弁に物語っていよう。へたに特定の勢力と交渉をもてば際限なく敵が現れる。だから村民は戦乱を避けてなんとか中立的な立場に立って軍勢の攻撃をかわそうとした。熊取谷に放火しようとした粉河寺（和歌山県紀の川市）の軍勢に対し、村人に罪はない、と入山田村村民たちは抗議して次のようにいう。

「私たちは誰であれ強いほうに従うだけです。百姓というものは草の靡きなのですから」

と。村民たちのこの言葉は乱世に生きる民衆の行動様式をものの見事に表現している。そして「御本所」の「御在庄」は局外中立をかなえてくれる恰好のものであった。

制札の獲得

もちろん、たんに「御本所」の直務だけで軍隊の侵入を防ぐことはできない。村民の力で根来寺などの勢力と交渉して制札を獲得するなどの努力が必要である。しかしそのような場合にも「御本所」が「御在庄」していることは交渉の大きなてがかりだった。

文亀二年（一五〇二）八月末に佐藤宗兵衛をはじめ、根来衆の足軽や神尾衆、金台寺などの軍勢が入山田村に陣をとるとの風聞があり、その対処が問題となった。政基は「もっぱら村民の詫言（駆け引きと請願）により事を処理せよ。うまくいかない場合には、予が彼らと同じ場所にいるわけにはいかないから上洛するであろう」と言い放った。この無責任な領主の発言に村民は慌て、「今お見捨てになって上洛なさるなら、われわれは乳を離れた赤子同然です。村は滅亡してしまいます。ともかく懸命に賄賂などをもって惣分と交渉しますから」と説得せねばならなかった。

　そして根来寺と交渉した結果、前述のように「入山田はかねてから近しい在所である上に御本所の御意向もあるから」という真福院の説得により根来寺からの制札がもたらされたのである。制札獲得に「御本所」の存在が有利であったことはいうまでもない。そして制札というものは、この時代に大きな威力を発揮した。

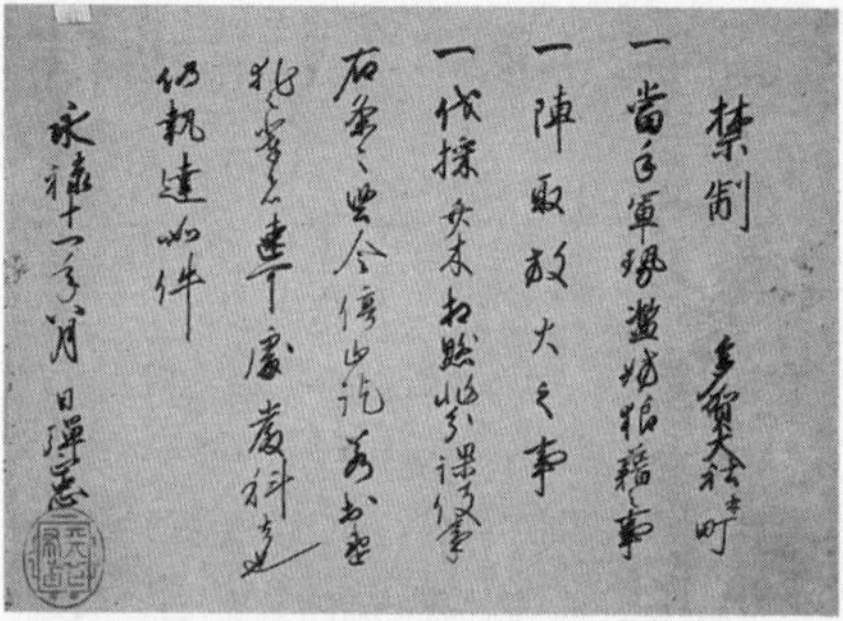

織田信長の制札　永禄11年８月の年紀がある。滋賀県犬上郡多賀町、多賀大社蔵（写真提供・滋賀県立安土城考古博物館）

　この時代の軍隊のなかで、生業が立たずに村を棄て、戦の場での手柄や掠奪に活路を求めた民衆がかなりの比重を占めていたことは1章で述べた。その意味で軍隊は大将に統率されているとはいえ、いつなんどき狂暴な強盗団に変貌するかもしれなかったのである。

　文亀三年八月に根来寺方の佐藤宗兵衛が入山田の槌丸（つちまる）村に陣をとろうとしたときは、真福院からの連絡で村の番頭たちが間髪を入れず根来寺と交渉し、前年に得た制札通りに根来寺の取締まりを実現することができた。軍勢の侵入は回避できたものの、その軍勢は在々所々で夜盗に押し入った。軍勢はさまざまな面で危険きわまりない存在だったのである。

そしてこのような荒くれ者の軍隊から、制札一枚を帯びてたった一人で寺を守った僧侶の逸話が上野国長年寺（群馬県高崎市下室田町）に伝わっている。永禄四年（一五六一）に武田信玄がこの地域に侵入した際、長年寺僧受連は信玄から、「予の軍勢がこの寺で掠奪や暴力行為・破壊行為などの狼藉を行うことを禁止する」との制札を申し請けた。そして度重なる戦で長年寺や門前に住んでいた二〇〇人余りの僧俗が離散するなか、一人で寺に留まり、軍勢侵入のたびにこの制札をささげ持って兵士らに立ち向かい、兵士の刃に脅され、身ぐるみを剝がれ、掠奪をうけながら寺を守りきったという。峰岸純夫氏により紹介されて広く知られるようになったこの逸話は、制札のもつ重要な力を物語っている。そしてくりかえすなら、その制札を獲得するためにやはり「御本所様」の権威は大きな意味をもっていたといえよう。

民衆のシェルター

さらに加えていえば、本所領は当時の村民のなかでも、守護領などとは違って明白に差別化された、いわば憧れの領主の土地だったと考えられる。現代人の目からみれば公家・寺社であろうが武士であろうが、年貢収奪者として一向に違いはないかもしれない。しかし当時の民衆が、この両者を差別化していたこともまた事実である。前述の通り文亀元年（一五〇一）六月に、佐野の市場で入山田住民が守護方に拉致される事件が起こった。逮捕され手傷を負いながら辛くも逃げ帰ってきた住民がいうところでは、守護方の者は「この間活計せしむるか、おのれ」（「いままで良い目を見やがって、この野郎」とでも訳すべきだろうか）と叫んで斬りかかってきたという。

守護の支配を免れた寺社本所の統治する「守護不入」の地における生活は、守護被官にとってさえ「良い目をみる」ものだったのではないだろうか。政基が在庄して間もないころ、入山田の村民が当国の「諸権門領」では段銭（土地一反ごとに均一に賦課される税）をかけないのが通常であるから、「御在庄」されている以上、まず今回の段銭を免じてほしいと訴訟したことがある。政基は守護による「百姓」を苦しめる段銭と領家方の段銭とは違うという理屈を展開したが、この程度のことを村民が知らなかったとも思えず、駄目でもともと訴訟してみただけかもしれない。しかしまた一方で、「諸権門領」の支配が守護領のそれとは異なるはずだ、と特別扱いする村民の観念もうかがえるように思われる。

十五世紀中葉に東寺領備中国新見庄（岡山県新見市）では、守護家臣安富智安の支配を排除した住民の力で東寺の直務が実現した。ところが段銭を賦課しようとした東寺の代官に対して地下住民は「われわれが命がけで東寺の直務を実現したのは、このようなものを免除してもらえると思ったからである。このような仰せは心外至極」と反論したという。

これもまた寺社本所の支配に対する民衆の願望を物語るものと考えられる。
幕府の力を背負った寺社本所の権威と、それに対する民衆の期待が幕府と寺社本所とを支えていた。本章のはじめのところでふれた、一向一揆や国一揆が寺社本所領の存在を尊重し、権威を認めたことを想起したい。一揆する下級武士や民衆にとっても、寺社本所領は少なからぬ意味があったのである。そして一見奇異にみえようとも、みるからに古めかしい寺社本所を生きのびさせていたのは、戦乱の回避と無事への願いだったと思われる。これがたんなる幻想でなかったことは、民衆のこうした古い権威の利用法にうかがわれよう。

永正十七年（一五二〇）に細川澄元を擁立する三好之長の軍勢が京都を攻めたことがある。当時の幕府の実力者細川高国も一時京都を棄てて退却する一幕があり、京都周辺の民衆に大きな脅威を与えたのである。三好勢が入部する危機に直面した京都近郊の伏見宮家領伏見庄の住民は、領主貞敦親王に伏見庄への下向を要請し、親王も下向した。皇族である親王が領主として「在庄」していることが軍隊の蹂躙を防ぐ手立てとなったのである。

これから五〇年ほどのち、織田信長の力で将軍となった足利義昭は、その信長と対立を深めるにいたり、二条御所に籠城する。その義昭に対し、美濃から信長は大軍を率いて上京した。信長出張の情報に京都は大混乱に陥ったが、戦乱を避けようとして京都住民は内裏の築地のうちに小屋をかけ、妻子を避難させた。天皇の権威もまた軍隊の暴虐を防ぐ重要なシェルターだったのである。

古い権威の存続

乱世の民衆が頼りにした権威は寺社本所など貴人の領主のそれであり、また領主とも対等にわたり合えた僧侶の力であった。その古めかしさに意外の感をもたれた読者も多いだろう。これが躍動する乱世の智恵だとすればあまりにも物足りない、とみる向きもあるかもしれない。しかし一方、6章で述べるように、織田信長の時代まで寺社本所領は重視されていた。また僧侶の力は4章で述べるように近世にも依然発揮された。この二つが乱世を脈々と生きのびたことは疑いない。戦乱を避けるために公家、僧侶など、中世の民衆が長きにわたって馴染んできた権威が、一揆や自治など、これまた民衆が自家薬籠中のものとしてきた手段により、結局のところ支えられたと考えられるのである。

当時は、政治的対立の激化による戦乱のなかで、社会の信頼関係がさまざまな局面で失われ、治安維持にあずかる権威の多くが崩壊に瀕していた。そうした状況では、むしろ過去の伝統のおかげで、まだ少しでも形をなしているような公家、僧侶の権威くらいしか当てになるものはないともいえよう。乱世による秩序の崩壊と解放的混乱が、おのずと新しい秩序形成の手立てをもたらすと考えるほうが、いささか虫のよい錯覚であり、混乱のなかでは、かえって新しい方法を模索する余裕などなく、とりあえず役立ちそうな過去の遺産を動員するほかないかもしれない。シモーヌ・ヴェーユの言葉を借りるならば、「未来を築きあげるために……われわれは、過去より承け継がれ、われわれによって消化され、同化され、再創造された宝以外には、生命力も精気も所有してはいない」（『根をもつこと』）。変わりばえのしない寺社本所の権威を借り、僧侶の力に頼り、ともかく今日の秩序と明日の希望とを守ろうとしたのが実情であったと考えられる。

それにしても、なんと頼りない遺産であろうか。権威は常に安定した効果を発揮できるわけではない。応仁の乱のさなかには摂関家の出身者ですら、遠慮会釈なく殺害されてしまったのである。応仁二年（一四六八）十一月、興福寺領兵庫関などの所領を守るために兵庫福原庄（神戸市兵庫区）に下向した一条政房は、翌年、大内氏と山名氏との戦いのなかで殺害された。政房の叔父大乗院尋尊は、その衝撃を次のように慨嘆している。

「摂関家の出身者が戦死したのは保元の乱の折に藤原頼長が流れ矢にあたって死んだことぐらいである。このときは天皇家が戦争の当事者だったのだから臣下である摂関家としてやむをえないことだった。しかし今回は身分の低い悪党の所行で戦死したのであり、まさに末世の極みである」

このエピソードは、応仁の乱が日本社会に与えた衝撃を的確に物語っている。乱世のもたらした混乱のなかで摂関家の権威など消滅していったにちがいない、とは現代人なら誰しも想像するだろう。しかしながら同じ摂関家の九条家が、これより三〇年以上も経た乱世のただなかに経験したことは、そうではなかった。かなりしぶとく寺社本所の権威は生きのびているのである。もちろん前述したように「御本所」の権威をふりかざす九条政基自身が、その権威は守護と根来寺との勢力が拮抗する、いわば真空状態のなかで保たれることを自覚している程度のものではある。しかし限定つきではあれ、力を発揮したのは事実であった。

すくなくとも日根庄に関するかぎり、村民たちは戦乱を避けるために最大限、寺社本所の権威を使用しようとした。守護と根来寺との和平の後も入山田の住民たちは九条家の直務を支持して根来寺から入部する代官を拒否し「篠(ささ)を引(ひ)」いて（当時「篠を引く」ことは呪術的なバリケードを築く作法とされていた）逃散(ちょうさん)している。また根来寺も、守護との和平の後には、九条家に対して露骨な債務取り立てを仕掛けたにもかかわらず、守護との抗争ではその権威を利用した。さらに守護方も正面から九条家の支配を否定できず、住民を拉致したり年貢を催促したりする心理作戦に終始した。そして九条家は、このような情勢を最大限利用しようとしたし、幕府もこれをできるかぎり背後から支えたのである。

すべての人びとが、あたかも寺社本所の力が実在するかのようにふるまっていた。このような古めかしい権威をもりたてることが、未来を開くための最適の方法だったというわけではもちろんない。「百姓の五人や一〇人失せたとて、不憫ではあるがやむをえない」と言い放つ九条政基のような「御本所」が、ほかならぬ民衆に支えられて延命したことは、歴史の皮肉な現実である。にもかかわらず、当時の人びとは、依然、寺社本所を必要としていたのだと考えられよう。

このころ「国を静謐させた」、つまり秩序を回復したと称する戦国大名が登場し、その数十年後に、「本所」の保護者を自称する織田信長が京都を押さえて「天下」を握ることになる。このような乱世の成行きをみると、その道程に、戦争を避けて生きのびられる秩序を拵(こしら)えるために、古めかしい寺社本所や僧侶の権威などをも、あらんかぎり利用しようとした無数の民衆の姿を見出すことも、あながち誤りとはいえないように思われる。

3 戦国の大名・戦国の将軍

国を掌握する大名たち

新たな支配者の出現

十五世紀末から十六世紀前半にかけて、各地に戦国大名として知られる支配者たちがぞくぞくと出現する。奥州の伊達氏、伊豆・相模・武蔵など関東諸国を支配した北条氏（学界では鎌倉幕府の執権北条氏と区別して後北条氏と呼ぶこともある）、甲斐・信濃の武田氏、越後の上杉（長尾）氏、駿河・遠江の今川氏、越前の朝倉氏、近江の六角氏、さらに安芸の毛利氏、四国の長宗我部氏などである。

これらのなかには守護大名の出身であり、時代の流れのなかで戦国大名へと転身していった者もいるが、そうでない者も多い。守護代家の系譜をひく者や、国人など地域の有力武士だった者もあり、あるいは北条氏のようにもともと幕臣であり、地方に下りそこで勢力を伸ばしていった者もいる。彼らの手でひとまず領国の秩序が保たれるようになった。今川義元が、自分は古い時代の守護と違い、将軍の命によって国を治めているのではなく、自力で平和を回復したからこそ「国」の頂点に君臨しているのだと述べていることに、戦国大名の立場がよく現れている。その特徴をいくつかあげてみよう。

一揆の頂点に立つ

まず第一に、彼らが、家来として臣従する領内の武士たちの団結した総意に擁立されて、権力の座についている点が大きな特徴の一つである。たとえば、武田晴信（信玄）が武田家の家長の座についたのは、父信虎のたび重なる軍事行動に不満を懐き、離反した家臣たちに擁立されたためであった。家臣たちの支持を得た晴信によって父信虎は駿河に追放され、晴信が家督を相続したのである。

弘治二年（一五五六）に上杉謙信（この時まだ長尾景虎を名乗っているが、便宜上、上杉謙信で統一する）が引退を表明したことがある。結局このときは家臣らがこぞってひきとめ、謙信が家長であることに賛意を表したので、謙信は引退表明を撤回した。あとからみればわざわざ家臣らに忠節の表明を催促したのではないか、と勘ぐることも可能かもしれない。しかし守護大名に比較して、格段に強力であるといわれる戦国大名の権力の根拠が、家臣たちの一致した支持、すなわち一揆結合による推戴であることを雄弁に物語る逸話である。

家中の支持こそが家督の地位を支えるという事態は応仁の乱のころから顕著にみられる。応仁の乱の大きな契機は、一つには将軍家や三管領家の斯波家、畠山家などの家督争いであるが、この家督争いは誰を家長として支持するかに関する家臣団内の争いの反映にほかならない。だから家督争いを克服して家長となるためには、家中の結束した支持をとりつける必要があった。戦国大名であるための第一の基礎は、まずは家中の武士たちによる結束した支持である。

戦国大名として、こうした権力基礎の典型的なあり方がみられるのは、安芸国の国人領主から身をおこし、中国地方に領国を築いた毛利氏の場合である。天文十九年（一五五〇）毛利元就は家中のほぼ全員と思われる二三八名の家臣から、毛利氏の裁定に服し忠誠を尽くすことを誓った起請文を徴収した。すでに享禄五年（一五三二）には毛利氏の家臣三二名が用水をはじめとする領地支配のことについて相互協定を結んでいる。この協定は一揆契約にほかならないが、この協定の違反者については、主君の毛利元就が処断すべきことを申請している。毛利元就は一揆メンバーに擁立された裁定者として、一揆する家臣らに契約を遵守させる権限をもっているのである。勝俣鎮夫氏の指摘される通り、毛利氏

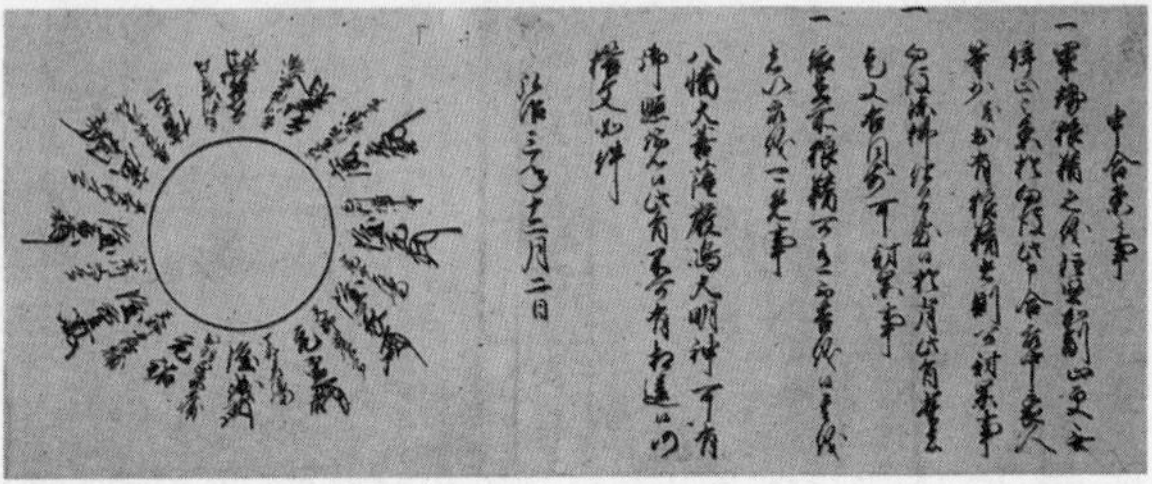

傘状に署名した毛利家家臣たちの一揆契状　弘治３年（1557）12月、毛利元就が安芸国衆と結んだ、軍勢の狼藉、勝手な陣払いの禁止などの誓約（山口県防府市、毛利博物館蔵）

の発動する権力が家臣の一揆の力に基づいていることが明瞭にうかがわれる。この一揆の力こそが毛利氏を戦国大名に押し上げた力といえよう。

強権支配と民衆への配慮

次に戦国大名の特徴として知られるのは、その支配の中央集権的なあり方である。領国内を強力に支配するための、いくつかの特徴的な政策が知られている。まず城下集住であり、各地に割拠する武士たちを大名自身の城下に引っ越させ、商工業者もまた城下へ招致して、領国の政治的・軍事的中心となる城下町を建設することである。

第二に、国内武士を動員するための体制の確立である。たとえば、寄親・寄子制や、統一的な軍役の規準を定める貫高制などである。寄親・寄子制とは国内の武士たちを、有力家臣たちを中心とする指揮系統に編成するもの、貫高制は一定の規準により個々の武士が領有する所領の評価額を算出し、これを軍役の規準とするものである。たとえば北条氏の場合、田地は段別五〇〇文、畠地は段別一六五文を基準値とし、検地によってそれぞれの武士たちの貫高が算出された。この評価額は、領知する武士に対する軍役の規準になるとともに、郷村住民が納める役銭の規準ともなっていた。

第三に、「分国法」と呼ばれる領国独自の法を制定したことである。伊達氏の『塵芥集』、武田氏の『甲州法度之次第』、今川氏の『今川仮名目録』、六角氏の『六角氏式目』、長宗我部氏の『長宗我部氏掟書』などが知られているが、これらの法の特徴は、守護法や幕府法ないし『御成敗式目』など従来からの法を継承しながら、従来は支配者に法として採用されなかったものも多く採用されている点である。

たとえば、民間で行われてきた慣習や不文律、国人一揆などの協定に現れる非常時の法などが採用されている。しかしまたその一方で、従来は社会通念に基づき容認されてきた慣習を破る法もいくつかが採用されており、実力による抗争それ自体を処罰する喧嘩両成敗の法などはその代表といえよう。従来は民間でもっぱら処理されていたような紛争解決にも介入する一方、そのような場においても、強権を発動しようとする戦国大名の姿勢がうかがえる。それ以前の守護大名に比較して、戦国大名の支配はその範囲を拡大するとともに、質的にも深化していたことが知られる。

一方こうした強力な中央集権的支配の反面に、一見相反するような民衆への細心な配慮がみられることも戦国大名の特徴といえよう。たとえば貫高制である。軍役が重すぎず軽すぎず、個々の武士の分限に合っていなければならないのは、武士が分限以上の軍役を果たすことが、領民への悪影響をもたらすと考えられていたからであった。北条氏の二代目として関東の支配権を確立した北条氏綱は、その弊害を次のように述べる。

「侍は自分の分限を守る者がもっともよい。五〇〇貫の身で一〇〇〇貫の者の真似をするような侍の多くは小手先で見栄を張る者である。このような者はきっと百姓、町人を重税で困らせ、賭博で儲け、よい評判を得るため上司に付け届けをする。そこで大将もつい、分限以上の働きをする侍をもったと喜ぶものである。そうなれば、この派手な風潮は家中を巻き込み、家中の者はこぞって大身の真似をし、借金をし、町人・百姓に重税を課し、賭博に走る。そうなれば出仕する侍も少なくなり、地下の百姓も他国へ逃げていくだろう」

また三代目の北条氏康は、箱根別当融山が、国主は万民を憐れみ、百姓に礼を尽くさなければならない、と述べたことに対し、後述する永禄三年（一五六〇）の徳政と、さらに翌年の広汎な徳政こそ、自分自身の政治が融山の言葉にかなっていることを示すものであると力説している。戦国大名が、すくなくとも建前においては、百姓に「礼を尽くす」べきことを、当然の善政として喧伝していたことがうかがえる。

国の危機管理

戦乱の時代には、大名ばかりでなく、その領国住民にとっても「国」のありようは重大な関心事となっていた。大名が行う「国」の防衛と治安維持の政策や、その支配の力量は領民が乱世を生き延びられるかどうかに密接にかかわるものと考えられていたからである。また後述するように、領民にも「国」を守るための軍役がかけられていたから、従軍することがはたして明日の生存につながるか否かも、大名の力量によるところ大といえよう。誰も無能な大名による勝ち目のない戦争に動員されて無駄死したくはない。

したがって「国」支配を維持していくためには、戦国大名は家中のみならず領民からの幅広い支持を獲得していなければならなかったのである。『朝倉孝景十七箇条』では裁判における不正は、敗訴と同様に処罰することを規定し、「国内で手厚い配慮をしていれば他国の悪党がどのような企みをしようと恐れるところではない。もし不公正が行われていると風聞が立てば、他国から侵略をうけるものである」と趣旨を述べている。百姓の動向に細心の注意を払い、百姓に「礼を尽くす」ことを力説する北条氏にもまた同様の認識がうかがえる。強力な中央集権的支配の一方で、下々の「百姓」(平民)の支持が不可欠である、というのが戦国大名たちの認識であったと考えられる。

戦国大名が戦乱、飢饉、災害などの際に行った危機管理政策として、たとえば徳政をあげることができよう。北条氏康が氏政に家督を譲ったことを契機として、永禄三年（一五六〇）、北条氏の領内に徳政令を発した。一般的にみれば代替わりなどの節目に際して、撫民を目的として行われた政策とみることができる。しかしこれより二年前に、近畿・東海・関東にわたる大旱魃があり、飢饉となっていた。またこの前年には甲斐・陸奥で水害が出て、甲斐では疫病が翌々年まで流行し、当の永禄三年は春以来の旱魃と初秋の長雨となった。この時に関東に上杉軍が侵攻している。「陣中でも疫病で敵味方ともに多くの者が死ぬ」ような惨憺たる状況のなかでの徳政令発布であった。藤木久志氏によれば、この徳政令の前提となる代替わりそのものが凶作・流行病・飢饉による人心の動揺を一新するために行われたものであった。

また支配の拠点となる城の防備を固め、日常的に住民を動員しての普請を行っている。たんに敵に対する軍事的な防備ばかりではない。戦乱のなかで住民の避難所を設けるためである。1章でみたように、この時代の戦争は飢饉・凶作などで生活が立ちゆかなくなった農民たちの「食うための戦争」でもあり、戦場の村々は雑兵の荒稼ぎの場になり、財産の掠奪、人身の拉致（もちろん人買市場で販売するためである）、放火、そして大量殺戮が行われた。このため住民はみずから建設した要塞（「城」「小屋」などと呼ばれた）、もしくは大名の城に避難する必要があった。当時、日本にいたイエズス会宣教師ルイス・フロイスの証言のように、「住民は近くのもっとも安全で堅固な城塞にひきこもる以外に、救われる道はなかった」のである。
このようにみれば、城普請はたんに大名のためだけではないことはたやすく理解できよう。ここを避難所とする住民たちにとって、緊急を要する重要な問題であった。だからこそ大名は、北条氏のように「御苦労であるが『御国静謐』（国の平和）のためであるから、普請に精を出すよう」領内全域、すなわち伊豆・相模・武蔵三国の住民を総動員したのである。

地震の伝承

北条氏の事蹟を記した『北条五代記』には、明応七年（一四九八）に北条早雲（このときは伊勢宗瑞といった）が伊豆にいた堀越公方足利茶々丸を滅亡させた戦いについて次のような逸話を記している。

早雲が五〇〇人ほどの軍勢を率いて伊豆の松崎（静岡県賀茂郡松崎町）・仁科・田子・安良里（静岡県賀茂郡西伊豆町）の湊につくと、これをみた住民は海賊の襲来だと思って逃げ散っていった。里に入ってみると、どの家にも五人、三人ずつの病人が寝ていて総数は一〇〇〇人を超えようかと思われる。訳を尋ねると、このところの流行病で一〇人の家族につき八、九人は死んでしまったという。早雲は医者に命じて良薬を調合させ、率いた五〇〇人の兵士に看病させたため、一人も死なずみな命が助かって回復した。当初は早雲軍が侵入したのに驚き、逃げ散った住民たちも喜んで里に帰ってきて、早雲の配下に加わった。

住民救助が終わると早雲は二〇〇〇人ばかりの兵を集め、足利茶々丸方の関戸吉信（せきどよしのぶ）が立て籠もる深根（ふかね）（静岡県下田市）の城を攻撃した。吉信父子五人が討死すると城方は総崩れになり、早雲の兵は城方の者を女、子ども、法師にいたるまで残らず殺害し、城の周りに千余りの首を曝（さら）した。これを見聞きした国中の侍は競って降参しに駆け付けたため、伊豆一国は早雲の領有するところとなった。

この奇妙な伝承に、興味深い推理を加えられたのは家永遵嗣氏である。家永氏は早雲が足利茶々丸を滅ぼした明応七年の八月に、大規模な地震が起こっていることに注目された。明応の地震の名で知られる、現在の静岡県南方海中を震源とするものであり、マグニチュード八・二〜八・四（阪神・淡路大震災のおよそ数十倍のエネルギー）と推定されるものであり、房総半島から紀伊半島にいたる太平洋一帯に大津波が襲来した。どの家にも五人、三人と病人がいたというのはこの地震・津波の被害のありさまを描写したものだ、というのが家永氏の見解であり、明応七年という年次からみても説得的なものと考えられる。

そしてもしこのように考えられれば、この北条早雲の逸話は戦国大名の姿を鋭く捉えたものということができよう。このような災害に直面し、ただちに軍勢により救護活動を展開したことは、とりもなおさず早雲の危機管理能力をアピールしたものであり、そのため当初はたんなる侵略軍とみていた住民たちも帰服するにいたった。またこのような災害時には通常の生業のみで生きのびることは困難である。災害の被害者の行き場は、この時代、戦場での荒稼ぎと相場は決まっていただろう。早雲は間髪を容れず帰服した住民を動員する。その結果軍勢は五〇〇人からたちまち二〇〇〇人に膨れあがった。

しかし一方、関戸吉信の立て籠もる深根の城にも戦乱を避けて籠城した住民たちが避難していたはずである。通常は、このような非戦闘員の籠城者は助命され、解放される場合も少なくなかったが、早雲はこのときに関してはこれを皆殺しにした。従来の支配者堀越公方足利茶々丸の危機管理能力に破産を宣告し、みずから新たな支配者であることを宣言するためと考えられる（このような避難した住民をも含めた皆殺し作戦については、6章の、織田信長と一向一揆との戦いのところで少し詳しく述べる）。あるいは早雲が、味方の軍勢となった災害の被害者たちが戦場で展開する凄惨な掠奪・殺戮を容認したのかもしれない。もちろんこの逸話がそのまま事実を伝えるものではないだろうが、いかにも腕の立つ戦国大名にふさわしい逸話ということができよう。

自治と自力の組織

住民への軍事動員

このように「国」の平和を維持する存在であることをアピールした戦国大名は、まさにその論理によって、家臣の武士のみならず「百姓」「町人」ら一般の住民を戦争に動員した。元亀元年（一五七〇）北条氏が、武田氏の侵攻に対して領国内の人口調査をふまえ、領民を軍に動員したのは著名な事実である。「そもそもこのような戦時に、いやしくも国に属する者は従軍せずにすますことはできないはずであり、従軍命令に背くような者は即刻成敗されるであろうが、それは大名側の落ち度ではなく、命令に背いた者が悪いのである」というのが、動員する北条氏側の言い分であった。

この動員は、前述のように村の貫高を規準としてなされたとされている。天正十六年（一五八八）北条氏の最末期に行われた動員は次のようなものである。動員対象は十五歳以上七十歳以下、侍の身分であろうと「凡下」（侍より下の身分）であろうと弓・槍・鉄砲などを携え、もともと戦闘に従事したことのない者も、いかにも武士らしく旗指物などを調えて従軍すべく命令されている。このような日常的には戦闘に従事しない住民の従軍期間は二〇日間、兵粮（ひょうろう）が支給され、手柄を立てた者には恩賞が与えられたとされている。しかし戦場に駆り出されることは、村の住民にとっては大きな負担であり、住民自身が動員に応じる代わりに金で雇ったり、あるいは村が日常的に扶養していた乞食（こつじき）などが差し出されることがしばしばあった。「役に立つ者を残して雇われ人夫同然の者を差し出した場合は」、処刑を含む厳罰で臨むのが北条氏の方針であった。しかし村もまた「役に立つ」者を確保しておかなければならない。なぜなら後述するように、村自身が住民を結集して戦わなければならない場合もしばしばあったからである。

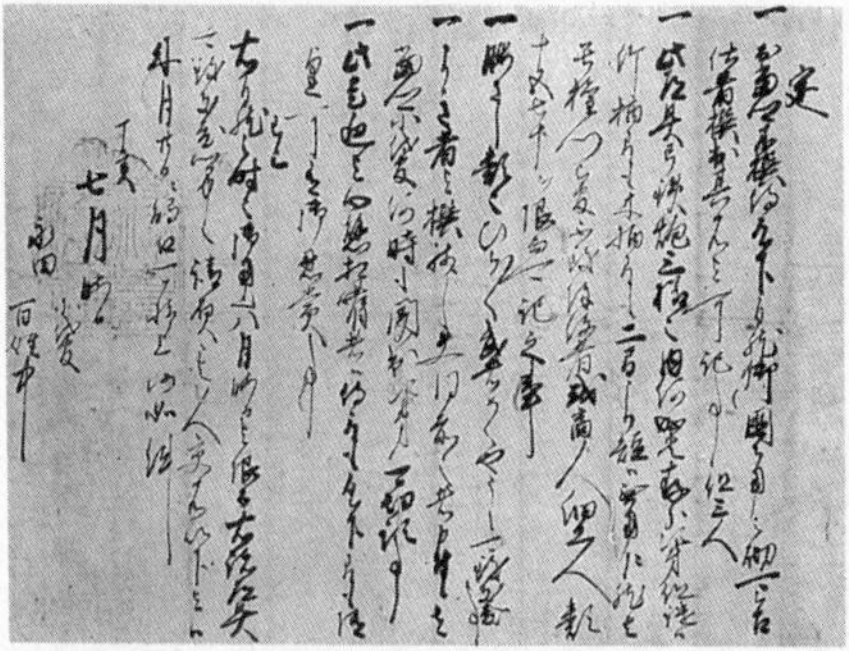

北条氏が出した村民動員令の一つ　天正15年（1587）7月晦日付、永田小代官・百姓中宛（小野哲男氏蔵）

「百姓」に振り当てられた固有の軍役としては城番（しろばん）がある。武士たちが出陣している間に最寄の城の留守を守る役目である。これも従軍に対しては兵粮が支給され、手柄を立てた者には恩賞が与えられた。しかしこれとても

「百姓」にとっては迷惑な話だったろう。動員に当たっては、対象者の台帳が作成され、これに基づいてなされたが、その帳簿に記入もれがあった場合は「小代官」「名主」ら村役人を処刑することが、北条氏により規定されている。しかも記入もれを注進した者には、田地を宛行うなど褒美が与えられることが強調されていた。できれば従事したくない軍役であったにちがいない。

村民の一揆蜂起

ところが一方、戦争の勃発に際して村住民がみずから一揆蜂起する場合もしばしばある。永正七年（一五一〇）四月、敵の来襲に際し、遠江国小俣、形丸の「百姓」らはいち早く二俣城（静岡県浜松市天竜区）に馳参じた。二俣城主はこのことを賞して、この二つの村に棟別銭（建物にかかる税）をはじめ諸公事を免除している。

もちろん村民は領主のためにだけ蜂起するわけではない。永禄十一年（一五六八）、徳川家康は今川氏真の領国である遠江へ侵攻したが、家康の発した廻文に応じて、いち早く徳川方につくものが現れた。家康はこれに喜び、戦って手柄を立てた者は名字をもつ武士なら知行を与えよう、地下人であれば田畑を与えよう、寺社であれば山林を与えようと恩賞を約束している。大名同士の争いにあっては、村民の働きも大きな意味をもっていた。

遠江国見付町（静岡県磐田市）の住民は、徳川家康が浜松城に入ってから、甲斐の武田信玄来襲の際には家康方として忠節を尽くしたとの伝承を伝えている。来襲を知らせる狼煙を揚げ、小山、日坂、大井川近辺を巡見した家康の浜松帰還を護衛した。信玄侵攻の際には在所を逃散して、信玄軍からの夜討・乱取（人身拉致）を恐れずに年貢納入を拒否し、夜討に来た信玄方の兵士の帰途を襲撃して手柄を立てるなどしたため、家康から感状を下された。信玄の追撃から本多忠勝を逃すためにみずから町を焼いたこともある、など、この時代から約一〇〇年後の延宝二年（一六七四）、見付町の問屋、年寄など主だった町民たちは連署して書き記している。

このように村、町は、状況をみてしばしば蜂起し、大名や武将のために戦っている。大名や武将たちも村民らのこのような武装蜂起をしばしば利用した。天正十二年（一五八四）、徳川家康は駿河国方上物郷など六カ郷に、十五歳以上六十歳以下の住民は弓・鉄砲・槍など武器をもって出陣するよう命じている。元亀四年（一五七三）、将軍足利義昭から義絶をうけた織田信長が、和解を求めて軍勢を率い京都に侵攻し、上京を焼討した折、下京に対しても近郊の「土民・百姓」に「いそぎ出陣して乱入せよ」と命じたとの伝承もみられる。

こうした大名などが、一揆蜂起を命令することは日常的なことだったとみえ、「一揆」の語が住民の軍事動員の意味に用いられることもあった。たとえば住民を一揆に動員するための台帳は「一揆帳」と呼ばれた。また天正三年、戦乱が終わり、住民が村へ復帰することを促す制札が武田氏により駿府の商人らに出されたが、その際普請役、郷役が免除され、人質を出すことも免除されたうえ「一揆」も免除されている。

村民たちがこのような軍役に従ったのは、忠節の代償に、大名が保障してくれる村の安全を求めたためでもあったのだろう。天正三年、徳川家康は駿河国領家郷に対して、郷の百姓らが忠節を尽したことの代償に放火、掠奪、襲撃などを禁じた制札を発給している。

このように村民や町民の一揆は、戦国大名の軍事力としても無視できないものであった。もちろん彼らの一揆蜂起は、自分自身の利害に基づいたものである。自分たちの利益になると思えば領国の大名にも忠義を尽くす。反対に謀叛のほうが利益となると思えば、今川氏真を見限り徳川家康に味方した遠江住民のようにする。自分たちの安全保障にとって、より利益となるほうについて武力行使をするのである。村民は、やみくもに領主に従うわけではない。常に冷静な情勢分析によって大名に対して冷徹な評価を行っていたように思われる。

むしろ戦国大名のほうこそ村民が離反しないように気遣わなければならなかった。よく言われる戦国大名の、領民に対する「強力な」支配はこうした代償の上に成立していたと考えられる。「百姓は草の靡き」とは、弱い百姓という意味以上にこのような、領主にとって恐ろしい百姓を表現した諺でもあった。

自力と自治の動員

このような、いわば危険きわまりない自力の軍事行動をする、自治により結束した地下住民を、戦国大名としてはできるだけ統制したかったにちがいない、とは現代人なら誰しも考えるところである。いやこれまで明らかにされてきた戦国大名の実態は、このような民衆の自力や自治を極力取締まるものだった。年貢減免などの要求を掲げた村民の逃散を抑制し、年貢納入を拒否して欠落（かけおち）して他所（よそ）へ逃げた農民に対しては人返しを行う、村民の一揆による抵抗は有無をいわさず排除する、というのが従来強調されてきた、「強力な」支配を行う戦国大名の姿であった。

そして何よりも重要なのは、戦国大名が武士集団や村などの自力による抗争を禁止していることである。武士同士の抗争、村同士の抗争、領主と村の直接対峙を禁止し、違反者を喧嘩両成敗の法で取締まり、戦国大名による裁判によって決着をつけることが法により定められる。こうした、いわゆる自力救済の否定は、戦国大名の政策の特徴とされてきた。しかし今まで見てきたように、一方で村に結集する村民はまごうことなく自治の集団であり、自力の集団であった。そして戦国大名は自力救済の行為を抑制する一方で、村の自治と自力の力量を、領国支配の不可欠の要素として容認していることが知られる。

元亀三年（一五七二）から天正元年（一五七三）にかけて上杉謙信は、越中（えっちゅう）勢や加賀（かが）一向一揆と対決することになったが、地下住民に次のように指示するよう、河隅忠清・庄田隼人の二名の家臣に命じている。

「今後は敵の船を見たら、境（富山県下新川郡朝日町）・市振（新潟県糸井川市）・玉ノ木（同上）・宮崎（富山県下新川郡朝日町）あたりの者どもに槍や小旗を用意させ、近辺の村を結集させよ。敵船が着岸したところを狙って攻撃させればよい。敵は村民たちが自分たちの姿を見つけ、散り散りに逃げてしまうからいい気になって村を襲撃し、放火などをするのだ。今後は、地下人のためでもあるのだから槍や小旗を用意させよ。そしてこれらの村々に一丸となって敵に当たるよう指示せよ」

地下人たちが村を守るためにみずから武装し、臨戦態勢をしくことが、敵を撃退するために不可欠であるというのが上杉謙信の認識であった。戦国大名が誇示する防衛力を維持するために村の自力が必要だったのだといえよう。北条氏もまた諸役を免除し、手柄を立てた場合には恩賞地も与えることを条件に村を動員している。また伊豆の海岸沿いにある村に対しては、他国船が着岸した際には乗員、荷物ともに抑留したうえで即時注進することを命じている。自力の行動は村の軍事的役割の前提となっていた。

また「国」の治安維持にも、村はやはり一役かっていた。伊達氏の領国では、村に治安維持の責任が課せられ、真犯人の探索が義務づけられていた。『塵芥集』では他国から来た商人や修行者が殺される事件があれば、その罪科は現場の村里にかけられるべきであるが、真犯人を申告した場合は罪科を免れると規定している。また他国から来た商人や往来の者が山賊などの被害にあったときは、その道の前後にある村に罪科がかけられるべきであるが、やはり真犯人の申告によって罪科は免除されるとしている。いずれも村による治安維持を義務づけるものであり、自検断を領国支配に積極的にとりこんだものと考えられる。

さらに北条氏が村の安全を保障するために与えた制札もまた、自力の行動を前提としていた。制札では、村に不当な役の徴収を申しかけたり、掠奪を行う者は村の手で逮捕して注進すべきことが命じられている。また不法行為を行うものを処刑するか、村で実行しない場合は、北条氏に注進すべきことを命じている制札もある。さらに掠奪におよぶものがたとえ北条氏直属の兵士や家臣であっても、北条氏の親族や家老の被官であっても容赦なく逮捕せよ、断乎たる処置におよばない場合は、その村の領主も百姓もともに処罰すると記した制札もある。このような制札は、北条領国の中核にも新たな征服地にも等しくみられ、一般的なものと考えられるが、村に対して自衛のための実力行使が容認されていることが知られる。

そもそも武力により自衛するのが、戦国時代における村の通常の姿であった。そしてまた村の自治と自力は戦国大名にとっても、外敵との戦闘や「国」の治安維持に際して重要な要件だったことがかいま見られよう。そうだとすれば、戦国大名にどうして村の自治と自力の力量を剝奪することなどできるだろうか。

戦国大名はたしかに自力救済を否定した。しかしそれは自治と自力の力量を剝奪することと同じではない。たとえば豊臣秀吉（とよとみひでよし）が行った刀狩（かたながり）の目的は、百姓（平民）の刀による戦闘を禁止することに主眼があり、その武装解除を意図したものではなく、武装解除の実現にいたったものでもないことが知られている。民衆は自力の戦闘を禁じられながら、依然刀をもつことができたのである。自力救済についても同様である。紛争における武力行使は禁止されながら、外敵に対する戦闘は禁止されてはいない。村の住民は武士、百姓を問わず村の自衛のため、もしくは戦国大名に動員されて、武力を行使することができたと思われる。

武士の家中や村など自治と自力の集団が他のそれとぶつかり紛争を起こすことを抑えることが、自力救済を否定する目的であった。武士の家、村、町、寺社など自治と自力の集団同士の実力抗争を抑え、平和の秩序を維持する一方、その力を権力へと結集させようとしたのである。自治と自力の集団を組織した専制権力、それが戦国大名だった。

権威をまとう

戦国大名の特徴の一つとして、一方で実力本位の支配を行いながら他方では京都に上洛するなど、将軍や朝廷とのかかわりをもち、称号や栄誉を求めることがあげられる。戦乱の時代にいったいなぜ称号や栄誉を求める必要があるのであろうか。あるいは戦国大名の、まだ十分な実力をもつことのできない弱さが原因とか、あるいは戦国大名に脱皮できない守護大名の古さが原因だとか説明されてきたが、まだ十全な解明はなされていない。

戦国大名が求める称号や栄誉には、まず朝廷の叙任する位階・官途がある。武士がこのようなものを得るためには、幕府の将軍の推挙をうける必要があった。したがって大名たちは、朝廷はもちろん将軍にも少なくない礼儀料を納めていたことになる。また上杉（長尾）氏のように、敵の討伐を「朝敵」へのそれとして正当化する「治罰の綸旨」を天皇から獲得しようとするものもいた。

次には幕府将軍にかかわる格式がある。二木謙一氏によれば、戦国大名たちに与えられた格式は将軍に近侍する「御相伴衆」「御供衆」などの格式をはじめ、将軍の偏諱（将軍の諱の一字）の授与、毛氈鞍覆・白傘袋の授与などであった。

十六世紀以降、本来幕政にかかわる有力大名の格式である「御相伴衆」には、朝倉孝景、河野通直、三好長慶などが、守護家の一族、幕府近習などの格式である「御供衆」には朽木稙綱、朝倉孝景、三好長慶、松永久秀らが連なるようになる。足利義晴の偏諱をもらったのは長尾晴景（上杉謙信兄）、伊達晴宗、武田晴信（信玄）、大友義鎮（宗麟）など、足利義輝の偏諱をもらったのは朝倉義景、伊達輝宗、上杉輝虎（謙信）、毛利輝元などである。毛氈鞍覆・白傘袋については朝倉孝景、長尾為景、上杉謙信（長尾景虎）、三雲源内左衛門など。

こうした権威の標章がまったく無駄とは考えられていなかったことをうかがわせるのは、織田信長と今川義元との有名な桶狭間の合戦の際、今川義元が御相伴衆などに許される塗輿で出陣していたとの逸話である。織田信長の若いころから家臣として仕えた太田牛一の記述であり、それなりに信憑性は高い。お歯黒に染めた首を取られた今川義元は、万事公家風で柔弱だったとの後世の伝説は信を置くに足りないとしても、すくなくとも戦場でも権威をふりかざす大名がいたことは確かなように思われる。

敗者となった今川義元のみならず勝者となった織田信長も、儀礼については決して見劣りしない。太田牛一の記すところでは、捕虜となった義元の同朋衆に大刀・脇差を与え、一〇人の僧侶をつけ、義元の首を持たせて駿河へ送り届けた。またみずからも義元塚を築き、千部経を読ませて大きな卒塔婆を建立したという。まるで『忠臣蔵』の赤穂浪士が吉良上野介の首を扱っているような、そして戦国の風雲児には一見ふさわしからざる手厚い儀礼は、やはり戦国大名にとっても欠かすことのできないものだったことをうかがわせる。

このような大名の儀礼は、何よりも領国の住民への、そして近隣の大名へのアピールが主眼であるとみるべきものであろう。戦国大名は何をアピールしているのか。想起されるのは、2章でみたような、寺社本所の平和に憧れていた民衆である。戦国乱世にあって、予想外に寺社本所が平和領域の主宰者として注目をあびたことと、実力本位の支配を指向したはずの戦国大名が公家風の、そして幕府の上級武士風の権威をまとおうとしたこととは、どこかでつながっているような気がしてならない。

京都町民の支配者

土一揆との戦い

応仁の乱（一四六七〜七七）をはさむ十五世紀後半の半世紀の間、あれほど頻繁に京都を襲った土一揆（つちいっき）も十六世紀に入ると極端に減少していく。もう一度1章の表1を見られたい。十五世紀最後の一〇年間に六回の蜂起をみたことが知られる土一揆も、十六世紀の最初の一〇年にはわずか二回、以後土一揆の蜂起は目に見えて減少していく。なぜ土一揆は減っていくのか。村での生活に行き詰まり、都市や戦場に向かう雑兵たちの群が減少していったのだろうか。戦国時代と呼ばれる十六世紀の実態からは、とてもそのように見ることはできないだろう。むしろ土一揆の襲撃に備える人びとの態勢が整っていった点に注目する必要があろう。

そのようにみた場合、幕府の将軍が京都の町民に対して、土一揆から京都を防衛することを命令し、そこでなんらかの手柄を立てた住民に恩賞を与えていることが知られる。
延徳二年（一四九〇）三月、土一揆が蜂起し、北野社に閉籠した。北野社側の注進を得て幕府により討伐が命じられ、細川政元配下の安富元家らの軍勢が鎮圧に向かった。しかし、ただちに攻撃すれば追い詰められた土一揆が放火するかもしれない。北野社側ではしばし攻撃を猶予するよう軍勢に要請した。しかしさらに中沢泰綱、荻野次郎左衛門ら政元の命をうけた軍勢がぞくぞくと詰めかけ、ついに安富らは総攻撃に踏みきった。土一揆はこれに対抗して拝殿に放火し、拝殿は炎上した。

北野社の神官、宮仕、坊中被官らが馳せ参じ、大工職人の太郎左衛門が後戸の土戸と内陣の妻戸を破って、猛火のなかを神体と神輿とを無事避難させた。ところが宝成院明順が、神体と神輿を避難させたのは、自分一人の手柄であると言い出したため、神官らは一人の手柄ではないことを幕府の奉行松田丹後守に訴えた。翌日、社家奉行を介して神官らは事実上将軍となっていた足利義材（のち義尹、義稙）の父、足利義視のもとへ出頭して、宝成院一人の「高名」ではないことを訴え、義視も了解した旨を回答したという。

このように土一揆襲撃の際に立てた手柄は将軍が認証するものであったようであり、これが将軍の恩賞とかかわっていたことがうかがえる。事実、この年の閏八月に再び土一揆が蜂起した際、土一揆と合戦し、土一揆張本人の上山を討ち取った土倉野洲井宣助は、その忠節を賞して将軍から奉書を成され、一代の間土倉に掛けられる酒屋役・土倉役、そして臨時の課役などを免除されたのである。

十五世紀末以降、京都の住民による自衛行動がめだつようになる。明応四年(一四九五)の土一揆蜂起の折には、土倉の軍勢や町人たちが土一揆と戦っている。両者の合戦で、当初、土一揆の優勢が伝えられ、必ず徳政が行われるとまで噂されたが、その後、土倉の軍勢が優位にたち、もはや徳政はない、との噂が流れた。土倉をはじめとする京都住民の軍勢が情勢を大きく左右するようになっていたのである。さらに永正八年(一五一一)に細川澄元が摂津で蜂起した際には、将軍足利義稙・細川高国方が敗北し、京都への侵攻が噂された。その際、上京に住民が「打回り」(軍事的示威行動)と称して軍勢を率いて行軍した。

将軍の存在価値

このような京都町民の自衛には、戦闘を命令し恩賞を与える将軍の存在が大きかったと推測される。大永七年(一五二七)二月、波多野稙通、柳本賢治らが蜂起し、将軍足利義晴と細川高国は近江(滋賀県)へ逃れた。波多野、柳本らは阿波(徳島県)から義晴の弟義維と、主君の細川晴元を奉じて堺へ進出していた三好元長らに呼応したのである。将軍は近江へ逃れたが、「堺公方」足利義維も堺に留まり京都には入らない。こうして京都は将軍不在となった。

その将軍不在の京都がいかに治安が悪化していたか、について当時京都にいた公家の一人、鷲尾隆康は次のように記している。

風聞によれば、所々から強盗が数十人下京に集まり、毎晩押し込みなど物騒な出来事が起こっているとのことである。もしかしたら天皇の御所の近所にも強盗団が押し入るかもしれないとの噂があるのでわれわれ公家で警固をしている。しかし内裏の四足門や東門などは警固の手が回らず、無用心のままであるのはきわめて由々しい事態である。

現在の事態は何といったらよいだろうか。まるで天下が破滅したようである。堺の公方様はいまだ京都に入るにはいたっていないし、近江の公方様も京都を回復できるかどうか、心もとない状況である。だから京都で盗人風情の者が跳梁跋扈するような情けない事態になっているのである。恐ろしくも嘆かわしい話である。

強盗たちがほしいままに京都を荒らしまわっている最近の状況は将軍不在の結果である、というのが鷲尾隆康の見解であった。京都の治安と将軍の在京とは密接な関係にあると見なされていたようである。ところで将軍足利義晴は、いったん京都を出奔したものの、この年再び入京し、十月十三日から翌大永八年五月二十八日までは在京していた。そしてあたかも将軍の在京に呼応するかのように、この年の暮れ、町衆の実力による治安維持活動がみられる。

十一月二十九日、一条の畳屋へ三好元長の兵が一〇人ばかり押し入ったところ、二条から上京衆が決起し、二、三〇〇〇もの群衆が取り囲んで鬨の声をあげたため、降参して逃げ帰った。またこの日、行事官宗岡行賢の邸宅へも、三好の兵が一〇人ほど押し入ったところ、またその町衆が蜂起して取り囲み、鬨の声をあげるなどした。五、六人の町人が矢で射られたが、やはり降参して逃げ帰った。この武士たちは下京に入ったとき、群衆の襲撃に遭って身ぐるみ剝がされ、手綱ばかりにされたという。

十二月十日には浄土寺へ三好方の兵士が二度にわたって討ち入った。二度目には上京・下京の住民が大挙して押し寄せ、鬨の声をあげて侵入を阻止した。翌日も上京柳原の大森という住民のところへ三好方の兵士が討ち入ったとの情報には、やはり住民が鬨の声をあげ、鐘をついて馳せ向かっている。翌八年正月二十六日には正親町実胤邸に侵入した薬師寺氏被官が樹木を伐採しようとしたところ人びとが出逢い、追い出した。町衆が強固な自衛体制を組んでいることがうかがえるが、さきほどの鷲尾隆康の見解と合わせて考えるなら、足利義晴が京都にいることの意味も見逃せないように思われる。

将軍の動員力

大永八年五月に京都を去ってから、将軍足利義晴は、天文三年（一五三四）九月に入京するまで近江に亡命していた。しかしながら、将軍が京都町衆を動員する力量を失ってい

将軍足利義晴像　この画の台紙に「万松院殿（足利義晴）御影　天文十九年五月三日使土佐光茂写御影　穴太記ニ見ヘタリ」と墨書されている（京都市立芸術大学芸術資料館蔵）

たわけではない。享禄五年（一五三二）七月には、当時、近江にいた足利義晴から「土一揆蜂起」に対して、これと戦い、将軍に忠節を尽くすべしとの下知が京都の法華宗寺院本満寺（京都市上京区）に下された。京都町衆の間では法華宗の信仰が盛んである。本満寺をはじめとする法華宗寺院に率いられた京都町民らは決起した。

「土一揆蜂起」とは、山科本願寺を拠点とする本願寺門徒による一向一揆勢力のことを指している。この当時本願寺門徒は奈良で蜂起し、将軍義晴と対立する堺公方足利義維への傾斜を深めていた。義晴は本願寺が将軍へ反逆したものと判断して討伐を命じたのであろう。法華宗寺院に率いられた町衆は大挙して山科本願寺攻撃に加わり、これに細川晴元配下の柳本、山村などの武士が加わり、義晴に供奉する近江守護六角定頼の軍勢も呼応した。

ただし先述の鷲尾隆康の記すところでは、京都勢のうち多くは法華宗寺院や町衆であり、武士は小勢であったというから、京都勢の大部分は義晴の下知をうけた町衆だったと考えられる。これらの軍勢によって八月二十四日、山科本願寺は焼討された。

戦った本満寺に対しては、すでに本願寺焼討以前の八月十七日、新日吉口（京都市東山区）の合戦で多くの敵を討ち取った軍功について将軍の感状が下された。そして本願寺が焼討された数日後、本満寺には将軍から御内書が下されている。さらに十月になって、本満寺は一向一揆を退治した忠節により寄宿免許の特権を安堵されている。近江にいた将軍が、京都を守って戦った本満寺の戦功に対して恩賞を与えたものとみることができる。

さらに土一揆ではないが、天文九年（一五四〇）二月、将軍正室の実家である近衛邸へ盗人が押し入る事件が起こっている。追捕に遣わされた「御雑色」（幕府の下級役人）が攻めあぐねた際、幕府の開闔（訴訟の処理・審理を担当する役人）に召し使われる家来が、みずから負傷しながらも盗人を仕留めた。この者に対して将軍より御褒美を与えることの可否が、幕府の内談衆に諮問されている。内談衆は、今後ますますの忠義を励ますことにもなるので与えるべきであると答申している。ところが、このとき、開闔自身は将軍から不興を買っており、出仕できないので、開闔の召使本人が直接に将軍から褒美の太刀を下されることとなった。治安維持に関する手柄に対しては将軍から恩賞が与えられたようであり、陪臣にすぎない開闔の召使でさえ将軍から直接の「御恩」をうけることができた。町人・寺院の場合と同様である。

以上みてきたような関係を前提として、将軍は京都の町衆に対する動員権を獲得していたと考えられる。はるかのちの時代であるが、最後の将軍足利義昭もまた京都の町衆を動員することができたようである。永禄十一年（一五六八）に織田信長に擁立されて京都に入ったものの、のちに対立を深め元亀四年（一五七三）には織田信長に叛旗を翻して二条御所に立て籠もるにいたった。その折義昭は、軍勢がいないので京の口々に町人を派遣して守らせた、との伝承が『老人雑話』にみえる。このときは「市民は悉く武器を取り、市の諸門および入口に立った」とイエズス会宣教師ルイス・フロイスも証言しており、おそらく事実であろう。京都防衛のために、義昭もまた将軍として町衆を動員することができたのである。

フロイスはまた、「都においては将軍義昭から布令が出され、信長の領内より来る者はたとい商人であっても家に泊めることが禁止された。このような布告によって京都住民で信長の庇護をうけていた者は家や財産を失うはめになった」と報告している。将軍の命により京都住民の自検断が行われることもあったらしい。

京都住民の保護

なぜ将軍はこのような動員力を保持できたのだろうか。もちろん将軍が恩賞を与えるという点は大きいが、そうした非常時の施策だけではなく、日常的な役割が考えられる。まず将軍は京都住民の訴訟を聞き、住民の保護を行う立場にある、と考えられていたことがあげられる。たとえば、京都住民の重要な祭礼として祇園会（ぎおんえ）があるが、その執行や日時の決定も将軍の手でなされたことがうかがわれる。

天文二年（一五三三）六月、延暦寺が京都で祇園会を行うことに反対し、神事を行えば発向するとの警告を発した。祇園社側では神事の延期をきめたころ、近江にいる将軍足利義晴からも、やはり神事を延期するようにとの指示があったので、神事を延期することにした。ところが下京六十六町の月行事（がちぎょうじ）をはじめ京都の住民たちは、この神事延期の決定に反対して祇園社に押しかけ、「神事がなくても山鉾巡行（やまほこじゅんこう）は挙行したい」と訴えたので、祇園社側では、この住民の意向を近江の義晴に通知したのである。

「神事これなくとも山鉾渡したし」という言葉は、団結の象徴となっていた祇園会に対する町衆の強い思い、すなわち町衆の心意気を示すものとして林屋辰三郎氏が紹介されて以来著名な言葉である。と同時にこの言葉が将軍足利義晴、それも近江に出奔していた義晴に報告されたものであることにも注目したい。将軍義晴が京都住民の請願を受けるべき立場にいること、将軍が、祇園社や町衆らの祭礼を挙行するか否かを最終的に決定する立場にいたことが分かる。近江にいてさえ義晴は京都住民の裁定者であった。

天文八年九月には、細川晴元が京都郊外で徳政を行ってもよいと指示したとの情報が流れた。この指示をかさにきた一揆が寺内に乱入を企てるのではないかと恐れた東福寺（とうふくじ）は、近隣の村に将軍の命令として、寺内に乱入した場合には厳罰を加えることを布告するよう幕府に訴え出た。幕府では将軍の諮問をうけ、内談衆が訴えの通り命令を布告すべきであるとの答申を出している。京都の寺院の要請に応え、土一揆蜂起に対して寺院を保護しようとする幕府の姿勢をうかがうことができよう。

またこの当時は、幕府の家臣らがそれぞれに京都の「地下人」に対して宿舎を提供するよう強要することがしばしばだったらしい。これを見かねた将軍が、天文九年十月に、知行分の私宅をすでに所有している者は借用した家を返却すること、知行分の私宅をもたない者も借用した家には修理を加え、宿主に手厚い配慮をするよう命令しようと思うがいかがか、と内談衆に諮問している。内談衆は「まことにありがたき仰せ」と回答しているが、これも将軍による京都住民への保護策とみることができよう。

以上のように、京都住民全体の祭礼の執行如何を決定し、これに関する住民の請願をうけとめて裁定を下すことをはじめ、土一揆による被害に備えたり、住民の権利を保護したり、いわゆる撫民の諸政策を行うことは将軍の役割であった。このような立場に立つ将軍にして土一揆の蜂起については恩賞の付与を条件に住民を動員し、京都の治安を維持することができたと考えられる。

都と鄙の危機管理

一方で住民の安全や日常生活を管轄し、その立場に立って治安維持のための動員を行う存在、読者はよく似た存在について、すでに読まれたのではないだろうか。そう、ちょうどこの時代、地方にぞくぞくと生まれた戦国大名が領国において同様の役割を果たしたことを前の二節で述べたばかりである。京都と将軍との関係は、地方の「国」と戦国大名との関係によく似た面がある。戦国の京都も、戦国大名にも匹敵する存在を得ることにより、土一揆の襲撃から町を守ることが可能になったのである。幕府の将軍であるというだけではない、都の危機管理も戦国の将軍の重要な役割だったのである。

京都の将軍邸の有様　歴博甲本（町田本）『洛中洛外図屛風』より（国立歴史民俗博物館蔵）

　このような将軍の立場は、後年将軍足利義昭と対立を深めた織田信長が、義昭の失政を非難してつきつけたと伝えられる十七カ条の条書にみることができよう。

　まず第四条では次のように述べる。「このあいだ戦争が始まるとの風聞が流れたとき、上様はさっそく、お持ちの財産を京都の外に避難させられたということは、都でも田舎でも知らぬ者のない有名な話です。上様が逃げ支度をされたので、さては京都をお棄てになるつもりかと、京都住民たちは大騒ぎになったとのこと、なんとも驚き入った話です。上様を安全にお守りするために、私どもが普請にさんざん苦労してお城（二条御所）を建設したというのに、一体どこへお移りになるおつもりですか。この信長の苦労はいったいなんだったのでしょうか」

京都のために最後まで留まるべき将軍が、さっさと逃げ支度をするようでは住民にも顔向けができないではないか、というのがその言い分である。

第十六条でも次のように述べる

「幕府の武将たちも武器や兵粮を準備するどころか金銀の商売にかまけているというのがもっぱらの噂です。牢人の準備をしているのでしょう。これというのも上様ご自身が金銀を蓄えられ、戦争が始まると聞くや否やお城を出られるというていたらくなので、下々の住民までが、さては京都をお棄てになるおつもりであろうと見透かしているからにほかならないでしょう」

逃げ腰の将軍に命がけでつき従い、戦う者はいない、というのが信長の批判であった。言いかえれば、いかなる大敵来襲の噂があろうと、たとえ逃げ支度をする住民がいようと、最後まで京都に留まってこそ将軍であるということになる。持てる金銀を皆はたいても武器や兵粮を準備してこそ幕府の武将たちも忠義を尽くし、下々の住民たちの信頼が得られるのだということになる。その正反対のあなたは京都を守る将軍として失格ですよ、というのが織田信長の非難の意味であった。

足利義昭がこの通りの将軍であったかどうかはまったく分からない。将軍とのっぴきならない対立関係に入った信長の政治的な糾弾をすべて鵜呑みにするわけにはいかないのは当然である。しかしここには、将軍は京都の安全を図るべき存在、という観念は鮮明に現れている。

十六世紀になって地方には、領国の危機管理を司ることにより、そこに強力な支配体制を築く戦国大名が現れた。これに対して京都を中核とした地域には、その危機管理を司ることにより領民の頂点に立つ将軍が君臨するようになった。戦国大名の支配領域は当時の言葉で「国家」と呼ばれ、将軍の支配領域は、6章で述べるように当時の言葉で「天下」と呼ばれた。将軍と戦国大名とが「天下」と「国家」とを棲み分けて支配する、というのが戦国時代の支配体制の枠組みである。

もちろんこのような枠組みがあったからといって、依然、戦乱は続いている。しかしながら戦乱にかかわる大名や将軍や、あるいは一揆に結集する下級武士などの行動は、「天下」と「国家」の枠組みを前提としたものになっていく。こうした枠組みのなかでどのような活動がなされていくのか、この枠組みが統一への道程にどのようにかかわるのか、以下にみてゆきたい。

4 宗教の力

乱世に求められた信心

乱世と信仰

戦国時代を考えるうえで宗教は不可欠の要素であろう。大規模な宗教運動として、よく知られているものは真宗本願寺派（しんしゅうほんがんじ）の門徒による一向一揆（いっこういっき）であるが、ほかにも宗教にかかわるものは少なくない。法華宗（ほっけしゅう）の信仰がさかんだった京都住民の法華一揆と呼ばれる、法華宗寺院を指導者とする自治の運動、あるいはこの時代に来日したイエズス会宣教師の布教により、大名の信徒をも生み出したキリシタン信仰の隆盛なども見逃すことはできない。

乱世に信仰がさかんとなるのは一見当然のことのようにみえる。明日の命も知れない不安に満ちた乱世に人びとは何かにすがりたい、むごたらしい戦争のなかで心の救いを求めたい、などの説明がいかにも説得的にみえるからである。事実、時代の大きな転換点には宗教的活動が隆盛な時期を迎えたとされている。たとえば幕末維新期には黒住教、天理教、金光教などが新宗教として登場した。第二次大戦後の混乱期には、いわゆる「新興宗教」と呼ばれる教団がやはり脚光をあびて発展したことが知られている。

しかし、このような観点だけで戦国乱世の宗教を説明することはできない。そもそも中世という時代が宗教、とくに仏教のさかんな時代とされている。『信心の世界、遁世者の心』（〈日本の中世2〉中央公論新社刊）で大隅和雄氏が、中世の人びとはきわめて信心深かったと述べておられるように、人間の力を超えたものとのかかわりを求める宗教心は旺盛であった。乱世の到来によりにわかに宗教活動がさかんになったわけではないのである。また乱世の終末によって宗教熱が下火になったわけでもない。徳川幕府による組織的弾圧をうけたキリシタン以外、法華宗教団も本願寺教団も依然健在であり、本願寺教団はむしろ近世に発展を遂げたことが知られる。表3は明治初期の宗派別寺院数であるが、東西本願寺教団をあわせて近世最大の寺院数を誇っているのである。

近世には上は皇室、将軍家から下は一般庶民にいたるまで多くの人びとが自分の菩提寺をもち、その檀家となっていた。檀家制度の名で知られるこうした広汎な寺檀関係は、かつては幕府によるキリシタン取締まりのためのものとして、権力者に屈した仏教の堕落とみられたこともある。しかし現在では、広汎な寺檀関係がすでに十七世紀初頭には、信仰の隆盛によって形成されていたことが明らかにされるようになった。さらにこの寺檀関係の広がりを、ひろく日本独自の宗教が浸透したものとみる見解も出されている。

近世の僧侶も、必ずしも権力者の御先棒（おさきぼう）をかついで民衆の統制にのみ従事したわけではなかった。かえって強訴（ごうそ）した農民の赦免を領主に対して嘆願したり、処刑されようとする者の助命に奔走したりした事実もある。刑場に臨んだ僧侶がみずからの袈裟（けさ）を受刑者に投げかけ、受刑者の助命を勝ち取ったような事例も知られている。2章でみた黒衣の僧侶の役割は、近世にも健在であったことが想定される。戦国

	明治5・6年	明治16年
天台宗	6,391	4,761
真言宗	13,553	12,914
浄土宗	9,799	8,308
臨済宗	8,639	6,146
曹洞宗	14,945	14,244
黄檗宗	858	560
浄土真宗	23,718	19,168
日蓮宗	4,836	5,008
時宗	850	528
融通念仏宗		356
法相宗		24

表3　明治初年諸宗派寺院数

注　本表は、森岡清美『真宗教団と「家」制度』（創文社、1962年）の12頁から引用したものである。明治5・6年の数値は松本白華の篋底秘冊に載せられた教院建築覚に、明治16年の数値は「国勢一斑第六」による（同書12頁参照）。

時代に仏教信仰がさかんになったことの帰結として、近世の檀家制度を考えることも十分可能である。

アジールの存続

少し本題からは外れるが、近世にも仏教勢力が民衆から一定の支持を寄せられ、相応の権威を有していたことを示すのは、この時代にも依然として、寺院が救済を求めて駆け込む人びとのアジールとして機能していたことであろう。アジールは「聖域」「避難所」などと訳され、前近代社会においては全世界的にみられるものである。なんらかの不法行為を理由とした制裁や敵対関係による攻撃が行われようとしたとき、追及を受ける者がそこに避難して保護され、赦免・助命が可能になるような場所である。中世の日本では寺院がアジールとしての役割を果たすことが多かった。盗人、殺人者、謀叛人として当局の追及を受ける者、主人のもとから逃げ出した奉公人や下人、復讐の対象として敵から狙われた者、戦に敗れ、残党狩りにさらされる武士、夫との離婚を望む妻……、彼らは寺院に逃げ込んだのである。

アジールとして著名な寺院は以下のようなものである。承久の乱（一二二一）の際に逃げ込んだ後鳥羽上皇方の武士を匿ったという高山寺（京都市右京区）をはじめ、「遁科屋」すなわち科人の避難所の名をもつ高野山、鎌倉幕府の将軍源実朝の菩提所であり、どんな重罪人でも逃げ込めば咎めることができないとされた京都八条の遍照心院領六の宮八町など。戦国時代では島津氏の菩提寺で、重罪とされた大犯三ヶ条の罪人も逃げ込めば追及されないという福昌寺（鹿児島県鹿児島市）、若狭国武田氏の祈願所としてどんな重罪人をも匿うことのできた正昭院・宝聚院（福井県小浜市万徳寺）、磐城国三春の有力武士田村氏の菩提寺で、駆け込んだ者は一時的にしろ匿うことを認められた福聚寺（福島県田村郡三春町）、北条氏の菩提寺で、その入口の橋まで逃げ延びた罪人は、戦場での軍役を代償に赦免されたという早雲寺（神奈川県足柄下郡箱根町）など。

箱根の早雲寺　アジールの寺でもあった（神奈川県足柄下郡箱根町、写真提供・箱根町役場）

戦国時代になると、アジールは戦国大名により取締まりが強化され、徐々に禁止されるようになり、近世には消滅していく、というのがこれまでの通説である。しかし近年、近世にもアジールは健在であったとする研究もみられるようになってきた。かなり以前から、限られた地域に関してはアジールは依然健在であったことが知られていた。たとえば阿部善雄氏が解明されたように、守山藩（福島県・茨城県）の寺社には罪人たちが宥免を求めて駆け込み、赦免されている。十九世紀前半の大隅国（鹿児島県東部）高山郷では罪を犯した者が寺に駆け込んだ場合、住職と郷士年寄の合議により宥免された事実を秀村選三氏が明らかにされている。秋田藩大葛鉱山では鉱山主の菩提寺や鉱山住民の檀那寺が、鉱山労働者が徒党を組んだことの赦免を求めて駆け込むアジールとなっていたことを荻慎一郎氏が解明されている。

さらに最近佐藤孝之氏らにより、遠江・駿河・伊豆など東海地域、武蔵・下総・下野・常陸など関東地域、さらに奥州にいたる広い範囲で、しかも近世初期から幕末にいたるまで寺院への駆け込みが行われ、罪科の赦免が行われていたことが明らかにされるにいたった。この事実と対応するのは、十八世紀後期に国学者山岡浚明によって著された『類聚名物考』という類書（一種の百科事典）に、近世のこととして「寺入」すなわち駆け込みが記されていることである。中世の高野山などで行われた駆け込みが形を変えて「現在も菩提寺の住持が罪人の赦免を申請する形で続いている」との説明をみると、寺院のアジールは健在であったとみないわけにはいかない。近世のアジールの健在ぶりは、戦国時代の寺院・僧侶と民衆との関係が原型となって、近世のそれが形成されたことを物語るものではないだろうか。

乱世に生まれた教団

中世から近世にかけての信仰の発展を、典型的に示すのは一向一揆の基盤となった本願寺教団である。本願寺教団の発展に関しては、応仁（おうにん）の乱の時代に本願寺住持として教団の発展に尽力したことで知られる蓮如（れんにょ）を抜きにして考えることはできないだろう。蓮如の時代に本願寺教団は発展したとされている。現在京都駅の近くにある、二つの巨大な伽藍（がらん）で知られる東西本願寺の始まりは、真宗の開祖とされる親鸞（しんらん）の墓所である。親鸞の娘覚信尼（かくしんに）が、関東の弟子たちの助力を頼んで建立したこの墓所は、親鸞の子孫たちにより守られ、鎌倉時代の末には本願寺と呼ばれるようになった。蓮如は親鸞の子孫として、十五世紀半ばにこの本願寺の住持となった。

今でこそ本願寺といえば真宗を代表する巨大な本山であるが、本願寺は真宗の本山として始まったわけではなかったのである。親鸞の教えを人びとに伝えていたのは主に関東で教えをうけた弟子たちであり、彼らの形成した教団の一部は現在も高田（たかだ）派、仏光寺（ぶっこうじ）派、三（さん）門徒（もんと）派などとして知られている。本願寺（当初この名称はないが、便宜上本願寺と記すことにする）は関東の門弟たちによる管轄のもとで、親鸞の子孫たちに守られ、信徒たちの参詣をうける存在にすぎなかった。

本願寺を、親鸞の教義を継承する本山のひとつとして出発させたのは覚信尼の孫覚如（かくにょ）である。鎌倉末・南北朝初期に「本願寺」の名称も定着し、親鸞の子孫たちは代々本願寺「留守識（るすしき）」すなわち住持の地位を世襲する権利を獲得した。しかし本願寺は、親鸞の教義を伝える真宗諸派の本山のなかでさほど大きいものになれたわけではない。

親鸞の子孫であればこの教義の理解にもいちだんと深いものがあるだろう、と現代人は想像するが、この当時は違った。教義の理解については、親鸞に直接出会い、近侍した者のほうが子孫より重んじられるのが中世の常識であった。親鸞の子孫覚如にして、自分は親鸞の生前を知る孫の如信からたしかに教義を伝授されたと力説しなくてはならなかったほどである。親鸞の子孫だからといって真宗門徒たちから広く尊敬をうける、というようなことはなかったのである。

にもかかわらず蓮如の父存如、そして蓮如の時代から本願寺は発展を始める。とはいえ当初は本願寺が親鸞の教義の継承者であることをアピールするために、連座御影という、親鸞の絵像を上に描き、本願寺住持のそれを下に描いた複合の絵像を門徒に下付して、本願寺の正統をアピールしなくてはならなかった。しかしこうした伝道に応えて多くの信徒たちが、親鸞の家すなわち本願寺へと結集し、本願寺教団は武士や農民、商人など民衆の帰依を集める強大な教団へと発展していった。十六世紀に入ると、後述するように戦国時代の幕府とも密接な関係をもつ勢力となり、さきほど述べたように近世には大教団となっていった。本願寺教団は典型的な乱世の申し子だと考えられよう。

在家の宗教

 本願寺教団が近世にも隆盛であったことはさまざまな事実からうかがうことができる。門徒や末寺の数はもちろんであるが、真宗門徒は加持・祈禱などには目もくれずに阿弥陀仏のみを信仰し、他宗とは縁組もせず、本願寺の門跡を領主よりも篤く尊敬し、領主に対しては年貢の納入を渋りがちなのに本山には布施を惜しまない、という近世の証言もみられる。また真宗門徒が座敷法談をすることは、近世で禁止された徒党の原因になるとして

連座御影 上が親鸞像、下が蓮如像。滋賀県大津市本堅田、本福寺蔵（写真提供・本願寺史料研究所）

警戒する見解もみられる。信仰の隆盛をうかがわせるものであろう。

ところで、近世に本願寺教団が隆盛だったといえば、違和感をもたれる向きもあるにちがいない。通説では戦国末期に一向一揆は織田信長の手で壊滅させられ、以後本願寺教団は権力に抵抗するような牙を抜かれてしまった、とされてきたからである。こうした見解の是非については7章で論じたいが、ともかく事実として本願寺教団は決して衰退してはおらず、本願寺門徒の信心が健在であることをうかがわせる史料も少なくないのである。

また、次のような疑問もあるかもしれない。百歩譲って権力への抵抗という点をおくとしても、たとえば蓮如に匹敵するような宗教家が近世の本願寺教団に出て来ないのはなぜなのか。従来の面目を一新するような真宗の宗派が出て来ないことをはたして発展といえるのか。室町時代以前からの教団がいかに多くの末寺をもち、多くの門徒をもち、多額の志を集金できたからといってそれを信仰の隆盛というわけにはいかないのではないか、と。

近世にも薩摩藩（鹿児島県）、肥後国人吉藩（熊本県）では、藩政府の取締まりに抗して命がけで念仏を守った隠れ念仏の信者などが知られているが、全体としてみればたしかに、こういう突出した信仰形態がそれほど目につくということはない。しかし信心すなわち宗教心のあり方は、突出した達人的宗教者によってのみ代表されるわけではない。そもそも戦国時代の本願寺教団がめざしたのは、在家の信者への伝道であったことを想起したい。宗教生活に専従はしない武士、農民、商工業者、芸能者など俗人たちが教団の大きな部分を占めており、突出した信仰の達人は教団内では少数者であった。

本願寺教団はさまざまな信徒集団を基礎単位としていた。それぞれの単位は「坊主」すなわち本願寺末寺の住持や本願寺門徒の僧侶に率いられ、門徒たちは、日常的には彼らの指導により宗教生活を行っていたのである。僧侶がいない場合は長老格の、「坊主分」と呼ばれる門徒がその代役を果たしていた。ただし門徒たちは個々別々に僧侶に帰依すると同時に、門徒同士でも結束し合議の上で行動していたから、僧侶にひたすら服従していたわけではない。

南九州の隠れ念仏信仰をうかがわせる「まな板本尊」　一見、まな板だが、中に本尊阿弥陀仏像が隠されている（熊本県人吉市、楽行寺蔵）

自分の「坊主」が聖教（宗派の仏典）を読むのを聞いて、「聖教の内容は優れているが、肝心の坊様に信心がないから、尊く聞こえない」と言い放った門徒の逸話がある。蓮如はこの僧侶を手元においてみっちり仕込んでから再び門徒団に派遣したところ、「今度はまことにありがたい」との評判を得たという。また蓮如の遺言で「坊主に過ちがあったとき、門徒たちの手で道場から追い出し、さらに在所から追放し、土地の領主に訴えて処刑させようとするような企てはもってのほかであり、以後このような行為は禁止する」というものまである。僧侶と門徒との関係は大きな緊張をはらんだものであった。

しかし門徒団の力が強くても、「坊主」すなわち指導者の僧侶に門徒自身がとって代わるようなことは想定されていなかった。蓮如が門徒に「お前の坊主の心がけが改まったのは嬉しいか」と問いかけたところ、「まことに心がけを改められ、法義に熱心となられたことはありがたく、嬉しゅうございます」と答え、それをうけて蓮如も「私はお前よりさらに嬉しく思う」と付け加えたという逸話がある。僧侶が導き、門徒は導かれるという役割分担は決まっていて、信徒は自ら指導者とはならず「坊主」の心がけの向上、法義への熟練を切望し期待する存在だった。にもかかわらず「坊主」が一方的に上位に立つのではなく、門徒団は結束して対等に対することもできた。多くの本願寺門徒は、教団の基礎単位となる門徒団の一員として「坊主」の指導下にある、このような在家信者であった。

世間と仏法

在家信者たちが求めたものは、何といっても浄土往生であろう。戦場で殺害されるような苛酷な死に直面しようと、死後の救済を確信することは乱世の武士や民衆にとってもっとも切実な願いであったことは論をまたない。それとともに5章でみるように死去した家族の供養もまた大事な課題であった。真宗では死後における救済の唯一最大の要件は信心決定である。自分が必ず弥陀の救いにあずかるという確信にいたるために仏法を嗜むことが求められた。宗教行為に専従する僧侶ではない在家の俗人が仏法を嗜むために、蓮如をはじめ戦国期の教団指導者は門徒をどのように教化したのか、蓮如の子息実悟が編纂した言行録をみてみたい。

　みずからの信心を高めるために、通常毎月一度行われる同行たちの会合でお互いが信心について語り合い、議論し合うのが基本的なやり方であった。「仏法の座敷」とも呼ばれるこの会合の場における談話・議論はきわめて重視され、これこそ仏法の命脈とされた。「仏法とは結局、讃嘆・談合に極まる」「愚者三人に智者一人といって、四人のなかには一人くらい知恵者がいるものだ、何事も談合すれば思いがけない収穫がある」などの蓮如の言葉も伝えられている。こうした場で物を言わないのは、信心のない証拠であると見なされていた。世間話の席などと違い、小細工をせず、作らず、暑ければ暑い、寒ければ寒いと心のままにいうことが要請された。

　志を同じくする同行から学ぶことは大事なこととされていた。同行や善知識（法の指導者）、仏法にことに熱心な仏法者には近づきなじむことが是とされた。だから同行の批判には積極的に耳を傾けることも要請された。「他人に直されないで心根の直ることはない」「目下の者の言葉だという理由で耳を傾けないどころか腹を立てるのは浅ましいかぎり」「他人の言うことは納得できない場合も、当座は了解したようにふるまえ、反論すれば二度と言ってくれなくなる」「たとえ陰口でも自分のいたらぬ点を指摘してくれたことを多とせよ」「他人の悪いところはすぐ分かるが自分の悪いところはなかなか気づかないものであり、他人の言は重視せよ」など門徒の心すべき言葉が伝えられている。

　しかし一方、これほど尊重すべき同行ではあっても、自分の信心決定のために彼らに何らかの期待を寄せることはできなかった。信心決定は個人一人ひとりの事業と考えられていたからである。「浄土往生とは一人ひとりそれぞれが負うべき重大な課題である。それぞれが仏法を信じて後生が助かるほかない」という実如の嫡男円如の言葉を実悟が記録している。他の同行に対して自己正当化も許されず、だからといって援助も期待できない、甘えを排した、片時も油断することのない仏法への集中が信心決定への道であると説かれていた。

　ひたすら弥陀を頼む他力の信心とはいえ、厳しい自己点検・自己管理が門徒に要請されたのは、仏法の作法が、世間のそれとは大きく異なるものと考えられていたからである。「総じて世間では他人に劣るまいという競争心が行動原理となっているのに対して、仏法の世界では人に負けて信心決定するのであり、道理に負けて我の感情を折ることが仏の慈悲である」と蓮如は、世間の流儀との違いを強調したという。

　世間と異なる信心については独自の価値観も説かれた。経典・論書などに通暁することと信心とは別だという観念である。「『聖教読み』の言葉に動かされてではなく、無学な尼・入道が『尊い、ありがたい』というのを聞くから人は信心を得るのだ」「信心のある人は仏の力によって人を信心に導くことができる。学者や物知りが人を導くのではなく、無学でも信心によって仏智を授かった者が、仏の力で人を信心に導くのである」など蓮如の言葉が伝えられている。

もちろん、世間に生きるほかない在家信者の立場で世間の流儀を全面否定するわけにはいかない。「王法を額に当てよ、仏法を内心に蓄えよ」「仏法をあるじとし、世間を客人とせよ」と世間の作法を十分尊重することは必要である。しかし世間の生活は仏法のためでなければならず、商いをすることも、食事をするにも水を一杯飲むにも、仏法のためとの自覚が必要だった。世間のために財を用いることは仏の物の無駄づかいと見なされる一方、仏法のためには無制限に費やさなくてはならないと説かれた。衣食住の贅沢は「あさましい」ことであり、それを切り詰めて仏法に心がけるべきものとされた。世間の流儀と共存しながら、仏法の価値観を貫くという緊張に満ちた日常が門徒に要求された。

信心が結ぶ信頼関係

以上のような蓮如の教化がどの程度門徒大衆のものとして消化されていったかは、十分な検証が必要である。親鸞の教義が広く知られるにいたらず、組織的な研修の道もなかっ

紫雲を仰ぐ一遍の一行　『一遍聖絵』より、信濃国佐久郡伴野市の場面
（清浄光寺・歓喜光寺蔵）

た戦国時代に、蓮如らの説く高度の内省が広汎に受容されたとは、にわかには考えがたい。事実、旧態依然たる念仏者、あやふやな聞きかじりの教義の伝道者、呪術的な祈禱をこととする念仏者などが、後述するように本願寺教団においても少なくない比重を占めていた。

そもそも浄土往生が実現したかどうかを中世の人びとは、紫雲がたなびき、花が降り、天上の音楽が聞こえ、この世ならぬかぐわしい香りがする、という奇瑞の有無によって判断していた。そしてこの、平安末期の往生譚を思わせる往生観念は中世末期にいたってもほとんど変わらない影響力を有していた。

本願寺教団も例外ではない。蓮如が死去したとき、紫雲が立ち、空から花が降るのを葬儀の参列者が見、泉涌寺（せんにゅうじ）（京都市東山区）の僧も本願寺のある山科野（やましなの）村（むら）の方角に紫雲が立ち、空から花が降るのをみたとの伝承が教団内で公然と語られていた。蓮如自身、北陸の伝道の地吉崎（福井県あわら市）で娘見玉が死去したとき、門徒教化のためにこの死についての『御文』を著し、紫雲がたなびいたことは、この死者が往生極楽を遂げたことを示すかのようである、と述べていたほどである。

伝統的な中世の往生観念は依然大きな影響力をもっていた。しかしその一方で、世間の生活のなかで仏法の信心を培ってきた人びとの間では独特の価値観も生まれた。蓮如は「どんなに世にときめくような勢力者であれ信心がなければ心を許してはならず、みかけはいかにみすぼらしくとも信心のある人は頼もしい」と説き、信心を得た者同士は身分の差をこえて兄弟であると説いた。こうした考え方は門徒のなかにも見られ、近江堅田本福寺（滋賀県大津市）に伝わる門徒の記録『本福寺跡書』には「物を預けても安心な人というのは仏法に志もあり、裕福な人である。こういう人はどれほどの財物を預けても横取りすることはなく、かえって人から預かるまい、人の財産にかかわるまいと遠慮するものである」と記されている。

十六世紀には大名たちはしばしば、知り合いが遠方へ旅行するに際して「門徒伝い」すなわち門徒同士のネットワークにより送ることを本願寺に依頼したことが知られる。たとえば阿波（徳島県）の三好氏は自分がそばに置いていた関東の兵法学者が関東へ下国するに際し「門徒伝い」に送ることを依頼している。また近江六角氏の家臣平井氏の知り合いが上野国（群馬県）草津まで下向する際、美濃・尾張・信濃の門徒による送迎を依頼している。政治情勢や治安の状況もまちまちな乱世に、本願寺門徒の間ではともかくこのような、協同の態勢が組織できたのである。信心を介した信頼関係が門徒たちを結びつけていたことがうかがえる。

そしてさらに注目すべきは、信心決定を求める同行たちに要求された談合が、一揆の決定にいたる衆議（しゅうぎ）とよく似ていることである。文明（ぶんめい）十二年（一四八〇）島津友久ら島津一族が島津武久を中心に家中で結束すべく連署（れんしょ）して作成した一揆契約状のなかに、談合のときは心中を残さず述べるべきであるとの一項がある。「暑ければ暑い、寒ければ寒いと心のままにいえ」「わが心中をば同行のなかで打ち出しておけ」などの蓮如の言葉と酷似しており、蓮如が「仏法の座敷」における談合に求めたのも一味同心（いちみどうしん）の連帯であったと考えられる。

信心の修行が一揆の結成に寄与したとまではとても考えられないが、一揆がさかんな乱世を生きて、一味同心の結束を体験していた武士や民衆にとって、蓮如の説いた仏法の嗜みがなじみぶかいものであったということはできるのではないか。後生救済の叶う信心を得るために、門徒たちは一揆の作法に従ったのである。門徒団の衆議によって到達する一味同心の連帯、本願寺教団で「一味の安心」と呼ばれる信心の共有が、後述するような門徒たちの強力な一揆を支えていたのであった。

一揆の教団

門徒による宗主承認

先ほど述べたように、本願寺教団の基礎単位は「坊主」すなわち指導者の僧侶に率いられた門徒団である。この集団は特定の本願寺末寺の檀家集団である場合も、一定の法事に参加する者の結集する講である場合もあった。これら基礎単位が在所別に、そして国、郡などの地域別に上位の集団に属し、最終的には教団の本山宗主（ほんざんしゅうす）である本願寺住持の下に結集する、という求心的な構造が本願寺教団の特徴である。本山の宗主は善知識として「開山」すなわち宗祖親鸞の代官と見なされ、門徒に仏法を教化する存在であり、その師弟関係を取次ぎの寺や菩提寺の住持などが媒介していた。

全門徒の頂点に立つ宗主は、前述のように親鸞の子孫である本願寺家で世襲され、その血筋の権威、後生の救済者たる教団での地位、どれをとっても有無をいわせないカリスマ的権威をもっていた。しかしその一方、宗主は本願寺一族、本願寺家臣団、そして諸国の門徒たちによってその地位を承認されるべきものと、教団内では見なされていたのである。

たとえば、先ほどからみてきた蓮如が本願寺住持となるに際しても、その地位をめぐる教団の内紛があったという逸話を実悟が記している。蓮如の父存如の正妻如円尼には実子応玄があり、如円は召使の子ではあるが長男の蓮如をさしおいて応玄を住持の地位につけようとしたという。中世の家では家督相続について、亡き当主の妻すなわち後家は、前当主の遺言を代行する存在と見なされ、その発言権は強力である。蓮如には父存如の譲状があり、正当な権利があったにもかかわらず、強力な後家の力に動かされた本願寺一族、末寺の僧侶、家臣などの一部は連判状を作成し、一揆を結んで応玄の家督を支持した。

教団の動向はほぼ応玄を住持とする方向に向かったものの、存如の弟如乗一人が反対し、如乗の奮闘により今度は本願寺一族、家臣、末寺の僧侶や門徒たちの意向は、蓮如を後継者とする方向に傾く。そうなると後家の力もかなわない、一族・家臣・門徒という教団構成員の一致した意向で蓮如が住持を継承したのである。

宗主の地位がこのようなものであったから、宗主に不満をもつ門徒たちは結束して一揆を結び、現宗主を排斥して本願寺一族の別人を宗主に擁立しようとすることもあった。蓮如の後継者となった実如の時代、幕府の最高権力者であった細川政元と畠山氏が抗争し、その対立に本願寺教団が巻き込まれたことがある。実如が政元に与したのに対し、畠山氏とかかわりの深かった摂津（大阪府・兵庫県）・河内（大阪府）の門徒はこれに反対し、畠山氏と姻戚関係のある蓮如の第九男実賢を宗主に擁立しようと企て、賛同する家臣や坊主らとともに連判状を作成して一揆を結んだ。結局この企ては失敗したが、状況次第では宗主が門徒に廃されることもありえたのである。

豊臣秀吉の時代にも本願寺教団では、宗主が教団全体の承認のもとに決定されるべきものと考えられていた。文禄二年（一五九三）、宗主顕如の死後、宗主に長男の教如が就任したことに対し、顕如の後家如春尼は反対し、弟准如に父の譲状があるとして秀吉に訴訟したため、後継者争いは秀吉の法廷にもちこまれた。その法廷で、本願寺家臣の一人は「（後継宗主を指名する）譲状というものは、教団内の主だった門徒らに披露されたうえで有効となるものであり、家臣や門徒の承知していない譲状は存在するはずはな

本願寺略系図

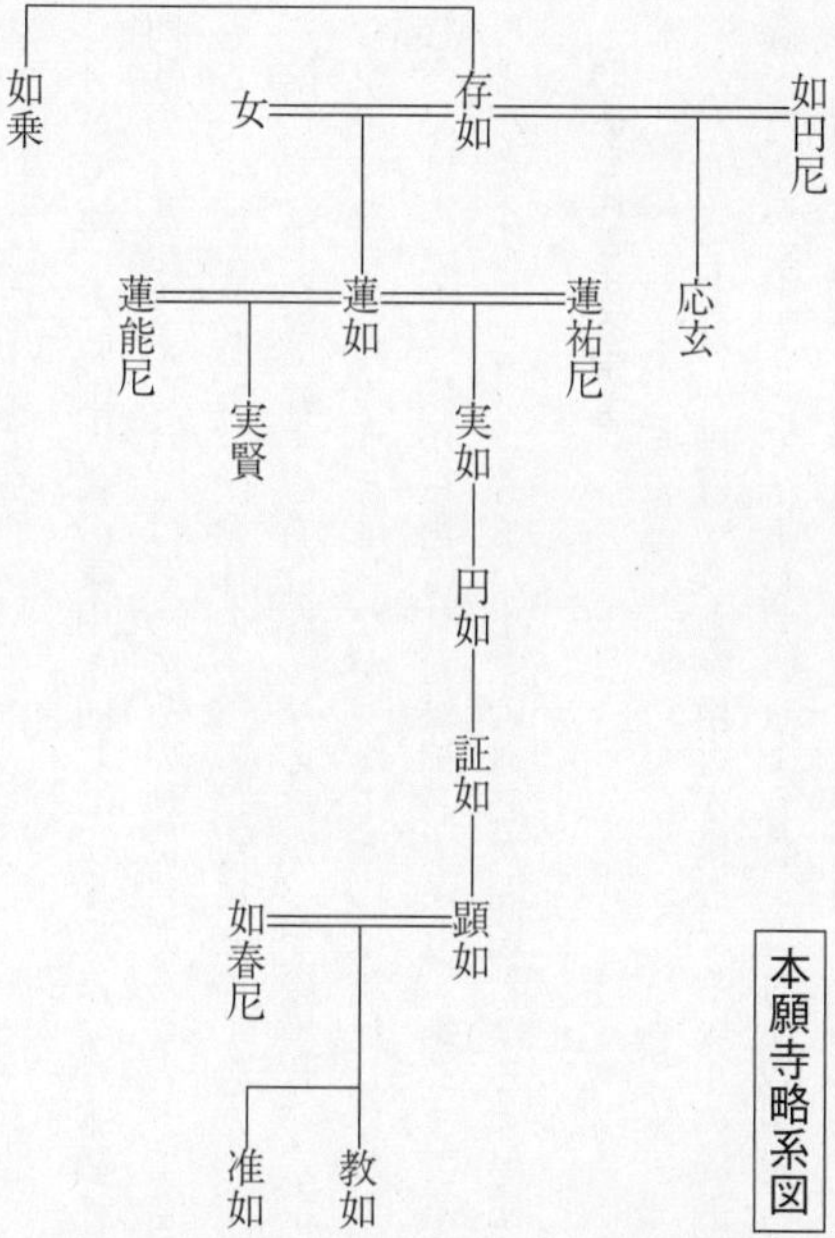

い」と主張している。

3章で述べた戦国大名の家中と同じく、頂点に立つ本願寺家の家長もまた一族・家臣・門徒の合意に支えられてはじめてその地位にあることができた。言いかえれば本願寺住持もまた、宗主として教団全体の一揆の頂点に立っていたのである。教団メンバーの一部が一揆して宗主に反対する場合もありえたが、その場合、宗主に反対する門徒たちさえも自ら宗主になり代わろうとはしなかったことには注目しておきたい。反対する門徒らが擁立したのは本願寺一族から選ばれた候補者であり、あくまでも宗主は親鸞の血筋でなくてはならなかった。この点もまた主家の血筋が問題となる大名家の家督争いと同様である。

門徒を代表する宗主

ただし大名家の一揆は一族と家臣とが構成する家中の範囲にとどまる。領国の主だった武士たちが家臣として結集しているような、有力な戦国大名についてもその範囲はせいぜい一国ないし数カ国であろう。ところが本願寺教団の場合は、一族、家臣に加えて諸国にいる門徒もまた一揆のメンバーであった。5章で述べる天文(てんぶん)の争乱、6・7章でみる織田信長との石山合戦(いしやまかっせん)や、本章で後述する永正(えいしょう)の争乱などでは、この広汎な一揆メンバーが一向一揆の一員として、戦いに立ちあがったのである。このような広範囲の門徒たちを宗主の命令一下(いっか)で蜂起させることができたのは、教団全体が、無数の小さな一揆を含んだ一揆となっていたからである。
本願寺住持である教団の宗主が、門徒に対して発する消息は「御書」と呼ばれる。この御書は仏法を嗜み、信心に邁進すべきことを指導する宗主の言葉（「法話」と呼ばれる）を伝える目的で出されたが、そればかりではなく、教団の掟や軍事行動の指令なども伝えられる場合があった。こうした命令が宗主の意向であることはもちろんであるが、それと同時に門徒団による衆議の決定とされている場合もある。

たとえば本願寺教団の聖典として『御文』と呼ばれる蓮如の御書には、門徒の「衆中」（全体会議）が定めたことを遵守せよ、もし背く門徒がいれば宗主の手で永久に破門する、と記されたものがある。門徒の衆議は宗主みずからの意向である、というのであろう。またこの『御文』には、仏法のためには命を惜しまず戦うと宣言したものがある。その筆者は蓮如であるが、名義は「多屋衆」という、当時越前国吉崎に参集していた門徒たちの主だったメンバーの名において記されている。門徒団の決定は宗主の意向でもあるという両者の一体的関係がうかがえる。

十六世紀の中ごろ、よく知られるように加賀（石川県南部）一国を支配するようになっていた加賀門徒の一揆は、宗主の名において加賀を支配していた。一方本願寺にある宗主は一揆の意向をうけてみずから命令を発することもあった。つまり両者は一体的な関係にあったのである。天文七年（一五三八）に加賀一揆の大立者であった洲崎兵庫・河合八郎左衛門の二人が謀叛により追放された事件がある。二人が追放された後、当時の宗主証如は加賀門徒に向けて「法義においても、世俗のことがらにおいても、門徒たちはいっそう深く認識するように」との命令を出したが、この命令は一揆の側から本願寺へ要請したことによって出されたものであった。

また、この二人の追放に関連して下田長門という一揆メンバーが討伐されたが、その際に加賀一揆のメンバーは、証如に自分たちの実情に合った命令を出すよう依頼している。すなわち一揆の全体会議に対して討伐命令を出すと洲崎・河合の与党が動き出して面倒なことになるから、河北郡の一揆だけで下田長門を討伐せよ、との命令を本願寺から出していただきたい、というのが申し入れの内容であり、証如もそれに従っている。一揆の頂点に立つ宗主も、一揆を底辺で支える加賀一揆の武士も対等なかたちで事態にかかわっていることがうかがえよう。極端にいえば頂点か底辺かは役割分担の差にすぎない、といっても過言ではないほど、両者の関係はもちつもたれつであった。

一味同心の服属

宗主と門徒団との関係は、このようにもちつもたれつではあったが、本願寺が常に個々の門徒団の意向を徴したうえで方針を決定していたわけではない。戦乱の時代に政治状況の急激な変化に対応しなければならない以上、宗主はじめ教団首脳部の判断によって門徒たちへの命令が出されるほうがむしろ通常であっただろう。しかし本山からの命令を受けた個々の門徒団は会議を開き、命令を受諾するか否かを討議した末に衆議の決定を行っていた。後述する石山合戦でも、本願寺の使者を迎えた加賀一揆の面々は、使者の面前で命令を受諾する旨、一味同心の連署(れんしょ)を行っている。

もちつもたれつとはいえ、親鸞の血筋を引き、ほかの多くの門徒団から支持を得ている宗主の圧倒的な権威に対し、それぞれの集団の門徒たちが、はたして対等に対することができたかどうかは疑問ではあろう。本来討議の手段である会議が、日常的なものとして定着するにしたがい、かえってひたすら宗主の命令を受けいれるための儀式に変質していた、というようなことも想定できる。たしかに宗主と個々の門徒団とが常に、絵に描いたような対等な関係を保持していたと想定するのはあまりにも非現実的であろう。

とはいえ個々の門徒団の衆議が、決して宗主の権威に無批判に追随するものではなかったことはさまざまな史料からうかがえる。摂津の招題寺内(しょうだいじない)（大阪府枚方(ひらかた)市）に伝わる由緒書では、石山合戦のときに織田信長から大坂に味方すれば寺内を破壊する、信長に従えば安全は保障しよう、どちらを選ぶか、との申し入れを受け、寺内の者の「衆議」によって信長に従うことにしたが、信心は守りたいので、鉄砲に弾丸を込めずに戦ったと記されている。門徒団の衆議が本願寺の権威以上に自分たちの事情や利害を優先させるものであったことがうかがえよう。

またこの石山合戦のときに宗主の発した戦闘命令を伝える文書は、現在かなり多数残されているが、そのなかには明白にそれと分かる偽物もある。たとえば7章で述べるように、石山合戦の最末期に本願寺教団は、信長との和睦を主張する宗主顕如派の勢力と徹底抗戦を主張する顕如の嫡子教如派の勢力とに分裂した。このときのものと思われる、信長への徹底抗戦を命令する教如の御書が伝わっているが、宗主や本願寺一族の命令を伝える御書としては明らかに形式にはずれているものである。こうした偽物が作成された事情はさまざまに考えられるが、個々の門徒団の指導者が作成した可能性も高い。彼らはみずから属する門徒団を、宗主やその一族の名を用いて動かそうとしたことになる。

ちょうど加賀一揆のメンバーが、宗主から自分たちの実情に合った命令を出してもらって加賀門徒全体を動かそうとしたように、門徒団の指導者たちも都合のよい宗主の命令を、この際には捏造したのであろう。このように考えることができれば、すくなくとも個々の集団における指導者クラスの門徒のなかには、圧倒的な宗主の権威にも決して絶対服従したりはしない者がいたと見ることができる。彼らは表立って宗主の権威に逆らうようなことはしなかったが、冷静に状況を読み、徹底して主体的に行動していたと考えられる。

個々の門徒団は少なからぬ主体性ももち、全体会議の決定に基づき行動していた。ところで宗主の命令をも全体会議で討議する主体的な集団が、いったん宗主の命令を受けいれると、個々の門徒たちは二重の縛りを受けることになる。ひとつは諸国の門徒団の頂点に立ち親鸞の血筋を引く圧倒的な宗主の権威であり、もうひとつは衆議の決定を行った門徒団内部の相互監視である。合議という一見リベラルな手続きが「鉄の規律」を生み出す。日常的に合議と一揆の結束とをこととしていた門徒が、宗主の命令一下で、一斉に蜂起する一向一揆のからくりがここにあるといえよう。

「百姓の持ちたる国」

吉崎留錫

北陸地方で一向一揆がさかんになったのは、蓮如が吉崎に留錫したことによるとされている。京都東山にあった本願寺が山門との軋轢で破却の憂き目に遭い、蓮如は新天地を求めたのであろう、北陸へ向かった。当時本願寺は近江南部に教線を伸ばしていた。野洲郡金森（滋賀県守山市）、志賀郡堅田（大津市）、坂田郡長沢（米原市）、栗太郡手原（栗東市）、安養寺（栗東市）など、父存如の時代から知られる門徒に加え、野洲郡、栗太郡という現在の守山市、草津市、栗東市の地域に、蓮如が本願寺住持となってから山門の破却に遭うまでの九年間、十余カ所の門徒に対して名号本尊や親鸞絵像、親鸞・蓮如の連座像などが三〇回弱にわたり下付されている。教団の急速な発展ぶりがうかがえよう。

本願寺は幕府と密接な関係にあった。蓮如の妻は伊勢貞房の娘、伊勢貞房は幕府政所執事を世襲する伊勢氏の分家の出身である。代々下総守を名乗り、貞房の子孫は足利義政に側近として仕えた。このような家と姻戚関係をもつことは父存如時代からの方針であったと思われる。蓮如の嫡子順如、順如の後に嫡子となった実如はともに義政正室日野富子

蓮如が下付した名号本尊　滋賀県大津市本堅田、本福寺蔵（写真提供・本願寺史料研究所）

の兄、日野勝光の猶子となっていた。蓮如の娘のひとりは将軍側近の女房春日局に養育され、のちに義政の殿中に仕え、義政の妾になったとされる。本願寺と義政政権との浅からぬ関係は、将軍直臣のなかに本願寺門徒がいたことにもあらわれている。

山門勢力の膝下ともいうべき南近江に急速に門徒を獲得し、しかも幕府の後ろ盾をもつ本願寺教団に対して山門が警戒心を強めたのは当然である。一度教団を叩いておく必要があるとの思惑であろう、寛正六年（一四六五）正月、山門衆徒は東山本願寺付近の祇園社に立て籠もり、祇園社の犬神人をも動員して本願寺を破却した。蓮如はただちに幕府に訴え、本願寺に味方した幕府政所執事の伊勢氏は、家来となっていた山門衆徒に本願寺攻撃に加わることを禁じている。

山門から売られた喧嘩に対して、当初本願寺は幕府に訴訟して宗論を行おうとした。宗論とは7章で述べるように、大名など裁定者の前で行う宗派同士の対決であり、中世にはよく見られた教団同士の相論の方式であった。しかし山門の攻撃は宗旨への非難ではなく、いわば示談金を求めての言いがかりにすぎない、とみる教団幹部や門徒たちの意見により、示談金でことを収めることにした。その後再び山門の破却に見まわれ、襲撃が近江の門徒におよぶなどかなりの被害を被ったものの、応仁元年（一四六七）、本願寺は嫡子順如を実如に替えること、山門の末寺として末寺銭を払うことを条件に和解が成立した。

翌年蓮如は、後継者を順如から実如に替える旨の譲状を書いている。しかし後継者の変更は本願寺教団の執行部から蓮如とその同志たちが退陣することを意味したものであろう。このとき蓮如は隠退したとする教団の伝承もある。当時まだ十四歳の実如と、嫡子を退いた順如とを大津に残し、蓮如は山門の監視の及ばない新天地を探したと考えられる。吉崎は興福寺の荘園河口庄のうち細呂宜郷吉久名にあり、九条家出身で興福寺別当にもなったことのある、蓮如とも親しい安位寺経覚の料所のうちであり、また末寺の和田本覚寺は細呂宜郷の荘官であったから、蓮如にとってはかっこうの活動場所である。

すでに寛正の破却直後、蓮如は朝倉氏と接触して下向を考えていた節がある。ただし朝倉氏は応仁の乱に際して、将軍足利義政とは対立する西軍方に属しており、義政と関係の深い本願寺にとって越前は敵地であった。ところが文明三年（一四七一）二月末ごろ、朝倉氏が東軍方に寝返ったことが露顕する。それを待っていたかのように四月上旬、蓮如は吉崎へ向かった。

「一向宗」の流入

吉崎にはこの年七月には早くも坊舎が建ち、加賀・越前・越中の門徒たちが争って他屋（「多屋」とも）などを建設し、全体で一〇〇から二〇〇軒の建物が建設されるにいたったという。中央に馬場大路が通り、北大門、南大門が構えられるという参詣地の形が整えられた。ここに参集した門徒たちはさまざまであった。蓮如が「聖道（天台宗や真言宗）の

蓮如が留錫した吉崎御坊　現在、福井県あわら市吉崎。三方を北潟湖に囲まれていた。蓮如が弟子の円広坊に下付した絵図の写しという（滋賀県犬上郡多賀町照西寺蔵、写真提供・大阪歴史博物館）

はて、禅僧のはて」と呼ぶような、天台宗の徒、真言宗の徒であったり、禅宗の信徒もいた。弥陀に帰依する念仏信仰の徒であっても浄土宗の門流に属する者もおり、時宗（じしゅう）の影響を受けていた者もいた。そのなかでひときわ大きな特徴は、彼らのなかに「一向宗（いっこうしゅう）」を自称し、一般にも「一向宗」と呼ばれる念仏者の多かったことである。

「一向宗」の語は、通説では親鸞の始めた真宗の別名とされる。しかし中世の「一向宗」の実態は必ずしもそうではない。一遍の門流に属する、今日の言葉でいえば時宗の信徒も「一向宗」と呼ばれ、一遍自身「一向宗」と呼ばれたこともある。浄土宗の一門流に属していた鎌倉時代の一向俊聖（いっこうしゅんじょう）と、彼が始めた門流もまた「一向宗」と呼ばれた。真宗のみ「一向宗」と呼ばれたのではなく、この言葉はもっと広汎な念仏者を指していたのである。

そもそもこの当時の宗派は、江戸時代以降のような整った実態をもつとはかぎらない。開祖の教学について組織的に学ぶ研修機関で養成された僧侶により伝道が行われるというよりも、むしろ自分が直接帰依した師匠の僧から学んだことを、そのまま開祖以来相伝された教義として受けいれ、伝道することのほうが普通だった。こうした継承関係が、教祖の教義を純粋に保持する点では著しく不適当で、さまざまな要素の混入を許すものであることは想像にたやすい。今日の感覚で中世の宗派名を想定することは不適切である。

だが「一向宗」と呼ばれた念仏者には共通項もあった。ひとつは阿弥陀仏（あみだぶつ）以外の神仏への信仰を否定する傾向である。親鸞も蓮如も自分自身が阿弥陀仏しか信じないからといっ

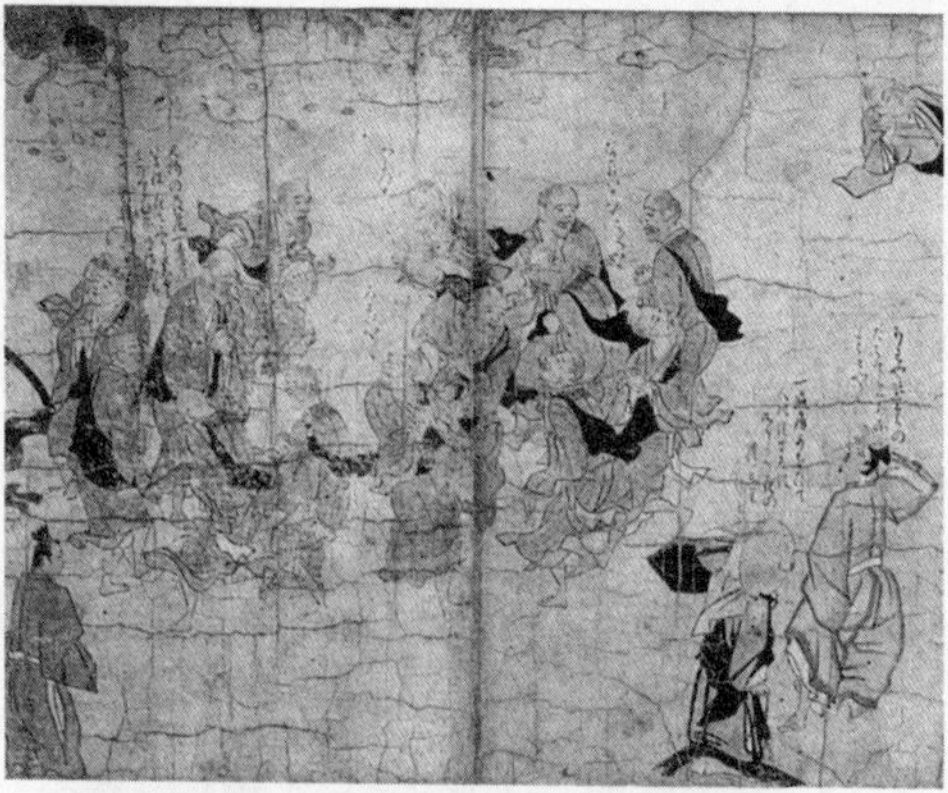

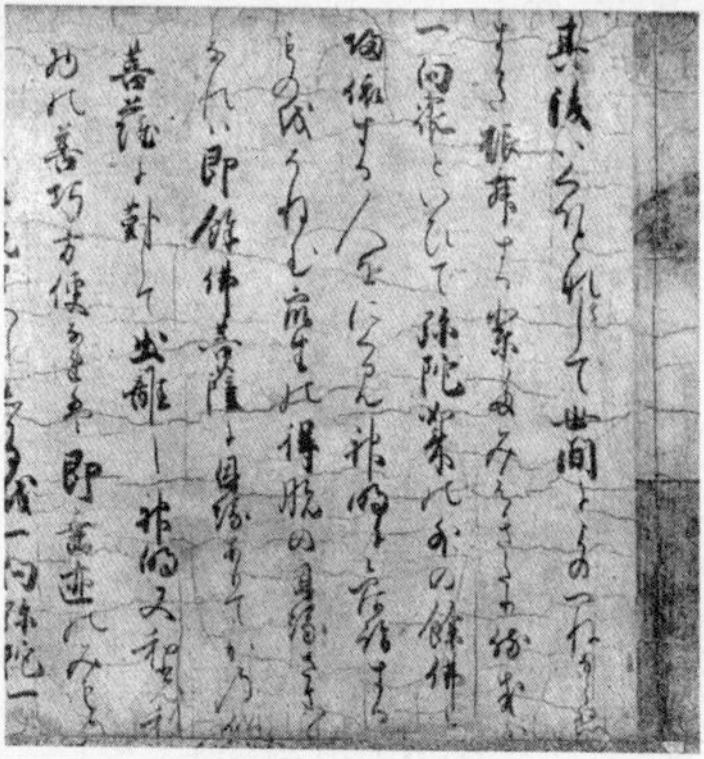

『天狗草紙』より、一遍の信徒たちについて　上図では奇瑞を信仰する一遍の信徒たちが描かれ、下の詞書には彼らが「一向衆」と自称していることが書かれている（『続日本絵巻大成』19、中央公論社、1984より）

てほかの神仏を軽んじたり、その信仰を否定したりしてはならないと説いているにもかかわらず、門弟たちの間には根強くこの傾向があった。同じ傾向が一遍の門流にもみられる。彼らも「一向宗」を自称して他の神仏への信仰に否定的態度をとったことが知られる。一遍の神社参詣は有名であり、この傾向が一遍の教義から生じたとは思えない。しかし「一向宗」の名で呼ばれる親鸞の門流にも一遍の門流にも、この傾向は見出されるのである。

同様のものが造悪無碍（ぞうあくむげ）の傾向である。阿弥陀仏が悪人、善人に関係なく衆生（しゅじょう）を救済することを信じるならば、いかなる悪を行うことも恐れてはならないとする傾向である。これが親鸞の門流にも一遍の門流にも存在した。親鸞そして蓮如がこうした傾向を批判し、一遍の後継者として時宗教団の事実上の設立者である他阿真教（たあしんきょう）もこれを批判しているから、教祖の伝道から生まれた傾向ではない。しかし双方の門流を横断して見出されるところに、「一向宗」と呼ばれた念仏者共通の特質がみえるように思われる。

この一向宗徒が多数、吉崎で伝道する蓮如に帰依してきた。蓮如は「一向宗」とは開祖親鸞がつけた宗派名ではなく、親鸞の教えを信じるなら、その教えを「浄土真宗（じょうどしんしゅう）」と呼ぶべきであることを何度か、門徒に与えた『御文』で説いているが、彼らは依然「一向宗」を名乗り、一般にも本願寺教団など真宗門徒は「一向宗」と呼ばれた。それは、この名称が独特の信仰形態をもつ、ある種の宗教者を指していたからだと考えられる。

呪術者の一向宗

一向宗の実態がくわしく分かるのは、近世薩摩の史料である。すでに述べたように薩摩藩では戦国時代に引きつづいて一向宗を禁止し、何度か組織的取締まりを行っている。そこで一向宗の原因として警戒の対象になったのは山伏、社人（下級神官）、巫女、念仏僧、琵琶法師、六十六部、旅人、商人らであった。彼らはともすれば病人のいる家へ入りこんで祈禱をし、一向宗に入信すれば病気が治ると勧誘したし、民衆の側でも行きずりの漂泊民に祈禱を頼んだり、占いを頼むなどしていた。

教科書の知識では、鎌倉仏教は選び取ったひとつの修行にのみ専念し、呪術的な現世利益などは否定したとされ、加持・祈禱をこととする修験などは旧仏教の諸宗と結びついていたと記述されている。一向宗の名をもつとはいえ、このような呪術者が本願寺教団に帰属するなど何かのまちがいではないか、と疑問をもたれる向きもあろう。ことに一向一揆を考える場合、これまで親鸞の思想の革新性が一揆蜂起と関係するとみられてきたから、一向宗のこうした姿と下剋上の一向一揆とが結びつけられて考えられたことはほとんどない。

しかし一向宗禁止を規定した肥後の大名相良氏の分国法『相良氏法度』をみれば、このふたつが結びついていたことを認めないわけにはいかないと思われる。「山伏、神官、陰陽師を宿泊させてはならないし祈禱を頼んでもならない、一向宗の原因となる」「（一向宗の牛耳る加賀国の）白山の神が怒りを表し、白山が噴火したこと（天文二十三年〈一五五四〉に白山は噴火している）をみても一向宗は禁止しなくてはならない」「男女どちらでも素人の祈禱師や医者はみな一向宗と思わなくてはならない」などの記述からは、加賀の一向宗が実はこうした呪術的宗教者とみられていたと考えなくてはならない。「日本の山伏や一向宗は妖術者であることに喜びを感じている」との、イエズス会宣教師の証言もある。

こんどは本願寺教団を内部からみてみよう。蓮如の遺言により子どもたちが定めた教団の掟に「教団のなかでは病人のために加持・祈禱を行うことがあってはならない、堅く禁止する」というものがみられる。蓮如の『御文』の影響を受けたと思われる、『九十箇条制法』という門徒の掟にも「念仏によって病人を祈ることがほうぼうで流行っているが、こうしたことは他宗の流儀であり、もってのほかである」「病気のときに祈禱や祓いをして巫女や陰陽師を呼ぶ者がいるが本願寺教団の掟に反する。このような者は破門する」などがみられる。言いかえればこうした掟をわざわざ制定する必要があるほど門徒の間で加持・祈禱はさかんであったとみることができよう。

さらに一向宗の原因のひとつとされる琵琶法師は、戦国時代の宗主の側近として多くみられる。蓮如から勤行のとき袴をはくことを許され、親鸞の祥月命日に行われる本願寺教団最大の法事である報恩講で平家を語った竹一検校、やはり報恩講で平家を語り、死後に遺品の琵琶を本願寺に寄進した福一検校、天文期の宗主証如の側近にいた城入勾当、顕如・准如時代に摂津天満や京都の本願寺で宗主側近だった栄一、城堯など。琵琶法師は「日本の宗旨の歌を歌い賞賛する」ことを仕事としており、日本では大変尊敬され「彼らの言ったことはほとんどそのままよしとして受け入れられ」るから「布教するのに非常に適して」いるというイエズス会宣教師の証言をみると、少なからぬ琵琶法師の出入りする本願寺教団は一向宗の性格の色濃いものであったと考えることはきわめて自然であろう。

こうしてみれば一向宗とは何よりも素朴で土俗的な、民衆になじみやすい（逆に支配者からみればその分だけいかがわしい）ものであり、だからこそ支配者に警戒され、恐れられたということになる。呪術的な信仰と隔絶した合理性のゆえに恐れられたのではない、修験にも通じる呪術性のゆえに恐れられたのである。こうした一向宗徒が多く傘下に入ったところに本願寺教団の発展があると考えることができる。

郡一揆の成立

多くの一向宗徒やそれに率いられた信徒たちの流入により吉崎は繁栄するとともに、みずからの信仰以外に敬意を払わない彼らのふるまいにより、加賀・越前に多い白山系天台の諸寺との間に軋轢も生まれた。蓮如は門徒に「諸法・諸宗」を誹謗したり「諸神・諸仏」を軽蔑したりすることをくりかえし戒めている。もっとも白山系天台の衆徒でも蓮如に帰依したものもおり、必ずしも一向宗徒が軋轢だけを起こしたわけではない。後述する文明六年（一四七四）の一向一揆の際には、白山衆徒が本願寺門徒側についているところをみれば、軋轢が生じる一方、支持者も生まれたものと考えられる。

より深刻な軋轢は、同じ真宗で北陸に地盤をもつ高田派とのそれである。高田派本山の専修寺真慧は『顕正流義鈔』という蓮如批判の書を著した。さらに高田門徒は本願寺門徒に味方する在所に対して殺害、放火といった襲撃を行い、加賀国守護富樫幸千代に訴えたため、本願寺門徒は守護と対立するにいたった。蓮如は「仏法を崇め、信心を得たからといって守護・地頭に反抗してはならない」との『御文』を著し、門徒を抑制しようとした。

また守護富樫幸千代は応仁の乱に関して西軍派であり、東軍派に立つ一族の富樫政親と抗争しており、劣勢だった政親は、東軍派に寝返った朝倉氏の支配する越前へ逃れていた。加賀・越前の国境近い吉崎にあって東軍派の立場をとっていた本願寺門徒と政親との間に同盟関係が生じることはたやすく推測できよう。

文明六年七月にいたって富樫政親・本願寺派と富樫幸千代・高田派の両者は衝突し、加賀国内を二分する内戦となった。白山衆徒が味方したこともあり、政親・本願寺派が勝利して政親は守護に返り咲いた。しかし政親とともに本願寺門徒の一揆もまた加賀国内の支配権を握り、幕府も、東軍派の守護とともに一揆の支配権を承認していた。一揆は加賀の行政区分に従って四つの郡ごとに編成された。江沼郡一揆、能美郡一揆、石川郡一揆、河北郡一揆の四つである。たんに江沼郡、能美郡、石川郡、河北郡と呼ばれることもあった。

この一揆はこの後十六世紀後半まで、在地を仕切る本願寺門徒の一揆として存続した。郡単位に一揆が形成されたことは2章でみたように、在地に勢力をもつ国一揆の特徴である。しかしこの国一揆は本願寺門徒を構成員とするものであり、本願寺と密接な関係を有しており、この点はのちにみるような、加賀郡一揆の独自の行動につながるものである。

富樫政親と郡一揆との関係は、さまざまな場面で対立は生じたものの、基本的に一揆が政親を守護として容認し擁立する関係であったと考えられる。ところが長享元年（一四八七）に、2章でふれたように将軍足利義尚が寺社本所領の回復を名目として六角氏討伐の軍を起こした。富樫政親はこれに従軍し、その軍費を国内に課したことから在地の不満は高まった。本願寺門徒をはじめ加賀の諸勢力は政親と対立を深め、守護家一族の富樫泰高を擁立するにいたる。翌長享二年、高尾城（石川県金沢市）に籠城していた富樫政親は攻め滅ぼされた。

これが守護を滅ぼして一向一揆の支配を実現したとされ、教科書などでも有名な加賀一向一揆として取りあげられる事件である。しかし「守護を滅ぼした」との表現がやや不正確であることは、「国の一揆」「国中一揆」などと呼ばれた本願寺を中心とする一揆が守護家の富樫泰高を新守護として擁立していた点からも明らかである。文明六年の蜂起の際に一揆が富樫政親を擁立し、当時の守護富樫幸千代と戦ったのと構図は同じである。家中に擁立され、国内の支持を得た当主が守護となりえた点もほかの国と事情はなんら変わらない。

しかし郡一揆が本願寺門徒の一揆である点も見逃せない。前節「一揆の教団」でみたように四つの郡一揆は本願寺をみずからの指導者・代表者として擁立しているからである。加賀の場合、本願寺一族で蓮如の子どもたちを住持とする寺院が本願寺の代理として門徒たちに擁立され、その指導者となっている。加賀三カ寺と呼ばれる波佐谷松岡寺(はさだにしょうこうじ)(蓮綱が住持)、山田光教寺(やまだこうきょうじ)(蓮誓が住持)、二俣本泉寺(ふたまたほんせんじ)(蓮乗が住持)である。

長享二年の一揆前後から郡一揆と三カ寺が協同して在地を支配したり、三カ寺を擁立している郡一揆の実態が史料の上からもうかがえるようになる。郡一揆に擁立された本願寺一族がこのあと前面に出るようになり、守護として郡一揆から擁立されながら、富樫氏は徐々に没落していった。そのきっかけとなったのが永正の争乱である。

永正の争乱

永正の争乱は将軍家の分裂を大きな要因のひとつとしている。その遠因は応仁の乱の際に将軍家の家督をめぐり足利義視(よしみ)と足利義尚(よしひさ)か対立したことに求められる。義尚の死後、義視の子義材（のち義尹・義稙）を擁立する勢力と義政の弟政知の子義澄（義高）を擁立する勢力とが対立した。明応二年（一四九三）、義澄を擁立する細川政元が将軍義材を廃して義澄を将軍につけ、そののち義材は諸国の支持者のところに身を寄せながら再び京都をうかがうことになる。諸国の大名も義材を支持するものと義澄を擁立する政元を支持するものとに分かれた。

永正元年（一五〇四）末に、それまで対立していた畠山尚順と畠山義英が和睦し、ともに政元と対立するにいたる。政元は義英の籠もる河内国誉田城（大阪府羽曳野市）を攻め

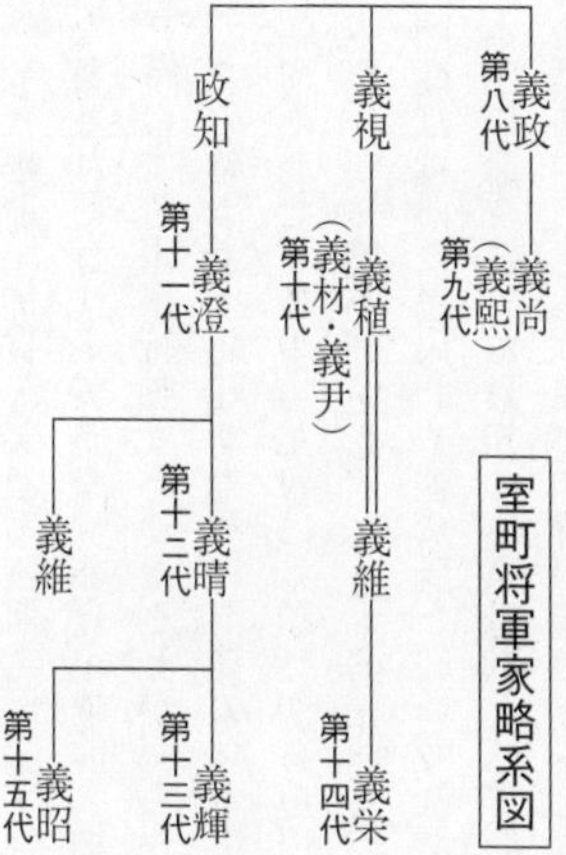

室町将軍家略系図

あぐねたあげく、本願寺実如に摂津・河内の門徒の動員を依頼した。この動員命令を拒否した摂津・河内の門徒が実如に反発して蓮如の九男実賢を擁立しようとしたことはすでにみた通りである。本願寺では政元支持を鮮明にして加賀門徒を動員して政元の要請に応えたのをはじめ、諸国門徒に政元方として蜂起することを指令した。永正三年には政元軍の武力行動や一向一揆の蜂起により大和・河内・丹後・越中・越後・

能登・越前・加賀・美濃・三河・尾張・近江・伊豆・駿河・山城と広い範囲で戦乱があったとされ、近江・美濃や、能登・越前・加賀・越中の北陸諸国にみられる戦闘は本願寺の指令による軍事行動であったことが明らかにされている。

この時点で、北陸で本願寺門徒の司令塔となっていたのは加賀三カ寺のひとつ本泉寺蓮悟であった。越中坊主衆は本願寺から蓮悟の指揮下で行動するよう命令をうけている。越中を一向一揆が制圧し、寺社本所領回復を行った(2章)のはこのときである。また加賀門徒は越前に侵入して朝倉氏と戦い敗れている。この年の蜂起は、本願寺教団においても本山の命令による最初の軍事行動として記憶されることになった。そしてこの事件をきっかけに本山・三カ寺が加賀門徒の代表として大きな力をもち、加賀における最大の支配者とみなされるようになっていく。本願寺や加賀三カ寺が荘園領主の知行を保障したり、郡一揆に対して掟を発したりすることもこの事件以後めだつようになった。

その一方で、当初は郡一揆から守護として擁立されていた富樫氏は徐々に影響力を低下させていった。享禄四年(一五三一)に起こった本願寺門徒の内部抗争では、大一揆派と小一揆派とが抗争し、本願寺一族寺院の超勝寺を中心とする大一揆派が、三カ寺を中心とする小一揆派を追放したが、富樫氏はこのときに小一揆派の一員として追放された。かつて本願寺門徒の一揆に擁立されていた富樫氏が、門徒内部の政治抗争における一派の構成員にまで、その地位を落としていたことを如実に物語るものであろう。その後一族の一人が家督を継いで富樫家は存続したが、往年の権威はなかった。一揆が守護にとってかわったかにみえる加賀の状況は「百姓の持ちたる国」のようであると評されたのである。

一方加賀三カ寺も享禄四年に没落したが、その後一時期、一族寺院の超勝寺が加賀門徒の直接の指導者となったのち、金沢御坊（かなざわごぼう）が建立され、本山からの命令を伝達する加賀門徒の司令塔となる。金沢御坊は天正（てんしょう）八年（一五八〇）、織田信長の武将柴田勝家（しばたかついえ）が加賀を制圧するまでその役割を果たしていた。

信心の平和

一向一揆の体制

以上、加賀の四つの郡を単位として、本願寺門徒の一揆すなわち一向一揆である郡一揆が、本山および加賀におけるその拠点の三カ寺や金沢御坊を、指導者として擁立してきた状況を概観してきた。指導者といっても本願寺と加賀一揆との関係はすでに見たようにもちつもたれつの関係にあり、両者が協同して加賀を支配していたと考えられる。ところで本山と一揆とが協同した支配とはどのようなものだったのだろうか。

郡一揆は荘園領主に対する知行の保障、幕府が賦課する国役の徴収、謀叛人の成敗とその所領の没収、不法行為や犯罪の処断、紛争の裁定など守護の役割である行政と秩序維持の行為を行っていた。こうした行為が「国」の名により行われることも多かったが、「国」の会議は実質的に郡一揆の会議であり、この場合にも実際に執行するのは郡一揆のメンバーであった。郡一揆の有力メンバーは自分自身が棟梁となる（「旗本」と呼ばれる）「組」を組織していた。「組」も本願寺門徒の一揆であるが、旗本や郡のメンバーを中核に、郡のメンバーではないが「組」の寄合には列席できる中堅メンバー、それ以外の一般メンバーを構成員としていた。簡単にいえば「組」は郡の下部組織とみられる。郡による謀叛人の処断や荘園領主の知行安堵が「組」の手で行われる場合もあった。

当時の加賀には近衛家、二条家、甘露寺家など、摂関家をはじめとする公家領、延暦寺、勧修寺、曼殊院、天竜寺、南禅寺、北野社、賀茂社などの寺社領、将軍家や摂津、海老名、斎藤、飯尾、三淵などその直臣たちの所領があった。これらの荘園領主の知行を保障し、領主間の相論を裁定することは本願寺と郡一揆との重要な役割であった。幕府自体、本願寺にこのような加賀の守護に匹敵する役割を期待していた。

だから本願寺は幕府の命令をうけて禁裏修理料など国役の賦課、幕府直臣の知行保障、検断の執行などを、郡一揆に指示している。幕府には本願寺との密接な関係を仲介する本願寺担当奉行もいた。公家、寺社も本願寺に対して所領知行の保障を求め、本願寺はその依頼をうけて郡に所領安堵を指示する場合もあり、依頼を拒否する場合もあった。郡一揆とこれに擁立された本願寺が、加賀国の行政や秩序維持にかかわっていることは、3章でみた、家中の武士たちに擁立された戦国大名が国の秩序維持にあたっていることに対比できる。戦国大名と一向一揆、両者はきわめてよく似た国の支配者であった。

私戦の停止

ところで、戦国大名が「国を静謐にした」としばしば主張するような平和の維持を本願寺や郡一揆はどのように行っていたのか、が問題となろう。これこそ乱世の民衆にとって重要なものだったはずである。以下この点を考えよう。永正十五年（一五一八）、本願寺は加賀一揆の面々に対して三箇条の掟を発したとされている。

その第一は「故戦・防戦・具足懸の事」、第二は「贔屓・偏頗の事」、第三は「年貢・所当無沙汰の事」である。このうち第一条はあとまわしにして残りを先に説明する。第二条は「贔屓・偏頗」のない公正な裁判を行うべきである、ということであり、『朝倉孝景十七箇条』などにも公正な裁判の重要性が説かれており（3章）、秩序維持のために重視されたことは想像にたやすい。第三条は領主に対する年貢や公事（税）を滞納しないことであり、荘園領主の支配を保障する立場の本願寺として当然の法令ともいえよう。

さて第一条である。「故戦」とは戦闘を仕掛けること、「防戦」は相手の攻撃を防ぎ戦うことだから、「故戦・防戦」は武力を行使した私闘を指し、室町幕府も原則的には禁止した行為であった。「具足懸」は「具足」が鎧を指すことからも想像できるように、武力行使のことである。すなわち第一条は私事から行う武力行使、つまり私戦を禁止するものである。

室町幕府も私戦を禁じる法令を出しているが、よく知られるように中世は紛争に際して私戦がめずらしくない時代であった。実力に訴えて自分の利害や名誉を守る自力救済が当然のこととされていたのである。しかし戦国大名は喧嘩両成敗の法を制定するなどして、自力救済を抑制したことは3章で述べたとおりである。本願寺もまた自力救済の抑制を郡一揆に指示していたのである。

すでに永正十年に本願寺住持実如は、加賀の郡一揆に対して国中ほうぼうで戦闘が起こっている事態を叱責しており、大永三年（一五二三）にも、加賀が内乱状況になったとの情報を得て、郡一揆に対し、本泉寺蓮悟を通じて先にみた三カ条の掟を通達している。実如ののち本願寺住持となった証如もまた幾度かにわたり戦闘を停止し、平和の秩序を維持すべきこと、武力攻撃を仕かけた者は理由の如何を問わず郡一揆の手で処罰すべきことを郡一揆に通達している。

これをうけた郡一揆側もまたみずから合議によって自力救済の抑制を決議していた。永正十五年の実如の通達に対しては、在所在所で門徒団がそれぞれ相談し、この掟を守る旨、連判状を作成して本願寺へ提出したと伝えられる。大永三年の通達に対しては、郡一揆の側から三カ条の掟を了承した旨、報告する使者が本願寺へ上せられた。証如の時代には江沼郡の郡一揆が、「具足懸」すなわち私戦を互いに禁止することを決議し、これに違反したメンバーを処罰しようとしている。本願寺の一方的な命令のみならず、郡一揆の合議によっても自力救済の抑制が行われていたことが知られよう。

信心による戦闘禁止

ところで本願寺は郡一揆により擁立されたのであり、みずから進んで加賀の支配に乗り出したわけではない。実際加賀に対する本願寺のかかわり方をみると、それほど強力な富国強兵政策をとったわけでもなく、検地を実施した事実も知られず、ただ郡一揆に擁立された棟梁という立場上、加賀にかかわっていたと思われるところがある。その本願寺がなぜ私戦停止にかぎってこれほど熱心に指示するのであろうか。それは本願寺教団のなかでは信心の共有こそ争いごとや私戦をなくし、平和を維持する要因とみられていたからである。

すでに蓮如は、信心をもつ者は同行に対して荒っぽい言葉づかいもしない、信心がないからこそ言葉づかいも荒っぽくなり諍(いさか)いが生じる、と述べていたといい、その死に臨んでは実如はじめ子どもたちに対し、くれぐれも仲良く過ごすように諭し、信心さえ共有していれば仲良く過ごすことができると遺言したという。実如も永正十年（一五一三）加賀の郡一揆に対して、ほうぼうで戦いが起こっている事態を叱責し、すべて仏法への志のないことが原因であると述べ、仏法をよく嗜んで一味同心に信心決定するよう諭している。また加賀の内乱は、すべて信心が共有されていないことが原因であると叱責した消息も書いている。証如もまた各自の仏法への志が浅いから秩序の乱れが生じるのだと郡一揆を諭している。

信心の共有こそ諍いをなくし、平和な秩序を実現するものという考え方が、自力救済を抑制する本願寺の指令の根底にあるということができよう。これは本章ですでにみた、信心の共有こそ信頼関係の要因とする、宗主により説かれ、教団内にも広まっていた観念と通底するものといえよう。本願寺門徒の間では、いつ互いが敵味方になるか分からない乱世に、信頼と友好の関係を維持する要素のひとつとして信心が重視されていたと考えることができる。信心のために自力救済は抑制されなくてはならなかったと考えられる。

このようにみると、蓮如が加賀国において徳政を行うことを禁止していることが目につく。同様に十六世紀の宗主証如もまた加賀で「永代徳政の催し」をした張本人を成敗することを郡一揆に命じていることも目につく。徳政の際は1章でみたように、私徳政とともに兵粮・軍費の実力による徴収を許容する場合があり、徳政は「土民」を動員する要素となっていた。本願寺がこのような軍事動員を禁じていたこと、にもかかわらずそれを行う門徒のいたことが推測されよう。あまりにも断片的な史料でその背景についてこれ以上知ることはできないが、徳政による動員が当然であった乱世にこうした禁令は注目される。

宗教一揆の実像

一向一揆は宗教一揆とされるが、この言葉はしばしば意味内容を誤解されがちである。宗教一揆の語は強い信仰とその結果としての他宗派への非寛容というイメージを生みやすく、加賀一向一揆の支配のもとでほかの宗派が存続できたことは無視されやすい。しかし加賀にはさまざまな宗派の寺院や神社があり、基本的にその地位は保障されていた。

たとえば十六世紀に本願寺教団と諸国で抗争をくりひろげたこともある法華宗の寺院が加賀に拠点をもっていた。河北郡三谷（金沢市）にある、京都立本寺末の本興寺がそれである。また越中（富山県）との国境に近い倶利伽羅（河北郡津幡町）の長楽寺という寺院も真宗ではなく、青蓮院門徒が住持になったりするような寺院であるが、本願寺は住持職をめぐる相論の裁定にかかわっている。また石川郡大野庄の港宮腰（金沢市）には高野山成仏院の末寺があり、成仏院の依頼により本願寺と郡一揆はこの末寺の地位を保障している。さらに加賀にあった天台系の寺院白山も本願寺とは良好な関係にあり、その所領は健在だったことが知られている。

神社も同様である。河北郡金津庄（かほく市宇ノ気町）にいる森の国光という神主が紛争のなかで奪われた所領の回復を訴えている。国光の神社は在所にとって重要な神社であり、彼の家系が断絶すると村は非常に困る、と証如が日記に記しているように、村にとって神社は大きな役割を果たす場合も多く、一向一揆のもとでこうした神社も安堵を得ていたと思われる。

だからといって本願寺教団は、宗派の関係にルーズだったわけではなく、親鸞の教義を奉じる同じ真宗に対しては厳しい態度をみせる。天文十一年（一五四二）高田専修寺堯慧が内裏に参内しようとしたときは、青蓮院や女官など、さまざまな伝を頼って妨害し、堯慧の父飛鳥井雅綱には息子が高田派になったとの理由で対面を拒否している。仏光寺の本寺妙法院（京都市東山区）が加賀にある所領の安堵を依頼してきたときには、仏光寺が本願寺から離れるのを妙法院が許容したとの理由で安堵を謝絶している。また播磨（兵庫県）で真宗の一派がはやっているとの情報を得た本願寺は、守護赤松氏の一族にその弾圧を依頼している。他者の信仰対象に干渉はしないが、同じ教義を奉じる以上は非妥協的に正統を主張する、というわけなのであろう。

こうした信仰の主張は、いっさいのほかの信仰を悪魔のものとして拒否し、それとの妥協なき闘争を基本的な立場とするキリシタンとは大きく異なる。四旬節の懺悔のために「偶像」すなわち仏像の破壊を信徒に勧めた宣教師とはまったく異質な思想であるといえよう。だからといって加賀の郡一揆を、他宗派に寛容とはいえ無原則な妥協はせず、また信心の立場から私戦を停止している点からみて宗教一揆とみなさないわけにはいかないだろう。

これまで宗教一揆については、他の権威や信仰との非妥協性のみを問題とする、極端にいえば排他的な信仰こそ純粋であるとするような、あまりにも一神教モデルに偏りすぎた捉え方がなされてきたように思われる。たしかに中世ヨーロッパの十字軍や千年王国運動のような、権力やほかの信仰と武力で敵対する宗教運動も世界各地にみられるが、すくなくとも一向一揆はこれとは大きく異なるタイプの宗教一揆であった。

そして世界全域をみた場合、一神教的宗教運動は必ずしも多数派とはいえないのかもしれない。一九七四年十月にタイのタノム政権が学生運動によって崩壊し、サンヤ新政権が発足した直後、どんな暴動も起こりかねないアナーキーな状況のなかで三日にわたる自然発生的な「平和」が訪れたという、青木保氏の紹介された挿話が想起される。「だれからともなく、バンコクの庶民の間ではこの三日間は盗みとか殺人は一切ないという暗黙の了解が行われているのだという話が伝わってきた。一体だれがいいだしたことなのかわからないが、いつの間にかこれは一種の申し合わせのような形で民衆の間に定着していた」(『沈黙の文化を訪ねて』)という。民衆の間で「盗み・殺人一切なし」という暗黙の了解が成立したこともまた、平和への願いが生み出した一種の宗教運動であったように筆者には思われる。

5 戦乱のなかの信仰

世俗と共存する一向一揆

天文の争乱の背景

一向一揆は加賀（石川県南部）を支配したばかりではない。永正の争乱のように、幕府中央の政治抗争に連動して各地で蜂起することも一向一揆の特徴である。こうした一向一揆としてほかに、十六世紀前半、畿内を中心にみられた天文の争乱と、十六世紀後期、織田信長入京以降、一〇年にわたり織田政権と断続的に抗争した石山合戦とが有名である。後者については6・7章で述べることとし、ここでは天文の争乱についてみることにする。

享禄五年（一五三二、七月末に改元して天文元年）六月から天文四年（一五三五）にいたる天文の争乱の背景は将軍家の家督争いである。永正の争乱が細川政元に擁立された将軍足利義澄と、政元に追放された義材（このころ義尹を名乗り将軍復帰後義稙と改名）との家督争いが背景になっていることは4章で述べた。その一方の立役者である義材は細川政元が暗殺されたことを契機に、周防（山口県東部）の大内義興と、政元暗殺後、細川家の家督を継いだ政元の養子高国とに擁立されいったん将軍に復帰する。しかし永正十八年（一五二一、八月二十三日に改元して大永元年）に高国と対立した義稙は、再び京都を出奔し、今度はかつて義稙に追われた義澄の子で、当時わずか十一歳の義晴が細川高国に擁立され将軍に就任した。

一方、阿波（徳島県）へ逃れた義稙は義晴の弟義維を養子とした。また細川政元の暗殺後に、義澄とともに京都を追われ、近江（滋賀県）へ逃れた政元の養子澄元は、阿波から京都をめざしたが果たせず、永正十七年子息晴元を残し死去していた。大永七年（一五二七）、主君細川高国に叛いた柳本賢治らが京都に入り、義晴・高国が近江へ出奔する。これを機に阿波の三好元長は足利義維と細川晴元を擁し堺へ進出した。義晴はいったん京都を回復し、十一、十二月に京都住民の自力による治安維持活動がみられたことは3章でみた。しかし翌年五月、義晴は再び京都を去って近江へ逃れる。細川高国は享禄四年（一五三一）六月、三好元長の軍と天王寺で戦って敗れ、尼崎で捕らえられ自殺した。天文の争乱の背景となるのはこのあとの、将軍足利義晴と阿波公方足利義維との対立である。

高国死去の後まもなく三好元長は、同じ細川晴元の家臣となった木沢長政と対立するにいたり、晴元は元長を折檻し、元長とその被官らは髻を切ることになった。木沢長政はもともと河内国（大阪府）守護畠山義宣（義堯）の被官だったが、畠山氏家臣の遊佐を殺害したため出奔して細川高国の被官となり、さらに細川晴元の被官となったが、三好元長に対抗するほどの寵愛を得ていた。

その長政が元の主君であり細川晴元の姉婿でもある畠山義宣から攻撃されたとき、晴元は飯盛城（大阪府）の長政を救援するよう本願寺に依頼した。本願寺証如は畿内の門徒を率いて出陣し義宣を攻める。義宣は敗走し誉田城、高屋城と拠点を攻略されて石川道場で自刃したという。さらに門徒たちは堺南庄に三好元長を攻め自刃させた。本願寺証如の出陣が木沢、三好という晴元の家臣相互の争いにかかわっていたことが推測される。

将軍をめぐる政治抗争

ところが、木沢と三好という細川家中の争いは実のところ家中のみでは終わらない。滅ぼされた三好元長にもっとも近かったのは、近江に亡命中の将軍足利義晴と対立する阿波公方足利義維である。三好元長が自殺したとき、みずから運命をともにすべく、居所の四条の寺から堺顕本寺に移っていた義維は自殺しようとする刀を晴元の手の者に奪われ、もとの居所に置かれたと伝えられる。すなわち晴元が家臣のうち木沢を寵愛するか、もとのように三好をとるかは、細川家が義維を選んで近江の義晴に公然と叛旗を翻すかどうか、という選択に直結することであった。この点は本願寺にとっても同様である。

もともと阿波には本願寺門徒もおり、三好元長は本願寺教団に対して好意的であった。本願寺教団には細川晴元の要請に応じることと同じ程度に元長に味方する条件もあった。こうした選択肢の間で本願寺は、とりあえず木沢に味方して三好討伐に参加した。ところが天文元年（一五三二）七月、おそらく元長に近く木沢に反発する門徒であろう、奈良で一向一揆が蜂起し、南都の諸坊を焼き払い、越智氏の立て籠もる高取城を攻撃する。木沢が大和（奈良県）と関係が深かったことが奈良の蜂起の原因と想像される。木沢長政は河内で蜂起した一揆を討伐し、大和勢を救援して高取城を攻撃する一向一揆を撃退した。ここで本願寺は木沢を配下とする細川晴元と対立し、元長に近い足利義維と結ぶ立場に置かれたことになる。

近江の足利義晴はここにいたって、法華宗寺院をはじめ京都住民に下知し、「土一揆」すなわち山科本願寺を拠点とする一向一揆勢力を敵方と見なして討伐を命じた。３章でみたように法華宗寺院に率いられる京都町衆に加え、細川家家臣の武将や、義晴を擁する近江の大名六角定頼らの連合軍が天文元年八月、山科本願寺を焼討した。宗主証如をはじめ本願寺勢は大坂に移り、大坂を拠点として摂津方面で細川晴元の軍勢と戦うことになる。

すでに八月初め、一向一揆は堺の細川晴元を攻撃し、本願寺教団は公然と反晴元の軍事行動に出ていた。九月末には山崎で一向一揆と晴元の武将薬師寺国長とが抗戦、小勢であった国長には京都の法華宗信徒の町衆が味方していた。薬師寺をはじめとする京都勢が敗勢となるなかで柳本勢はほぼ討死したという。さらに和泉方面でも、紀伊（和歌山県）の本願寺門徒勢が木沢勢を打ち破っていた。晴元の武将らと法華宗ら京都の町衆とが一体となった時点で、すでに晴元は事実上将軍義晴に属することになったと思われる。味方を失った足利義維は十月ごろ、堺を出奔していた。一方、細川家の武将波多野稙通の味方を得た細川高国の弟晴国が、晴元に叛旗を翻して蜂起した。

教団存続をかけた戦い

本願寺、細川晴国など、将軍義晴と細川晴元に対立する勢力が蜂起したことに力を得たのか、天文元年十二月、京都で土一揆が蜂起する。京都の土倉衆が一万ばかりの軍勢を率いて応戦して撃退し、さらに町衆を合わせた二万ばかりの軍勢を率いて土一揆の張本人たちの在所を襲撃し、土一揆は鎮圧されたようである。京都住民が十分土一揆に対応できる軍事力をもっていることが知られる。

摂津では一向一揆と細川晴元勢やこれに合力する法華宗信徒らとが戦闘をくりかえし、晴元勢が敗戦して京都に晴元が討死したとの噂が流れるひと幕もあったが、天文二年（一五三二）六月、三好千熊丸（長慶）の仲介で本願寺と細川晴元・法華宗信徒は和睦した。ここで細川家の家督は晴元であり晴国ではないこと、将軍は近江にいる義晴であること、との合意が成立したという。一向一揆や京都町衆の法華一揆が、将軍家の家督争いとそれに絡まる細川家の家督争いとに密接にかかわっていたことを物語るものである。

　こののち翌天文三年五月まで、細川晴元方と晴国方との抗争は続いたが、本願寺教団が加わった形跡はない。ところが天文三年三月、本願寺家老の下間頼盛が宗主証如を人質にとるという事件が起こった。ほぼ七日ほどで証如は大坂本願寺に帰ったが、五月末に本願寺と細川晴元との和平は破れ、再び一向一揆が晴元勢と戦うにいたった。本願寺門徒のなかにも晴元と晴国との抗争にかかわるものがいたとも想像される。天文四年六月、一向一揆勢は晴元軍に大敗を喫し、以後大坂籠城を余儀なくされる。九月家老下間頼盛が大坂を退去し、本願寺の本寺青蓮院の尊鎮法親王による仲介で、十一月晴元との和睦が成立した。翌五年八月、本願寺は将軍義晴から赦免され、ふたたび、4章でみたように加賀の大名に准じて幕府に服属することになった。

　この四年におよぶ争乱で、諸国の門徒が本願寺により動員された。美濃・尾張・三河の坊主衆は上洛を命じられ、近江や紀伊の門徒も大坂警固のために上番することが要請されている。この動員は「聖人の味方」をするもの、つまり親鸞以来の本願寺と本願寺が伝えた仏法を守る戦いと見なされていた。

教団外からも本願寺の蜂起は「諸宗滅亡」の危機、つまり他宗派の存続にかかわるものとされ、事実法華宗信徒との間には激しい抗争がくりひろげられた。戦場にあっての戦いはすでにみた通りであるが、京都伏見では「一向宗」西方寺の僧が法華宗立本寺衆徒に捕らえられ、処刑されているし、京都のみならず法華・本願寺両派の対立は全国的な広がりをみせたと『妙法寺記』（正確には『常在寺衆年代記』）は記している。事実常陸国（茨城県）では法華宗信徒が本願寺門徒を在所払いにすべく大名佐竹氏に訴訟したことが知られる。

たしかに将軍をめぐる政治抗争にかかわる戦争ではあったが、本願寺はこれを教団存続にかかわる戦闘と位置づけて諸国門徒を動員した。そして事実、教団の命運をかけた戦争として、抗争は本願寺門徒のいる地域全体に広がる可能性があったのである。一方、この抗争が結局のところ、本願寺の将軍服属、将軍の本願寺赦免により終わったことにも注意したい。この後天文年間にみられる幕府との密接な関係を考えれば、幕府にとって本願寺教団がとくに危険な存在というべきものではなかったことがうかがえる。次に将軍・大名の権力と本願寺教団との関係をみてみよう。

政治抗争からの局外中立

天文年間すでに本願寺教団は大量の門徒を動員できる軍事力をもつと見なされていた。

細川晴元が、木沢長政救援を本願寺に依頼したのはこうした事情を物語るものであろう。

そして、このような形の軍事的協力を本願寺に求める大名は少なくなかった。天文五年（一五三六）から同二十三年（一五五四）にいたる宗主証如の日記『天文日記』をみると、尾張国斯波義統、近江国浅井氏、若狭国武田氏とこれに味方する出雲国尼子氏、細川高国の跡目を自称する細川氏綱らが本願寺に門徒を動員して一揆を起こすことを要請していることが知られる。これに対して本願寺は、こうした要請をひとしなみに謝絶している。

一方、また本願寺門徒が敵方についた場合を予想し、戦闘の際に門徒が敵に味方しないよう本願寺から命令してほしいとの申し入れもなされている。近江国浅見氏、六角定頼、畠山稙長、細川晴元、それに将軍足利義晴からのこうした要請がみられる。これについても本願寺は、いくつかの例外をのぞき、ほとんどの場合謝絶していることが知られる。

こうした門徒への申し付けを謝絶する際に本願寺があげた理由は、門徒はその国の「守護」「地頭」すなわち領国の大名や土地の領主に従うべきであるのだから、本願寺から越権行為となる指令はできない、というものであった。門徒といえども世俗の領域においては、その支配者に従うのは当然である、というのは蓮如以来の本願寺の立場であった。

一揆蜂起命令の依頼は例外なく謝絶しているが、門徒が敵方につかないように命令してほしい、との依頼に対してわずかに応じたのは、将軍みずからが行う軍事行動と将軍が是認した軍事行動についてである。天文十年に足利義晴・細川政元が叛旗を翻した木沢長政を討伐した際、河内門徒が木沢に味方することのないよう、義晴・晴元側が申し入れた際にはこれに応じている。また天文九年、義晴の御内書を受けて六角定頼が伊勢長野氏と交戦した際には、六角氏方の国人たちの領内で門徒が長野方に味方して蜂起しないよう、本願寺から命令されたいとの、六角氏側からの依頼に応じている。将軍の命令による軍事行動には協力するが、それ以外の勢力争いにはすべて介入しないのが本願寺の立場であったといえよう。

「仏法」のための動員

しかし諸国の門徒は当然ながらその国の政治情勢にしたがって動かざるをえないし、大名や領主など、その地域の支配者が命令する軍事動員に対応せざるをえなかったことは3章でみた通りである。その際門徒たちは日常的な結びつきにより、とくに本願寺の命令がなくとも門徒集団として軍事動員に応じたり一揆蜂起したりすることがあった。そしてその際本願寺は、門徒の蜂起は当方と無関係であるとして、抑えることもしなければ、扶助することもしない、という放任の立場をとるのが普通だった。

天文六年（一五三七）に美濃国（岐阜県南部）多芸郡で本願寺門徒が蜂起した際、美濃の大名土岐氏は、これが本願寺の命令によるものかどうかを、六角定頼を介して本願寺に問い合わせてきている。本願寺はまったく関与していないこと、詳細を美濃の門徒に尋ねて調べる旨を回答し、美濃の末寺に詳細を確かめ、末寺の坊主衆もまったく知らないとの回答を得て、改めて土岐氏に連絡している。

それではなぜ、天文の争乱の際には門徒に蜂起を指示したのだろうか。本願寺による門徒動員の理由はそれが「仏法」のための戦い、すなわち本願寺教団の存続にかかわる戦いであるというものであった。世俗のことがらについては将軍・大名・領主などの世俗の支配者に従う一方、こと「仏法」に関するかぎりは、たとえ世俗の支配者への反逆であろうと本願寺の命令に従い戦う、というのが教団の原則であった。

永正の争乱の際、4章でみたように、細川政元の依頼により実如が発した動員令に摂津・河内の門徒が反発したのは、この命令が「開山聖人（親鸞）以来前例のない」ものだったことによると伝えられる。世俗の政争に本願寺が介入して戦うことはない、というのが教団内での不文律であったと想定することができよう。摂津・河内の門徒が実如に反発したのは、実際には畠山氏との結びつきからであるとしても、建前においては教団のこの不文律を逆手にとって実如を攻撃したのであろう。

このような「仏法」の戦いに限定されての動員令によるものが、永正の争乱であり、天文の争乱であり、そして6・7章でみる織田信長との石山合戦であった。これらの特徴はすべて幕府や将軍をめぐる中央の政治抗争に本願寺が介入していることである。これらの政治抗争が「仏法」の戦い、すなわち教団の存続をかけた戦いと見なされた理由は、本願寺が常に有力な外護者（教団のパトロン）を必要としていたことにあるとみられる。
本願寺教団が当時一向宗と呼ばれた民間宗教者を大量に組織していたことは4章でみた。この一向宗は支配層から警戒されることが多く、端的にいえば危険でいかがわしい連中とみられることが多かった点で支配者と軋轢を生みやすい存在であった。各地の支配者との軋轢や、本願寺教団への警戒の視線に対抗するには有力な外護者を得る必要があろう。細川政元はこういう理由で教団が必要とした存在であった。もちろん将軍との関係や幕府の有力大名との関係はなにより大事である。

本願寺は幕府の将軍や有力大名と密接な関係をもたざるをえない立場にいた。言いかえれば、幕府をめぐる政争の影響をうけやすい立場にいることになる。教団の存続をかけて本願寺が政治的立場を主張することが、諸国の門徒を蜂起させ、一向一揆を引き起こすことになるのである。反権力一本槍では明らかにできない一向一揆の特質は、このように、世俗権力の支配を認める一方、「仏法」の領分を主張するところにあったと考えられる。

家の信心

門徒の家と信心

一向一揆の活動を支える本願寺門徒の主力は、在家の信者であることは4章で述べた。在家の信者は寺院や道場に結集し、寺院の住持から信仰上の指導をうけていた。彼らがどのような形で寺院や道場に結集していたかはよく分かっていないが、おそらく家単位に寺院や道場に結集するのが普通であったと思われる。

天文五年（一五三六）ごろ、北近江の湯次誓願寺（滋賀県長浜市内保町）では坊主の代替わりに際して、新坊主了明と尊勝寺称名寺（長浜市尊勝寺町）からの養子とが跡を争うことになった。天文五年八月、了明側はだいたいの門徒が自分に帰参したものの、馬場村の三〇軒ほどの門徒と「よしつき」とかいう在所（『天文日記』に証如は村名をうろ覚えで記している）の七〇軒がいまだに帰参していない、と本願寺に訴えている。どこそこの村に何十軒ほど門徒がある、という数え方から門徒は家単位であったことが推測される。

在家の信者が本願寺教団に帰依する要因に、自分自身の後生の救済という個人的な動機があることはもちろんであるが、これはいつの時代にもみられるものであろう。この時代は個人的な動機にくわえて、家と家族とに起因する事情があったと考えられる。というのは、この時代に近世に一般的となる、寺檀関係や講組織などを基盤とした仏教信仰が発達するが（4章）、それを培った主な場は家であったとされているからである。家単位に門徒が本願寺末寺に結集するという状況は、こうした通説にも合致している。

一方その信心の場である、父親の系統で相続される家というシステムが庶民の間にもみられるようになり、広まっていったのも十五世紀以降のこの時代であると学界では考えられている。坂田聡氏によれば、家名と家産を父から嫡男へと父系の線で先祖代々伝えていく、われわれの知る家は庶民の間に十五世紀に広がり、最終的には戦国時代に確立した。

このように、家の発展期と家を主な場とする信仰の発展期とが重なることをみれば、この時代の信仰の隆盛は家の事情と密接にかかわったものと考えられよう。この時代には家族にかかわって信仰が説かれることがあった。すでに南北朝期に、真宗の談義本（談義僧による教義書）『諸縁深知集』は親子・夫婦・主従という家のなかの関係を通して相互に来世の救済につとめると同時に相互に信心を教化しあうべきことを、次のように説いている。

父母の恩ほど大事なものはなく、その恩に報いるために父母の供養は財産を投じ常塔・仏像を造立して行うべきだが、それのできない者は念仏せよ。不断念仏には常塔・仏像の造立に百倍する功徳がある。父母の存生の間は念仏を修行せよ。親が念仏の法を先に知ったならば子を教化せよ。子が先に知ったら親を教化せよ。夫婦も二世にわたる深い契りである。夫が先に死んだら妻が供養し、妻が先に死んだら夫が供養せよ。ともに存生の間は念仏の法に帰依せよ。夫が先に帰依したら妻を教化せよ。妻が先に帰依したら夫を教化せよ。主従もまた三世にわたる深い縁であり、主人が先に死んだら下人が供養せよ。下人が先に死んだら主人が供養せよ。ともに存生の間は念仏の法に帰依せよ。主人が先に帰依したら下人を教化せよ。下人が先に知ったら主人を教化せよ、と。

「家の信心」を考える

戦国期に成立したとされる門徒の掟『九十箇条制法』には、子どもの信心が親の往生に寄与することができるから、親に真宗の信心がなくとも他宗の流儀で葬儀をしてはならない、と規定し、さらに親孝行と報恩のために忌日供養をすべきことを規定している。また教団の宗主である本願寺住持が与えた法名状と呼ばれる文書が伝存している。宗主が門徒に法名を与えたことを証するものであるが、そのなかには夫婦と見られる男女ペアの形で伝来しているものが少なくない。入信が夫婦共同の意思で行われたことがうかがわれる。

こうしてみると、この時代の仏教信仰は家族とかかわり、家族とともに行われたものが少なくないと思われる。このことを裏づけるのは、はじめて日本にキリスト教を伝えたフランシスコ・ザビエルの証言である。日本のキリシタンたちは、地獄に落ちた者は救われないとの宣教師の言葉に対し「死んだ父母・妻子、その他の先祖への愛情」から「自分たちの喜捨や祈りにより死者たちを救うことはできないか」と尋ね、どうしようもないとの回答に必ず泣く、という。死んだ家族への思いが信仰を支えていることが知られる。

このような感情や信仰を従来は祖先崇拝と呼んできた。しかしこの規定は少々不正確であると思われる、というのは「父母」や「その他の先祖」はよいとして「妻子」は祖先ではないからである。「愛情」の対象は祖先というよりは、むしろ死んだかけがえのない家族である。信者が求めているのは、かけがえのない死者ともに生きることなのである。戦乱による死が身近だった戦国乱世だからこそ、明日をも知れない命を、ともかくも生きのびようとする者に死者たちは永く添いつづける必要があったと思われる。

必ずしも祖先崇拝とは呼べないこうした感情や信仰を筆者は「家の信心」と呼びたいと思う。こうした「家の信心」は、仮にその宗旨が真宗であろうと法華宗であろうと、ないしはキリシタンであろうとさほど違いが見出せないことは容易に想像される。また仮に何らかの宗旨や教義に基づいているにしろ、妥当な形で行われていなかったり、複数の教義が合理的でない形で混合していたりする場合もありうる。教義や思想との密接な関連でこの「宗教」を捉えようとすれば、「家の信心」はさほど重要とはみえないかもしれない。

だからといって、これが宗教と呼ぶに値しないわけではない。なぜなら、第一にこれが人間の力を超えた死への対処であることは疑いないし、その与えた影響力の大きさは、近世の寺檀関係を想定するだけで明白であり、この時代における突出した個人の思想的実践以上であるとさえ考えられるからである。第二に信徒たちの求めたものが死者への感情を満たすものである以上、これを教義や思想の尺度でみることは適切ではないからである。

小沢浩氏は、科学的・合理的思考を身上としていて非合理な考えはうけつけない人と思われていた人が、夫人が癌に冒されて余命いくばくもないことを知り、「あなんたんの霊水」として知られる富山県の霊場の水を、夫人のために汲みに行ったことを紹介しておられる（『新宗教の風土』）。自分自身のほうが癌であったらおそらく決して目を向けようとはしなかったであろう霊水は「夫人への思い」を運ぶものであったと小沢氏は指摘されているが、かけがえのない家族への思いは思想・信条とは別の次元のものとみたほうがよさそうである。

こうした家の信心を考えるとき、親鸞の教義を正しく継承しているとはとてもいえないような呪術的宗教者であるが、しかし念仏の霊力を説き、その霊力をもつと信じられた一向宗が民衆の信心を集めた理由が理解できるように思われる。その一向宗が結集した本願寺教団に、大量の民衆が結集した理由もどうやらこの辺にありそうである。それにしても家の信心をかいま見られる史料は決して多くはない。まず比較的実態のうかがえるものとして、戦国時代に摂関家(せっかんけ)のひとつ近衛(このえ)家で行われた法華宗の信仰をみることにしたい。

近衛家における家の信心

近衛家の当主であった近衛政家は『後法興院記』と呼ばれる日記を、政家の嫡子尚通も『後法成寺関白記』（ないし『尚通公記』）の名で知られる日記を残しており、十五世紀後期から十六世紀前期にかけての近衛家の法華宗信仰の実態をうかがうことができる。同じ摂関家出身の九条尚経（政基の子）は、「文明の乱」（すなわち応仁の乱）以降京都に法華宗が充満し、近衛政家の父房嗣や花山院政長が法華宗に帰依するようなことになったと記している。実際には近衛家の法華信仰はすくなくとも十五世紀半ばにさかのぼると考えられるが、応仁の乱以降の風潮と見なされていたことは、信仰の質を考えるうえで注目される。

近衛家の信仰と密接にかかわるのは京都の法華宗寺院本満寺である。近衛家の家族の法事はここで行われ、近衛家の女性たちは、後述するようにここを最期の場所としていた。ただし近衛家の信仰は法華宗一色ではない。三福寺はかつて南北朝期には近衛基嗣の法事も行われた浄土宗の寺院であるが、この時代にも依然、近衛家が住持を任命し、所領を寄進する「家門管領の寺」であった。一族の僧侶は聖護院、実相院、醍醐寺三宝院、興福寺一乗院などに、一族の尼は慈受院、大祥院、坂本智恩寺に入室するなど、法華宗とは無関係である。加持・祈禱を行う理覚院僧正尊基も近衛家に出入りしており、さらに藤原氏として春日神社への信仰も大きな位置を占めていた。

しかし政家の法華宗信仰もまた熱烈であった。土一揆が蜂起して治安の悪化したなかを本満寺に参詣し、要害を築いていた本満寺の門前に輿を立てて念誦を行ったこともある。細川政元の前で行われた浄土宗と法華宗との宗論の結果に一喜一憂し、法華宗の勝利の結果、細川政元が入信したとの情報に、法華宗の明るい将来を開くものと喜んでもいる。さらに母の十三回忌を期して断酒を行っている最中に、後土御門天皇の和漢連句の席で天皇から勧められた盃を拒否して、天皇から譴責をうけたこともあった。

政家の信仰の中心は死者の供養であり、本満寺での法事のほか、父母、妻の毎月の忌日には必ず「心中念誦」「心中作善」と記される法事を行っていたことが日記から分かる。なかでも注目すべきは事実上の妻であった法名等心院という女性である（この時代の公家たちには正室をめとらず、侍女などとの事実上の婚姻関係をもつものが多々あった）。

侍女であり、家司大江俊宣の養女になっていた、身分は低いと思われるこの女性の死を政家は看取り「（死者が）臨終正念（心乱れず静かに後生を願いながら死を迎えること。当時は死後の往生を示す徴と考えられていた）であったことは、死の歎きのなかでもこれ以上の喜びはない」と日記に記している。子どもたちも臨終間ぎわまで母に付き添っていた。親しい公家や親類からの弔問があり、等心院が対外的にも妻と認識されていたことがうかがえる。

そして等心院の二回忌前後から、毎月命日に「心中念誦」「心中作善」をくりかえすようになった。等心院の死後五カ月ほど経ったころ、政家はすでに飛鳥井雅親の娘を新しい妻に迎えていたが、等心院への「心中」の法事はこれとは無関係に長く続けられている。子の尚通もまた等心院の命日に「心中」の法事を行っている。彼にとって実母は、身分がどうであれ、みずから供養すべき死者であった。

ちなみに政家の「心中」法事の対象は父母と妻のみであり、娘や兄弟は対象外である。娘や兄弟についても、その死が「臨終正念」であったことの喜びを日記に記しているくらいだから、家族として往生を望んでいたことはまちがいないのだが、「心中」の法事は別である。尚通もまた「心中」の法事は父母に対してのみ行っている。飛鳥井雅親の娘は政家の未亡人として『後法成寺関白記』にも登場し、近衛家でそれなりの地位を得ていたとみられるが、その死後尚通が「心中」の法事を行った形跡はない。直系の父母と妻のみという「心中」の法事のあり方は、あるいは家のあり方を反映したものかもしれない。

さらに近衛家の女性たちが本満寺で死を迎えていることが注目される。政家の娘奥御所は病勢がつのり、死も時間の問題となって本満寺へ赴き、見舞いにきた父政家以下親族に、法華宗の信仰が堅固であることや、死後のことなどを言い置いた。そのありさまは「学問のある僧侶にも稀なものである」と父を喜ばせた。その最期は臨終正念であり、題目を唱えながらの入滅であったと、死に立ち会った女性たちの言葉を政家は日記に記している。政家の姉で法名瑞光院もまた死の直前に本満寺へ行き、そこで死を迎えた。近衛家の女性たちが本満寺を死に場所と考えていたことが分かる。中世のはじめから公家の家では死を迎え、死者の法事を行う仏堂をもっていたことを小原仁氏は指摘しておられるが、本満寺は近衛家にとってそうした役割をもっていたといえよう。

このようにみると本満寺とかかわる近衛家の法華宗信仰は、家族のそれぞれがみずからの死とかかわり、死者となった家族とかかわることと密接な関連をもっていたといえよう。近衛家の法華宗信仰はまさに家の信心と呼べるものであったと考えられる。

絵系図にみる家の信心

今度はより庶民に近い階層の家の信心を、真宗仏光寺派で用いられた絵系図によってみてみたい。絵系図は上下二段に人物の絵像を描き、系図線でつないでいる。上段には僧形の男性を、下段には尼姿の女性を描く絵像を用いた系図であり、当初は序文がつけられていた。仏光寺教団で行われた、この絵系図と名帳については本願寺覚如の非難した言葉がそのまま信じられ、親鸞の教義とは無縁の異義と見なされたこともあったが、平松令三氏、西口順子氏の研究により庶民門徒の信仰と密接にかかわることが明らかになった。

絵系図は鎌倉時代の末ごろ、六波羅探題南方北条（大仏）維貞の家人比留維広の中間であり、鎌倉で活動した真宗行者明光の弟子了源が、本願寺覚如の子存覚の指導を得て始めたものとされている。その趣旨は絵系図の序文によれば、門徒が誰を師匠として信心決定

仏光寺蔵絵系図　序文に続き仏光寺派祖了源と妻了明が描かれ、法脈を示す系図線で門徒の絵像とつながる（京都市、仏光寺蔵）

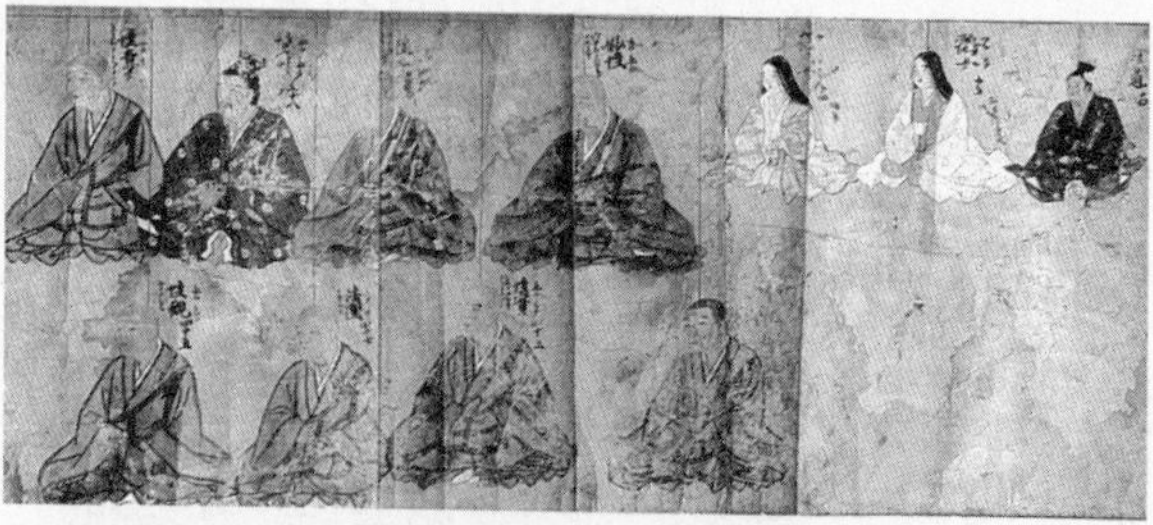

長性院蔵絵系図　長性院開基空信夫妻の子どもや、空信の門徒（僧形も俗体もある）が描かれている（京都市、長性院蔵。写真は『真宗重宝聚英』第十巻、同朋舎出版、1988より）

したかを正確に系図に記し、師弟関係を確定することと、教団メンバーの絵像を形見として描くことである。これは門徒の帰属をめぐる争いと師匠の影像を求める門徒の要求に対処するために考案されたものと考えられる。

弟子の帰属をめぐる相論は真宗行者の間でしばしば行われ、教団側ではこれを裁定する規準が必要だった。また親鸞が師匠法然（ほうねん）から法然の肖像を描くことを許され「これこそ往生決定の徴」と感激したことからもうかがえるように、師匠の絵像に対する門徒の要望は大きなものがあり、教団の許可なくみずから誂（あつら）える門徒も存在した。こうした門徒の行為による師弟関係の乱れも教団にとっては解決すべき課題であった。

その後、絵系図は目的、形式ともに大きな変貌を遂げる。寺院の歴代を描くものが現れ、さらには門徒とその家族を描いた絵系図も現れる。滋賀県蒲生（がもう）郡竜王（りゅうおう）町川上（かわかみ）光明寺（こうみょうじ）の絵系図をみてみよう。西口順子氏によれば光明寺絵系図には「当寺（とうじ）」と呼ばれる光明寺歴代住持夫妻を描いたものと、門徒のいる近江の村ごとに門徒を描いた地域別のものとの二種類がある。

後者については村の入信者夫婦と祖父母、父母、乳母や息子、娘、孫たちで構成され、ときには夫や親の兄弟・姉妹も描かれている。絵像は大人のものに関するかぎりほぼ僧形であり、傍らに没年月日が記されているが、絵像そのものは生前に描かれたものも死後に描かれたものもある。傍らに没年月日が記されていることからもうかがえるように、この

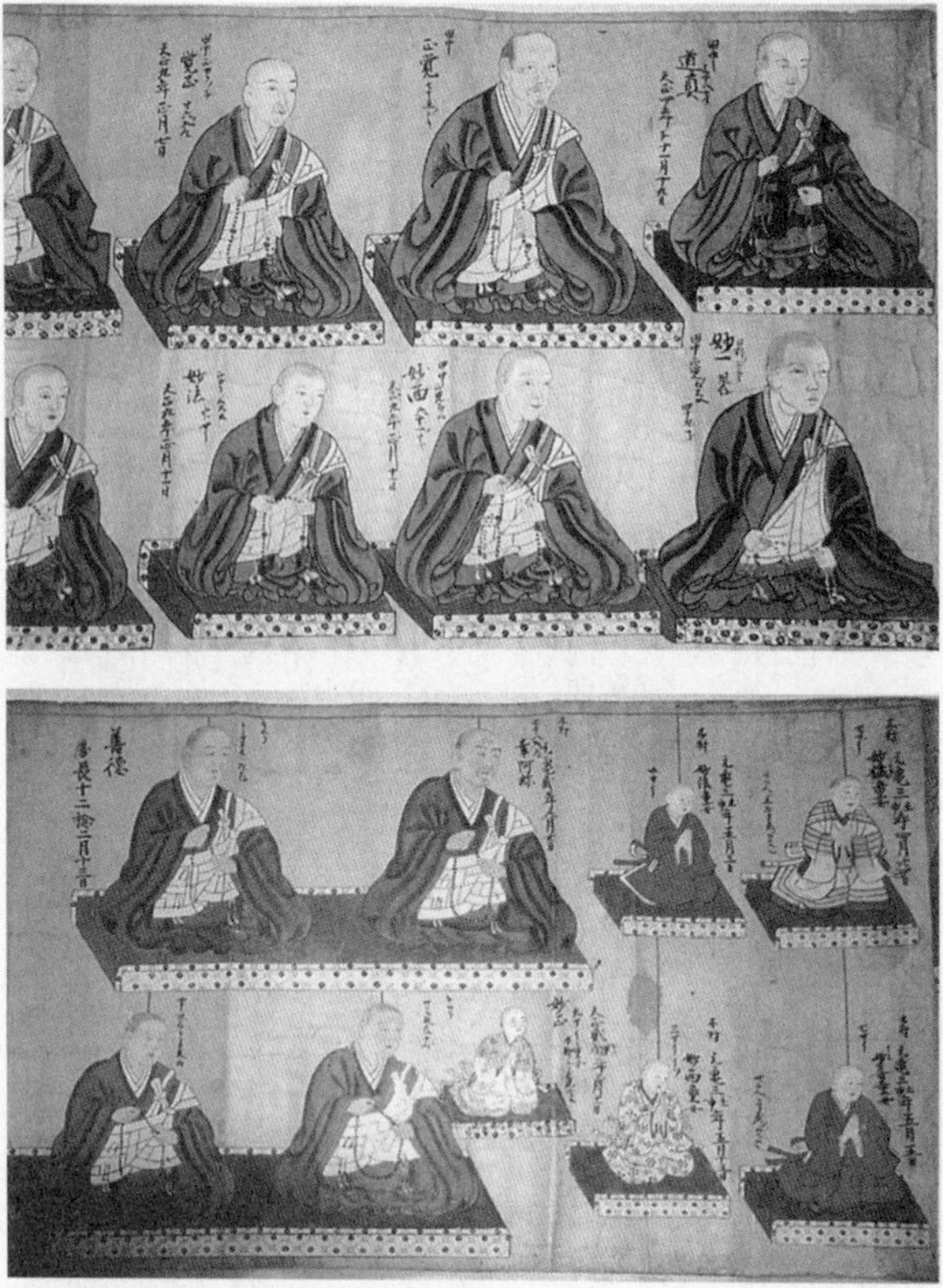

光明寺蔵の絵系図　上が田中村の正覚一家の、下が「木村」善徳一家の絵系図。ともに光明寺の門徒とみられる（滋賀県蒲生郡竜王町、光明寺蔵）

時代の絵系図は門徒の過去帳として機能していたと考えられる。

過去帳がわざわざ絵像で描かれるのは、西口氏によれば中世に行われた没後供養において、絵像を用いたことと関係がある。南北朝期から僧形と尼姿の夫婦の画像がみられるようになる。たとえば南北朝期の康永四年（一三四五）に死去した中原師右とその年の内に死去した妻とは夫の三回忌の仏事に際し、阿弥陀三尊来迎絵像のなかに夫妻の絵像も描かれ、供養されている。室町初期の応永九年（一四〇二）に吉田兼煕が死去した際、兼煕と存命中の妻は、法体で描かれることになった。法事に家族の絵像が用いられたのである。

門徒の法事のために用いられた絵系図として滋賀県長浜市湖北町津里光照寺に伝わるものがある。これは二つの僧形の絵像を上下、または左右にペアにして並べ、脇に没年月日を記したものである。ほぼ十六世紀から十七世紀前半に作成されたものであり、全部で二八〇枚余りあり、そのうち三〇余枚は両面に描かれているから、実数は三〇〇枚を超える。他に左右に並んだペアの、木版刷のものが大量にあるが、こちらはさらにのちの時代のものである。

描かれた門徒たちの在所は光照寺所在地の津里をはじめ、近隣の山本、田中、速水、井口、持寺、保延寺、富田、さらに南の世継、朝妻、多良、樋口などにもおよんでいる。ペアで描かれた門徒は夫婦、親子、兄弟、姉弟、乳母と本人などであるが、寺院のほうで登録順にペアにしたと思われる、両者が家族の関係にはないと思われるものもある。

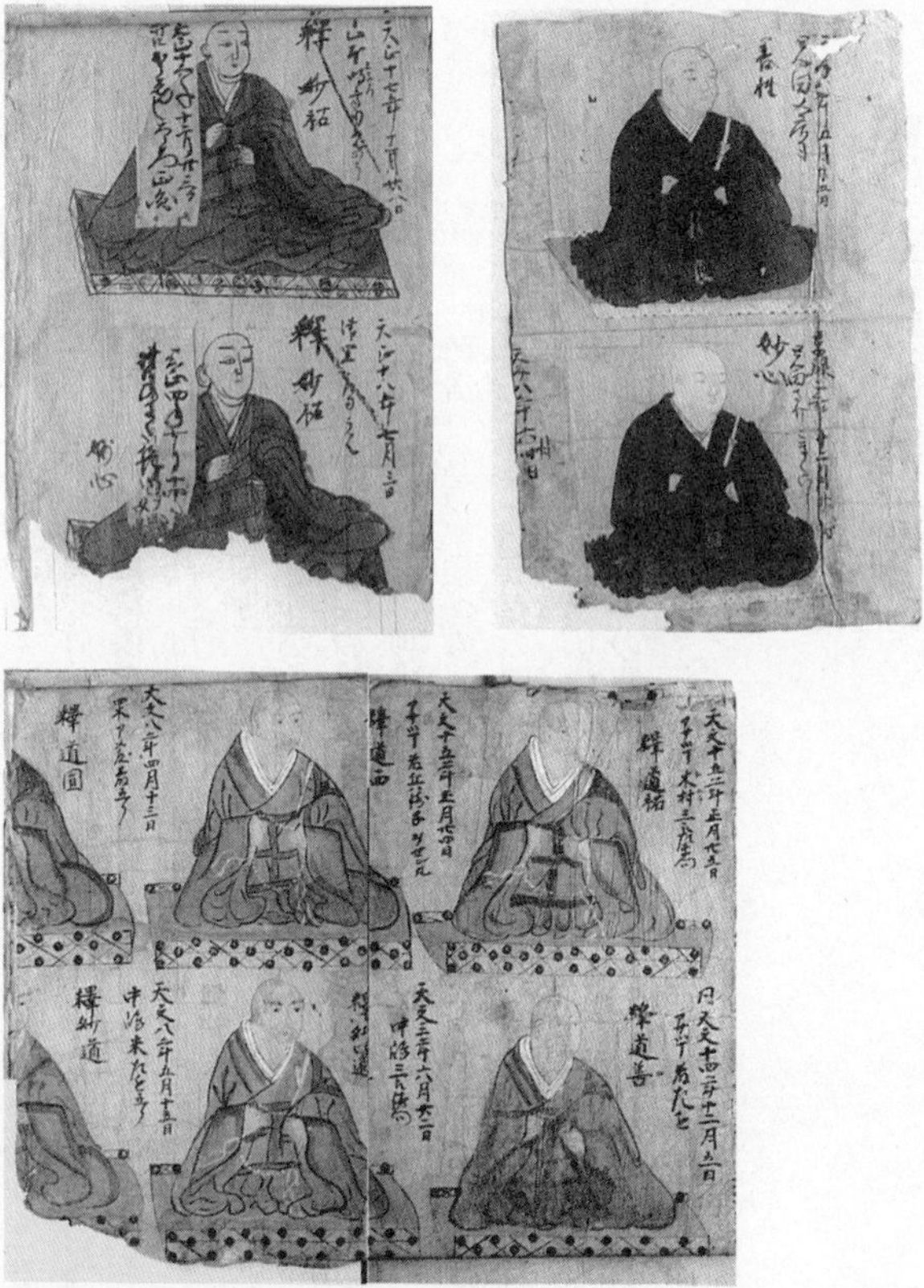

光照寺蔵の絵系図　上右がもっとも多くみられるもの、上左は再使用されたもの、下は切断された絵系図（滋賀県長浜市湖北町、光照寺蔵）

絵系図には同一人物のものが複数ある場合があり、これが生前の逆修（ぎゃくしゅ）から死後何回忌かの追善供養にいたる法事のたびごとに作成されたことを物語っている。さらに詳しく調べると、もともと上下二段で横向きに絵像を並べるという、古い形の絵系図を上下二人ずつの絵像に合わせて切断したもの、再使用のためにいったん用いた絵像の法名と没年月日を消して、別の法名、没年月日を書き加えたものが見られる。

なぜ古い絵系図の切断や、絵系図の再使用が行われるのか、十七世紀後半から木版の絵系図が作成され、今までみてきた絵像の絵系図に登場する門徒たちも木版の絵系図で供養されるようになることをみると、その理由を想定することはできる。十六世紀から十七世紀前半のこの時期に門徒たちの家族への法事がきわめて盛んになり、絵像の絵系図の作成が間に合わなくなったのである。既存の絵系図を切断したり、再使用したりして需要にこたえる時期を経て、木版の絵系図が大量生産されるにいたったのであろう。戦国期から近世初期にかけて家の信心が、門徒たちの間でひとつの高度成長期を迎えたことを物語っているように思われる。

キリシタン信仰の広がり

貿易と布教保護権

日本に初めてキリスト教が入って来たのはイエズス会のアジアへの布教活動によるものである。そのきっかけは、周知のようにイエズス会宣教師フランシスコ・ザビエルが一五四九年(天文十八年)に来日したことであった。ザビエルの目的は日本の国王から布教許可を得て国家の有力者を入信させることであり、一五五一年一月(天文十九年十二月)上京したが一〇日余りで京都を離れる。京都は荒廃しきっており、ザビエルの説法は聴衆の嘲笑と投石で迎えられただけだったという。のち山口へ行き、豊後府内(ぶんごふない)(大分市)を訪れ豊後の大名大友義鎮(おおともよししげ)(宗麟)から布教許可をもらい、一五五一年十一月(天文二十年十月)離日した。

ザビエルは布教活動の一方で日本との貿易に強い関心をもち、有望な商品リストをゴアの総督府に送り、日本の金銀が集まるところとして堺に商館を置くことを進言している。布教の手段として貿易仲介を考え、ザビエル自身、貿易の利潤を布教経費にあてていたという。イエズス会の布教が貿易と一体であった、と高校日本史の授業で習われた読者も多いと思われるが、こうした布教活動のあり方は、ポルトガル国王がローマ教皇から承認された布教保護権に基づくものであった。

もともとヨーロッパの封建領主と教会との関係から生み出された布教保護権は、高瀬弘一郎氏によると、イベリア半島からイスラム勢力を駆逐する国土再征服運動（レコンキスタ）の過程で発展し、大航海時代にさらに大きなものになった。ローマ教皇はスペイン、ポルトガル両国王に対して布教保護権を、布教の推進とその経済的負担との代償に与えることと並行して、航海、征服、植民、貿易など世俗的活動を独占的に行う権利も認めた。一四九四年、スペイン、ポルトガル両国の間で世界を分割して領有することを決定したトルデシーリャス条約が締結され、ローマ教皇により承認された。この条約によって、ヴェルデ岬諸島（アフリカ西岸のセネガルの沖合い）の西三七〇レグワの子午線を起点に東はポルトガル領、西はスペイン領と定められ、両国王はそれぞれの領域で貿易を行うことができ、自力で征服した地域は教皇の権威において自国の植民地とすることができた。そしてカトリック教会も両国の国家事業に精神面で、すなわち布教により加担した。

日本はポルトガル領インドの一部に編入され、貿易から植民地征服までを含む王室の総合事業の一環としてイエズス会の活動が行われることになった。キリスト教世界内の協約によって非キリスト教世界の日本の帰属が、日本人のあずかり知らないところで、国際的拘束力をもって決定されるというようなことが当時のカトリック世界では通用していた。こうした理由から布教は貿易と一体のものとして行われたのである。

高瀬氏によるとイエズス会の活動の財政基盤自体、大きく貿易に依存していた。イエズス会の定収入の主なものは国王の年金、ローマ教皇の年金、アジアに所有する不動産収入、そしてイエズス会が行う日本とマカオとの間でなされた貿易の収入であり、このなかで群を抜いて大きかったのが最後のものである。イエズス会士はまたポルトガル人と日本人との間の取引きの仲介をし、取引き交渉の場での発言力は強く、イエズス会の知遇を得ない日本人にポルトガルの商品を手に入れることは困難であった。豊臣秀吉による伴天連追放令の背景として、イエズス会のもっていた強力な貿易斡旋の権限も大きいとされる。

イエズス会の布教と現世利益

イエズス会の布教活動のこうした特質を考えると、秀吉の伴天連追放令に直面した宣教師たちが、キリシタン大名と結託して反乱を計画し、カトリック諸侯による日本の軍事的征服を構想する、という強面の面も理解できるものである。しかし、だからといって布教活動に精神的十字軍の側面のみを見ることは不適切であろう。たしかに宣教師たちは異教の日本における仏教を悪魔のものとして全面否定し、キリスト教に好意的な大名を動かして寺院や神社を実力で破壊し、仏教の信仰を禁じ、僧侶を弾圧することも躊躇しなかった。にもかかわらず救いを求め、宣教師に帰依する信徒が輩出したことは紛れもない事実であり、日本人の求めるものを彼らが与えることができたことは否定できない。

たとえば、岡田章雄氏がいち早く指摘されている現世利益の側面である。まず戦場での守りとなる数珠や十字架の徴をあげることができる。異教徒であった武士がキリスト教の数珠をほしがり、重要な武器として槍とともに携帯していた、というジョアン・フランシスコの報告がある。彼は戦場でも弾丸に当たらなかったことを数珠のおかげだと考え、すぐに洗礼を受けるにいたり、また主君に熱心に入信を勧めたという。さらにこの武士がつけた十字架を見た織田信長の武将のキリシタン武士は、自分も十字架をつけた旗指物のおかげで、敵が恐怖を抱いて手向かってこないばかりか、咽喉に当たった銃弾にもほとんど負傷しなかった、との体験を彼に語ったという。

本願寺派寺院の一部には現在も「兜の名号」「矢除の名号」の名で、小さな名号が織田信長との石山合戦に従事した先祖が携帯したものとの伝承の下に伝存しているが、数珠や十字架は、いわばこれのキリシタン版といえよう。旗指物に法語を記す習俗は、徳川家康の「厭離穢土・欣求浄土」と書いた旗指物などで知られるが、キリシタンもまた島原の乱の際には LOVVADO SEIA O SÃCTISSIMO SACRAMENTO（いとも尊き聖体の秘蹟はほめ尊まれ給え）との聖句を記した旗指物を用いたことが知られている。

十字を切ることも戦場での奇跡を顕すものだった。戦場に向かうキリシタン武士たちの、戦場で危険を避ける方法を知りたいとの求めに応じてルイス・デ・アルメイダは十字を切りイエスとマリアの名を唱えることを教えた。そののち行われた戦闘で負傷したキリシタン武士はひとりもいなかったことは、異教徒の武士にまで衝撃を与え、以後キリシタンたちは種々の困難に直面したときに十字を切るようになったという。

神仏の加護を願った軍旗　左上が島原の乱でキリシタンが掲げた旗（熊本県天草市立天草キリシタン館蔵）。左下は上杉謙信が毘沙門天の加護を願い用いたとされる軍旗（山形県米沢市、上杉神社稽照殿蔵）。右は武田信玄が諏訪明神の神号を自書したといわれる大将旗（山梨県甲州市雲峰寺蔵、写真提供・甲州市教育委員会）

医療活動も、布教活動のなかで重要な役割を占めていた。医療活動といっても、現代のわれわれが想像するものとはいささか異なっており、ほとんどが洗礼に用いる聖水や、ザビエルなど聖人の所持品による呪術的なものである。聖水を飲めば難産の女性もお産を軽くすることができ、悪魔に憑かれたり、乱心したりした者も正気を回復できると考えられ、しばしば用いられた。またルイス・デ・アルメイダはザビエルに帰依した武士が、ザビエルが残していった祈禱文などを袋に入れて大事に保管し、これを首にかけて病を治したことがある、と語ったと報告している。日本でも弘法大師の直筆を記した紙を濯いだ水をのむと病気が治るという信仰が中世に行われていたが、これと同様のものといえよう。

キリシタン信仰といえば、とかく日本に流入した先進的ヨーロッパ文化として考えがちであるが、実際に信徒が求めたものは、それまで仏教や神祇信仰に求めてきたものと基本的に同質であったと考えられる。イエズス会の側もまた日本の習俗に対しては柔軟な対応をしたという。たとえば離婚を認めないカトリックの原則を日本で実行するのは現実的でないとして、離婚禁止の教義を知る前に行った離婚は洗礼の妨げにはならない、という立場をとった。また日本で行われる盆行事にも理解を示し、死者の魂を迎える行事は迷信であるが、盆踊りなどへ参加することは宗教的行為ではない、として容認した。

異教徒に対する峻厳な態度と戦闘的な対応で知られるイエズス会の方針としては意外な感じもするが、イエズス会といえども日本人信徒の事情を無視しては布教活動はできなかったと考えられる。こうした点はイエズス会の布教を支えた日本人たちに注目することでいっそう明らかになろう。

キリシタンの師檀関係

キリシタンの集団をみて目につくことの一つは、キリシタンへの帰依以前から存在していた寺院僧侶と檀家との関係、信仰の指導者と信徒との関係が、帰依によってもそのまま持続しているもののあることである。

ルイス・デ・アルメイダが度島（たくしま）（長崎県平戸市）で見聞したところでは、ここの会堂を管理していたのはもと僧侶であってキリシタンに改宗した者であり、彼がパードレに代わって信者たちを指導していたため、信者たちの大多数はドチリナ（教義）を知っていたという。しかも、このもと僧侶が会堂経営にあたって依拠していた財源の一つは「もと寺院に属し、彼が異教徒であったときに管理していた会堂の収入」であった。おそらく改宗以前以後を問わず、彼は寺院への喜捨（きしゃ）を集めることができたのであろう。

アルメイダは生月（いきつき）（長崎県平戸市生月町）でも同様のものを報告している。ここでは島の「最良にしてもっとも清浄な場所」に「偶像」すなわち仏像を安置するために建てられた寺院がそのまま会堂になり、ここにはすでに改宗してキリシタンとなった僧侶が居住し、改宗以前と同じ収入を得ていたという。

こうしたことはキリシタンに帰依したもと「一向宗」の道場主などにもみられる。博多にいて「コシモト」(辻本の訛伝か)と呼ばれる一向宗の信仰指導者がいた。彼は俗人で結婚し、この宗派の頭目から免状を得た者であり、この報告を書いたベルショール・デ・フィゲイレドによればこのような「コシモト」は日本全国にみられるという。彼は一般信者の喜捨により生活していたが、とうとう洗礼を受けると今度は今まで信徒たちに与えていた「偶像」を破壊しようとしだし、これによって多くの信者を獲得できるだろうとフィゲイレドは報告している。

ルイス・フロイスの報告によれば一向宗に入信して、その在所にあって宗派の頭目というべき地位にあった商人が、キリシタンに帰依したところ、三日後には近隣の人びとや友人たちがそれを知って皆キリシタンになろうとしたという。またフロイスは播磨国出身の一向宗の女性信者が、洗礼を受けたのち、わずかな日数で七〇名に上る一向宗の人びとに洗礼を受けさせたことを報告している。

おそらくイエズス会は、信仰により形成された、小集団の指導者層をとくに重視して改宗を働きかけ、指導者の改宗により、いわば芋づる式に信者を獲得できることを期待していたと考えられる。言いかえれば、指導者の改宗によっても、指導者とこれに教化される信者との関係が変化することはまず考えられなかったことになる。極論すれば、信仰の指導者が一向宗であろうと、キリシタンであろうと、その小集団に属する信者は同じようにつき従ったし、改宗以前以後によらず、信仰に同じものを求めていたものと思われる。

イエズス会の布教活動のなかで「看坊」と呼ばれる僧形の日本人が大きな役割を果たしたことが五野井隆史、高瀬弘一郎両氏によって明らかにされている。看坊はイエズス会の会員ではなく、司祭の資格もないが、パードレの代わりに信者の日常的指導に携わっていた。その生活費はほぼ信徒の喜捨に依存しており、イエズス会の司祭には喜捨を要求する規則もなく、喜捨で生活することはできなかったのにくらべ、日本の僧と檀家との関係に准じ喜捨を要求することが許可されていた。先ほどみた、もと僧侶のキリシタンを彷彿とさせるが、事実看坊のなかにはもと根来寺の僧侶やもと一向宗の僧侶も見出される。

日常的指導のうち、ことに死に瀕した子どもに、パードレを呼ぶ余裕もない場合には洗礼を授けること、信者の臨終に際して、パードレが告解に立ち会えない場合には立派な死に方ができるよう援助すること、およびその埋葬をも助けることは看坊の仕事であった。キリシタンの教会は布教活動の時期を通じておよそ二〇〇前後とみられているが、パードレが常住せず看坊に委ねられていたものはおよそ八割を超えるとみられている。戦国時代に展開した寺檀関係と、キリシタン指導者と信者の関係とは、意外なほど近接していた。

キリシタンにみる家の信心

さてこのようにみると、キリシタンのなかにも戦国期にみられた家の信心があったことは容易に想像できよう。事実キリシタンの信仰は家と密接にかかわる側面をもっていた。たとえばレアン清水と呼ばれるキリシタンがもっとも熱心に望んだことは、自分の妻と長子がキリシタンに入信することであったし、朽網（くたみ）（大分県竹田市）の町にいた洗礼名をジヤンというキリシタンは、やはり妻をキリシタンに入信させようとしたばかりか、自分の領地の農民や使用人をも入信させようとしたという。また同じ朽網のヤコブというキリシタンは、婿二人をはじめとする家族が入信したことを何よりも喜んだという。

細川ガラシアといえば、信仰堅固なキリシタン女性として知られるが、彼女を信仰に導いたのは、洗礼名をマリアという公家出身の侍女であった。ルイス・フロイスの記すところでは、この女性がキリシタンに興味を示すガラシアの命により宣教師の説法を聞いて入信し、ガラシアに仕える女性たち一七人がすべて入信するにいたったのち、ガラシアも洗礼を受けた。彼女はこのマリアの判断を尊重し、従っていたと思われること、ガラシアの病身の息子にマリアが洗礼を授けていることなどからみて事実上の信仰の師と考えられる。

ガラシアの夫細川忠興（ほそかわただおき）は大変嫉妬深く、ガラシアが説法を聞くために外出することを妨害したとフロイスは記しているが、実際にはガラシアの信仰に理解を示したと思われる。ガラシアがキリシタンの信仰を知ったのは忠興が親友の高山右近（たかやまうこん）から聞いたことを話して聞かせたことによるものであった。ヨハネス・ラウレス氏は、忠興もガラシアの信仰に好意的であったこと、ガラシアの三人の子どもがキリシタンであったことを指摘されている。

ガラシアの信仰も、家族や従者たちが共有する家の信心により培われたものと考えられる。

主従関係にみる一揆

双務的主従関係

中世には従者の側からの働きかけや教化により主君と従者が信仰を共有することも珍しくなかった。前々節でみた真宗の談義本『諸縁深知集』には主君が下人を教化する場合に加え、下人が先に教えを知った場合は、下人が主人に勧めよ、との一節がみられた。また前節で述べたように戦場における数珠の効用から主君にキリスト教への入信を勧めた武士もおり、キリシタン女性として著名な細川ガラシアは侍女を信仰の師としていた。

主君の信仰に従者の側からしばしば働きかけるという戦国期の現実は、日本中世の主従関係において主人の立場が強かったとする歴史学の通説からみて意外の感がなくはない。しかし、『中世のかたち』で石井進氏が明らかにしておられるように、日本中世の主従関係は、必ずしも従者の側の奉公のみが義務として重視される片務的なものではなかった。隷属性の強い「服仕(ぶくじ)の家人」とともに、強い自立性をもつ「家礼(けらい)」も存在し、鎌倉幕府の御家人は将軍に対してまさにこの「家礼」の立場にあった。また「服仕の家人」にも従属の度合いに応じて「重代相伝」「不重代」など複数のタイプがあり、もっとも隷属性の強い「重代相伝」の従者であっても、実際はかなりの主体性をもっていたのである。

この主従関係は戦国期に強く双務的性格を帯びるようになり、唯一の主君に絶対従属することなく、複数の主君をもつ「兼参」型の従者がしばしばみられたとされる。すでに室町時代から主従の双務的関係が重視されるようになっていた。周知の通り、室町時代の政道論・処世論の書として著名な『世鏡抄』には「兼参」の従者、外様の家来は、万一のときには主君のために命がけで奮戦せよ、そして主君から賜る論功行賞を注視し、三年の間に賞を賜らなければ別の主人を憑め、とある。主君の側もまた「兼参」の従者、外様の家来には常日ごろ情けをかけよ、その厚遇にもかかわらず、大事の際に不奉公をきめこむこと三度におよんだものは勘当せよ、とある。「兼参」、外様のみならず、主君は従者に情けをかけ、刀のないものには刀を、貧しい者には田地を与えるなど、常日ごろ扶持して忠義を育て不忠を断つべきことが説かれる。所領をもたない侍が二度、三度におよび身命を捨てるような働きがなかった場合は主君自身の非と心得よ。逆に所領をもっている譜代相伝の侍が命がけの奉公をしなかった場合、見せしめのために厳しく成敗せよ、とある。そして主君の情けにこたえて従者の側も、主君を仏神のように敬い、命を惜しまず奉公すべきことが説かれる。

一方的従属という、主従関係の語から連想しがちなイメージとはかなりかけ離れたあり方をうかがい見ることができる。もちろんここに説かれる双務関係は、西欧中世のそれのように主従が双務契約を結び、互いの義務を具体的なかたちで確認しあうような関係ではない。石井進氏が指摘されるように、一種の心構え論にとどまるものであり、共通理解や信頼関係を重んじる「日本的」な関係が提示されているのみである。しかし考慮しなければならないのは、戦国時代の主従関係には、従者の側が主君を承認してはじめて主君は主君たりうる、という一揆の関係が下敷きになっていることである。

従者による主君承認

3章でみたように、主君が家臣たちの一揆結合に推戴されることは戦国大名にはしばしばみられるが、戦国大名のみならずより小規模な武士の家にいたるまでこの慣行はあった。近江国甲賀郡に勢力をもっていた山中氏一族にあっては、延徳四年（一四九二）に一族をはじめ、山中氏から名字を与えられ、同族に准ずる地位となった同名中の武士たちが山中橘六の子息千代増丸を家督として承認し連署している。まさに一家としての一揆によって千代増丸が家督となったことがうかがわれよう。

また山城国の地侍狛氏にあっては、元亀二年（一五七一）の家督相続にさいして、被官の百姓たちが連署して、新しい主人を承認する旨、起請文を提出している。身分の低い被官もまた家督に関しては発言権のあったことがうかがわれる。日本の家においては、家督にある当主の専断でことが行われる、と従来からとかく考えられがちであるが、すくなくとも一揆を下敷きにした戦国時代の家に関してはこうしたイメージは当てはまらないだろう。

3章でみた戦国大名の家や、4章でみた本願寺家の特徴は、小規模な武士の家や、地侍の家にも該当した。被官もまた主君に保護され従属する立場にいる一方、主君を承認する立場に立つこともできたのである。家中における、被官の発言権をも考慮する必要があるだろう。

家臣や被官の総意を重視する考え方は、室町幕府の内部でも定着しており、将軍が将軍直臣の家督争いを裁定するに際して、家臣の支持を得た側を勝訴としたこともあった。家臣たちに支持されてこそ主君たりうる、との考え方は遅くとも十六世紀の戦国期を迎えるまでには、武士社会にかなり広汎な広がりをみせていたと考えられる。

近世大名の家にあっても事情はきわめて似通ったものがあった。笠谷和比古氏によれば、主君が家臣たちの支持を得ることができないような行動を重ねた場合、家中全体の合意により「押し込め」られる、つまり強制的に隠居させられる場合があり、このような「押し込め」を、徳川幕府も黙認していたとみられる。近世大名といえども、家臣全体の支持を得、その合議に支えられてはじめて主君たりえたのである。近世大名によく見られる「お家騒動」とはこうした合意を形成する合議体制が機能不全に陥った結果なのだといえよう。

主君を束縛する主従関係

戦国・近世初期にみられる主従関係には多かれ少なかれ、こうした一揆の要素が反映しているとみられる。それは従者の側ばかりではなく、主君もまた束縛される関係であることにみることができよう。主従関係の双務的なありかたは、従来ともすれば従者側が強固に束縛されないこと、たとえば無条件の従属ではなく契約関係にあること、固定的ではなく容易に変更可能であることに注目することが多かったように思われる。こうした見方からは戦国期の主従関係は情誼的であり、しばしば強固かつ一元的である。しかし一方、主君への束縛をともなっている点もまた見逃すことはできない。

この時代、置文（おきぶみ）（跡継ぎなど子孫に遺言・遺命を記したもの）などに従者に対する主君のあり方を規定するものがみられる。たとえば文明十七年（一四八五）の田総（たぶさ）豊里の置文には「年来仕えてきた被官を、さしたる理由もなく勘当（かんどう）してはならない」と記されている。

また永正十二年（一五一五）大友義長（よしなが）が子息にあてたと思われる条書には「家来たちの奉公や忠節の度合いを忘れてはならない」「慈悲をもって人びとを召し仕え」「召使への教訓が大事である。引っ込み思案な者は引き立て、目立ちたがる者は抑えて釣合いをとることが大事である」と家来への適切な配慮を要請している箇条がみられる。さらに享禄三年

（一五三〇）の大友義鑑のものと考えられる大友氏の置文になると、上の三つのほか、「諸侍の不法はしかるべく糺明を遂げたうえで処断せよ、特定の者の意見に賛成してはならない」と記され、家臣への処断といえども公正であることが求められているのである。

織田信長が、越前を宛行われた柴田勝家にあてた条書に「信長の命令を必ず聞く覚悟が大事である。だからといって納得できない命令にへつらって従うようなことはしてはならない。納得できない場合は申し出よ。聞き届け、それに従うであろう」とあることは有名である。信長が勝家の諫言に従うことがありえたのか、などと野暮なあげ足取りはこの際するまい。主君の家臣に対するこうした言動が特別ではなかったことは確かである。

服属する側もこれに応えて主君と一揆の関係になることを誓っている。天文二十一年（一五五二）に島津忠将は島津貴久に対し「世間がどのように変わろうとも御屋形様（島津貴久）を御守りし『一味同前』に御奉公する」ことをはじめ五カ条の契約状を捧げている。

本願寺教団においても、4章にみたように宗主は教団の総意に束縛された存在であった。宗主が門徒に発する御書からもこの点がうかがえる。7章でみるように、天正八年（一五八〇）四月、本願寺顕如は大坂本願寺を織田信長にあけわたし、紀州雑賀（和歌山県和歌山市）へと去った。その折に各地の門徒に御書を発し、信長との和睦に応じたこと、徹底抗戦を叫ぶ嫡子の教如に応じてはならず、雑賀へ参詣すべきことを説諭し、後生のための念仏修行をすべきことを説いている。

この御書は現在も十数通が知られているが、前半の俗的な説諭のくだりはどれもほとんど同文であること、これに対して念仏修行を説く後半の法語の部分はそれぞれの門徒により異なる文であることが著しい特徴である。前半の俗的な説諭には雛型があり、宗主はそれに従って書き、後半の法語は宗主が門徒の師匠であるみずからの権限により書いたことがうかがわれるが、宗主をも従わせる雛型こそ教団の総意で作成されたものと考えられる。

本願寺住持である教団の宗主とは「たとえ箸に目鼻をつけた」ような人でも「聖人の代官」すなわち親鸞の名代として門徒たちが慕っているからこそ敬わなくてはならないとされていた。親鸞の子孫として宗主にカリスマ的権威があったことはもちろんだが、一方では教団の頂点に立つことが教団における役割のひとつであるとも認識されていたのである。主従関係と師弟関係とはただちに同じではないが、ともに家ないし教団から割り当てられた役目を果たすべきものとみられていた点では主君も宗主も同じであった。

自立した従者

十七世紀後半に鍋島藩士として主君に仕えた山本常朝の談話が集められた『葉隠』といえば「武士道と云ふは死ぬ事と見付けたり」との言葉で著名であり、主君への決死の奉公を説いていることで知られるものであるが、常朝が説く、身命を捨てての奉公を内実とする主従関係にあっても、やはり一揆の要素が下敷きになっていると思われる。常朝は「奉公の最高の忠節は主人を諌めて『国家』を治めることである」「一番乗りや一番槍を何度もするよりも主君の御心掛けを直し、『国家』を固めることが大きな忠節である」という。

この「国家」が『日葡辞書』に「国と家と、または国と一族と」とあるように、戦国大名の家とその分国を、また近世の藩を指す語である（勝俣鎮夫氏）ことはいうまでもない。『葉隠』の忠義は主君を対象とする形をとりながら、実は主君の体現する「国家」を対象とするものであった。小池喜明氏によれば、常朝にあっては主君が国家の一構成要素と見なされ、このことにより主君への諌言、批判が組織的視座から正当化されているという。命をかけた諌言が「武士道」ということになろうが、その諌言について留意すべきは、これが家臣たちの結束の力に支えられる場合のあることである。

三代藩主鍋島綱茂に対して年寄役の中野利明は、藩主の意に背いて切腹を命じられた五人の家臣の助命嘆願を、まったく道理はないといいつつ七度くりかえし、とうとう綱茂は「道理のない嘆願が七度くりかえされたから助命してやろう」と言った。小池氏は七度におよぶ利明の嘆願の背景に譜代家臣の総意を見ておられる。主君を掣肘する諌言が家臣団の総意による、言いかえれば一揆によるものだったことがうかがえる。主君と「一味同心に死身になる」とともに、主君を見捨てかねない家臣だと主君から思われて一目置かれる必要があるとするこの奉公の哲学に一揆の要素は濃厚にみられるように思われる。

もとよりこうした奉公の哲学は奉公の実態と同じではない。主君にへつらい、二枚舌を使う家臣のほうが実際は多かったことは容易に想像される。しかし一方「諫言」が絶対的に非とされることも多くはなかったのではないか。滅私の奉公を「妾婦の道」と罵倒した荻生徂徠もその理由として「阿諛逢迎」をあげたのであり、「諫言」をあげてはいない。むしろ一揆の心性は武士たちにも抗しがたい説得力をもっていたと思われる。近世の武士社会に根強かった、「公論」を尊重し職務上の責任に命をかける風潮の背景として、尾藤正英氏は戦国以来の一揆の伝統をみておられるが注目すべき見解といえよう。

戦国乱世から約三〇〇年後、明治二十一年（一八八八）、日本政府の要請をうけ、華族女学校の英語教師として来日したアリス・ベーコンは、日本で雇用した使用人たちが、主人に対してきわめて自立的な対応をしたことを記録している。

ベーコンによると日本人の使用人は、執事から人力車の車夫や馬番にいたるまですべて、自分が正しいと判断したことを、自分が最善と考えるやり方で行う。命令へのたんなる無批判な追随は美徳とは見なしておらず、自分の考えを実行するから、もし理由が納得できなければ、主人の命令を実行しないという。この使用人の自立した対応は、アメリカ人主婦にとってしばしば大変なストレスとなる、というのは主人みずからがすべてを判断し使用人は手足にすぎない、というアメリカ流の家政に慣れ親しんできたからである。外国人との接触により日本人使用人が欧米風の控え目な態度をすでに身につけている条約港にあってさえ彼らは自分自身の判断を放棄せず、忠実で正直な者なら、場合によっては不服従をも覚悟して、主人のために最善をつくそうとする、という。

使用人は主人の考えや判断にひたすら従属すべきであるとの欧米の使用人観を疑うことのなかったアメリカ人に、新鮮な驚きを与えた日本人使用人たちの自立の心性は、あるいは遠く戦国乱世に故郷をもっているのかもしれない。

宗教現象としての社会

以上四節にわたって述べてきた、一向一揆における世俗との共存の観念、家の信心、そして一揆の心性を下敷きとした主従観念などは、これまで宗教や信仰というよりも世俗内道徳と考えられてきた。それをあえて信仰としてみたのは、いくつかの理由がある。

第一に、宗教と道徳との間にそれほど明確な区別があるわけではないからである。明確な教義体系とこれを管理、伝道する専業者集団をそなえたもののみ宗教とするなら、民衆を動かしている、体系性のうかがえない心性に目を向けることはできないだろう。日本人には宗教心がないとはしばしば耳にするところであるが、体系性と組織性をそなえたもの以外を無視するからであって、大村英昭氏のように、日本の庶民に「神仏習合より成る、ひそやかな信念体系」（『現代社会と宗教』）をみることも可能である。

第二に、ささいな対立や紛争がたちまち戦争に発展することの珍しくない戦国乱世にあっては社会的ルールや人間集団を維持し、人間同士の信頼関係を維持するために、このような心性が大きな役割を果たしたことが想定される。確固たる法制度や特別強力な権力による規制など考えられない時代では当然のことであろう。寺社本所の権威がまがりなりにも生きのび、寺院のアジールや僧侶の力がある程度尊重された戦国乱世に、こうした心性が大きな意味をもっていたことはたやすく想像される。

宗教社会学を創始したマックス・ウェーバーの仕事は「宗教が社会現象である以上に、実は社会のほうこそ宗教現象」（大村氏前掲書）であるとの認識に基づいたものとされている。「社会のほうこそ宗教現象」との認識に立つとき、戦国乱世が特異な宗教の時代であったことがみえてくるように思われる。

6 織田信長の入京

信長の「天下布武」

永禄十一年（一五六八）九月、足利義昭を擁した織田信長が入京して戦国乱世はひとつの画期を迎える。将軍を擁立しながらも信長は実権を握っており、入京から天正十年（一五八二）の本能寺の変で信長が滅びるまでを織田政権の時代とみるのが普通である。いわゆる天下統一をめざしたといわれる織田政権は、それ以前の室町将軍の政権とどのような関係にあるのか、織田政権の成立過程とその特質をみていきたい。

足利義輝の暗殺

永禄八年（一五六五）五月十九日、京都の御所にいた将軍足利義輝は、三好家の当主義継はじめ三好長逸、松永久通らの軍勢により襲撃され、奮戦したものの、討死した。「天下の執権」と呼ばれるほどの幕府の実力者であった三好長慶の後継者となっていた三好義継は、阿波公方と呼ばれた足利義維の子義栄を将軍に擁立することを画策したと噂された。天皇側近の女官は「まことに言葉にもできない」と記し、公家の山科言継も「言葉で表せないほどの、前代未聞のこと」と記し、朝倉氏の家臣も「前代未聞であり、沙汰のかぎり」と書き送った。将軍が幕臣の手で白昼に殺害されたことの衝撃の大きさがうかがえる。この事件は尾張（愛知県）の大名織田信長にも大きな衝撃を与えた。佐藤進一氏によれば、この事件により信長は自分の花押（サイン）を麟の字をかたどったものに変えたという。麟は、中国の想像上の動物であり、世の中が非常によく治まった時代にのみ現れるとされている麒麟のことである。この花押に託された信長の志が戦乱の終息であったことがうかがえよう。

この将軍暗殺事件の背景にあるのは、戦国時代を通じて底流となっていた将軍家の分裂と抗争である。すでに明応二年（一四九三）に足利義尚の後継をめぐり義政の甥同士が争った。義材（のち義尹、将軍復帰後義稙）と義澄（義高）である。このときは義澄が細川政元に擁立され、義材が追放された（4章）。しかし対立関係はその後も続き、いったん義材が将軍に復帰し、再度没落したのち、義晴と義維とが対立した。天文の争乱の背景はこの両者の対立にある（5章）。

阿波（徳島県）へ退いた足利義維はこの後も阿波公方として将軍家の家督資格者を主張していた。義継と三好三人衆（三好家の重臣三好長逸・同宗渭・石成友通を指す）とが暗殺当初の噂通りやがて義維の子義栄を擁立したのはこうした背景によるものである。義栄擁立

足利義輝画像（国立歴史民俗博物館蔵）

織田信長の麟の字をかたどった花押

ののち三好家中の内紛により義継は離れ、もっぱら三好三人衆が義栄を擁して政権の座に居座ることとなった。一方奈良の興福寺一乗院に僧侶として入寺していた義輝の弟覚慶僧都（のちの足利義昭）は義輝暗殺直後に幽閉されていたが、覚慶は朝倉義景、細川藤孝と通謀して脱出し、上杉、相良氏ら諸国の大名に幕府再興を呼びかけた。

翌永禄九年二月、覚慶は還俗して足利義秋を名乗った（この二年後に義昭と改名するが以後便宜上、義昭で統一）ことにより、太刀と馬代（進上物）を天皇の御所に進上した。さらに左馬頭、従五位下となり、五月には父足利義晴の法事を相国寺万松軒で、兄足利義輝の一周忌を相国寺光源院で行い、義輝の後継者であることを主張した。また八月、三好長逸の兵を近江坂本で破った義昭は、織田信長にも出兵を依頼した。

将軍の入洛

当時織田信長は隣国美濃（岐阜県南部）の斎藤氏と交戦中であった。とても将軍の入京を手助けすることなどできない状況である、とは誰しも考えるところであろう。事実、信長は斎藤氏との戦いに敗れ、出陣できなかった。しかし斎藤氏側は、信長との戦いをほかの大名に報告した書状のなかで、義昭の命令に従い、いったんは停戦したのだと主張する。「信長が参陣を請け合ったのだから、尾張に対して停戦するように、との公方様の仰せがありました。信長が参陣するなどきっと嘘であろうとは思いましたが、もし停戦の御命令に応じなければ、信長は美濃側のせいで参陣できなかったと言い訳するにちがいありません。またもし信長が本気で参陣するのなら、公方様のためにも結構なことなので、われわれは将軍の停戦命令に従いますと、起請文を認めて御返事いたしました」。しかしいざ停戦を通告し、美濃を通って上洛するよう催促したところ、突然信長が約束を破ったという。「当方はどうせ、こんなことだろうと思っておりました。公方様はひどくがっかりされたとのこと、信長は天下に大恥をかいたのです」と斎藤竜興の家来らは記している。

斎藤氏側の言い分がすべて事実かどうかは確かめようがないが、斎藤氏側が、将軍の命には忠実に従ったと力説している点は注目される。将軍の命に逆らったとは言われたくなかったのである。京都にも入れず、諸大名に援助を依頼するしか手立てのないはずの「無力な」将軍ではあれ、将軍の命に逆らったと取り沙汰されることは、この時代であっても大名にとってかなりの痛手だったのだろう。後述するように、戦国時代にあっても将軍の権威は現代人の想像を上回っていたのである。

このとき信長の参陣はかなわなかったものの、翌永禄十年（一五六七）九月にはとうとう美濃国稲葉山城を攻略し、斎藤竜興は伊勢国長島（三重県桑名市長島町）へと退却した。信長は稲葉山城に移住し、城下を岐阜と改めた。また北伊勢に侵入し攻略を進めている。こうした形勢により九月に北近江の大名浅井氏が同盟を求めてきた。信長の妹お市の方が浅井長政に嫁している。信長と京都とを隔てるものは、いまや三好三人衆と結ぶ近江六角氏くらいである。本願寺住持の顕如が信長に「美濃・伊勢を平定されたことは比類のない御手柄です。いよいよ上洛なさるとは大変めでたいことです」と書き送っているように、信長がやがて義昭を擁立し上洛するだろうことは衆目の一致するところとなっていたのである。十一月、信長は有名な「天下布武」の朱印を用い始めている。

永禄十一年（一五六八）七月、足利義昭は織田信長の勧誘をうけ、それまで身を寄せていた朝倉氏の越前（福井県北東部）をあとにして、岐阜の立政寺に到着した。九月、信長は近江に向け進発する。三好三人衆と結ぶ六角承禎・義治父子は伊賀国（三重県西部）に敗走し、近江は織田軍により制圧された。義昭を近江国桑実寺に迎えた信長はさらに三井寺光浄院に進出する。三好三人衆は京都を脱出し、義昭と信長は京都に入った。さらに山城国勝竜寺城に立て籠もる三人衆の一人石成友通を降参させ、摂津に進軍し池田氏の池田城など三人衆方の拠点を攻略する。三好義継、松永久秀はすでに義昭・信長方に属しており、河内畠山氏も帰服した。三好義継と畠山氏とは河内を宛行われ、松永久秀は大和（奈良県）一国を与えられ、丹波、播磨は戦わずして帰服し、五畿内（山城・大和・摂津・河内・和泉）と近江、丹波、播磨は将軍の下知に従うことになったという。こうして十月、義昭・信長は摂津国芥川の城より京都へ凱旋した。

幕府の再興

永禄十一年十月、足利義昭は征夷大将軍となった。幕府は再興されたのである。最大の功労者はもちろん織田信長であり、足利義昭は信長に足利家の紋章である桐・二引両を与えた。さらに「副将軍」か管領かに任じようとしたが、信長は固辞したと伝えられる。あるいは五畿内思うままに知行を与えようとの提案を固辞し、和泉国堺、近江国大津、草津の三つの港を直轄領として代官を置くことのみを望んだとも伝えられる。こののち信長は尾張・美濃・伊勢・近江などを領する岐阜城主として、「天下のこと」にかかわるために京都と岐阜を行き来することになる。そのかぎりでは領国を治める戦国大名として幕府に寄与した三好、六角、朝倉などの大名と同じ立場にあるとみえないこともない。

しかし当然ながら、たんなる大名ではない。すでに永禄十二年正月には、幕府の運営や訴訟の審理、裁定についての、九カ条の殿中掟を定め、二日後には寺社本所領の知行を守ることや喧嘩停止（自力救済の禁止）など、七カ条の追加の掟を定め、ともに義昭の承認を得ている。それだけではなく、永禄十三年正月には足利義昭の発した御内書（将軍の発給する文書）の無効を宣告するなど五カ条の条書をつきつけ、義昭に認めさせている。幕府再興の最大の功労者だけに幕府内における勢力は余人のおよばないものがあったのである。

信長のこのような権勢は、信長自身の主張にみるように、自分が将軍から「天下」のことを委任されていることによるものであった。信長は「天下のことを将軍から任されているのだから、誰に対してもいちいち将軍の承認を得ることなく、自分の判断で成敗を行う」と義昭本人に対して宣言し、また小早川隆景に対しては、自分は「天下」に「異見」(忠告ないし訓戒)する立場にいると述べている。この時代「天下」とは将軍ないし将軍の管轄領域を指す言葉であったから、とりも直さず信長は将軍の助言者であり、将軍も意向を尊重せざるをえない御意見番なのだというのが、信長の主張であったと考えられる。

足利義昭の幕府は、周知のように義昭が織田信長と対立した結果、元亀四年(一五七三、七月二十八日に改元して天正元年)七月に京都を追放されて瓦解する。このような結末から判断して、義昭と信長との関係は当初からぎくしゃくしていた、あるいは信長は当初から将軍の権威を認めなかったと考えられがちであるが、信長はまったく無前提に将軍を掣肘していたわけではない。信長の行為は、将軍みずからの委任による、との主張に基づいていた。言いかえれば信長が権力をふるうのは将軍の権威に基づくのだ、ということである。信長の行動を理解するためには、信長が依拠しているという将軍権力の内実をみる必要がある。

「天下静謐」の実現

ところで今まで「天下」の言葉をしばしば使用してきた。この言葉は先ほど述べたように将軍ないし将軍の管轄領域を指すものである。「『上意』すなわち将軍の命令に従うことは『天下』に対する大きな忠義である」「（将軍の勧告した）この和平は『天下』へ御約束したものである」というような用語法からこの点を確かめることができる。ところでこの「天下」は日本全国を指すと考えられてきた。現代では「天下統一」の語が全国統一の意味で用いられているため、「天下」が日本全国を指すとは自明なことと思われるかもしれない。

たしかにこの時代にも「天下」を漠然と日本全国の意味に用いる用法もあるが、将軍ないし将軍の管轄領域を指す「天下」は必ずしも日本全国を指すとはかぎらない。たとえば上杉謙信は「武田信玄を退治して、北条氏康と私とがまことの和睦を実現し、領国の越後を気づかうことなく『天下』へ上洛」できるよう神仏に願をかけているが、ここにみえる「天下」とは上洛の対象、すなわち京都のことである。天正元年に足利義昭が京都を追放されたことを信長が「上様が『天下』をお棄てになったから、私が上洛して（『天下』を）取り鎮めた」と毛利輝元に報告しているのも同様の用法といえよう。

このように将軍にかかわる「天下」は京都を中核とする領域を指している。後述するように元亀元年（一五七〇、永禄十三年四月二十三日改元）に織田信長は京都から出撃して朝倉と戦ったが、六角、浅井らが蜂起したため京都に戻った。そしていったん岐阜へ帰国するが、毛利元就に対しては「京都にいる間に畿内の面々から人質を徴して将軍への忠義が確認でき、『天下』は安泰との見こみが立ったのでいったん軍勢を引いて帰国した」と報告している。これもまた京都を中核とする畿内こそが「天下」の範囲であることを示すものといえよう。

「天下」とはこのようなせまい領域を指していたのである。先に述べた、永禄十三年（一五七〇）の正月、信長が義昭につきつけた五カ条の条書に「『天下静謐』（「天下」を鎮めること）を実現なさった以上、油断なく内裏のことを御気づかいにならなくてはなりません」との一項がある。信長はすでに「天下は鎮められた」と考えていたことが分かる。後に足利義昭が京都を去ったあとに伊達輝宗に「『天下』のことは、周知のように私が公方様に御供して京都に入ってから、数年の間鎮まっていたのに、武田信玄や朝倉義景など佞人がそそのかしたため、公方様が逆心を企てられた」と報告していることも同じである。

そもそも信長の用いた「天下布武」の朱印が「天下」の実態を物語っているだろう。通常この言葉は、全国を武力で統一することと解釈されている。まさしく全国を制覇しようという野望の表現ということになるが、戦略にさとい信長が野望を不用意にも公然と語るだろうか。この朱印を押した書状を信長は毛利元就、上杉謙信、伊達輝宗に送っているが、「天下布武」がもし武力による全国統一を意味しているなら、受け取ったこれらの大名たちは「いずれお前の国を武力で攻めとってやる」という宣戦布告だと受け取らざるをえないだろう。仮にそうした野心があるにしろ、当面良好な関係を保っておかなければならない諸大名に対して、そんな軽はずみな宣戦布告をする戦国武将が存在するとは考えられない。

信長が「異見」した「天下」とは将軍および将軍の管轄する、京都を中核とし、畿内をほぼその領域とするものであったと考えられる。上洛した義昭・信長の行動を思い起こしてみよう。上洛後に山城、摂津の三人衆の拠点を制圧し、河内、大和を、服属を表明した大名に宛行い、しかるのちに京都に凱旋していた。『信長公記』は「五畿内および隣国は悉く将軍の命に服した」と述べているが、これが「天下静謐」の内実だったのだろう。戦国時代に将軍の管轄した天下とはこのようなものであり、信長の「天下布武」とはこの領域の治安を回復することであった。「天下布武」は義昭の上洛とともに実現していたのである。

将軍の領分

「天下静謐」後に成立した政権のなかで将軍義昭はどのような役割を果たしていたのだろうか。信長が将軍をどのような権威と見なし、何を要請していたか、という点については、信長が義昭の命令をうけて発した命令書や、義昭の命を奉じて出した指示の内容から知ることができる。

まず主として畿内の寺社本所領を安堵する将軍の命令が信長により奉じられている。史料から分かるのは久我家、烏丸光康などの公家、また京都の仁和寺、天竜寺の僧周悦、妙顕寺、真如堂、阿弥陀寺、東寺、大徳寺、本能寺などをはじめとする寺院、北野社、大原野神社などの神社に対し、その所領が安堵されている。そして場合によっては「守護不入」（守護に干渉されない治外法権的支配権）を保証されているものもある。

これら寺社本所は、戦国時代にいたっても大名などが手を出せない、基本的に将軍の自専する領域に属しており、山城国一揆や一向一揆などもその存在を尊重したことは2章で述べた通りである。すでに入京翌年の永禄十二年に、信長が定めた掟のなかでも寺社本所領が保護されていたことも先ほど述べた。将軍が寺社本所を自専し、このことにより他の介入を許さない特権が寺社本所に与えられる、という構図は織田信長により尊重され、のちにみるように足利義昭追放後も継承されている。

第二には将軍の発する和睦命令である。すでに足利義輝の時代から、将軍は諸大名に対して相互の領土紛争を調停し、和睦を勧告してきた。足利義昭もまた、活発な和睦工作を展開している。入京以前の永禄九年、先ほど述べたように織田信長の参陣を可能にすべく、織田・斎藤両氏の紛争に停戦を命じ、また永禄十年頃、上杉謙信の上洛を可能にすべく、上杉・武田・北条三者の和睦を命じ、さらに永禄十年に越前の朝倉義景と加賀（石川県南部）の大名と見なされた本願寺との和睦を命令している。上洛後も安芸（広島県西部）の毛利氏と豊後（大分県）の大友氏、上杉謙信と武田信玄との和睦を何度かにわたり命令したことをはじめ、さかんな調停活動を行っている。

織田信長はこうした義昭の和睦命令を奉じて、みずからも諸大名に和睦を勧告している。たとえば元亀二年（一五七一）、大友・毛利両氏に義昭の和睦命令を伝え「すべての行きがかりを捨てて和睦し、天下のために働くようにとの御意向です。和睦なされればまことにめでたいことです」と述べている。

上杉謙信に対してはさらに懇切である。元亀三年、越後（新潟県）と甲斐（山梨県）との和平を将軍が命じたことを告げ「私は貴殿（上杉謙信）とも信玄とも友好関係にあるのに、ここ数年の御両所の争いに知らん顔しているのは外聞もよろしくなく、現実問題としてもどうかと思いあえて申します。『上意』にお応えしないわけにはいきません。今、和睦されなければ泥沼にはまるのではないですか。すべての行きがかりを棄てて和睦なされればまことにめでたいことです。御二人とも公方様を尊重しておられるのだから、御両人もそれぞれの御家中も和睦の機運を盛り立てられ、天下のために働いていただきたい」と説いている。

将軍の和睦命令が、いかにも無力にみえる外見とはうらはらに、相当の権威をもっていたことはすでにみた通りである。安芸の毛利隆元は毛利の家こそ大切であり、そのためなら将軍の和睦命令を拒否しても「いっこうに構わない」と言いつつも、「毛利は『上意』さえはねつけたと国内からも国外からも取り沙汰されるだろう」ことは予測している。命令の拒否が大名家にとって政治的に不利な情勢をもたらすとの認識については、将軍の和睦命令に忠実に従ったと力説した斎藤氏とも共通しており、命令のもつ権威がうかがえる。

武田信玄もその権威は認識していた。永禄十二年三月、北条・上杉両者の接近により苦境に陥った際に、織田信長の仲介で将軍義昭が和睦命令を出してくれるよう懇請し「この信玄には今信長殿を頼むほか、味方がおりません。信長殿の御心づかいがないなら、信玄の滅亡は確実です」と泣き落としともみえる言葉を書き送っている。和睦命令の威力は侮れないものがあった。後述するように信長自身、この和睦命令で命拾いをしている。信長は和睦命令も将軍の領分に属する重要な役割として尊重していたことがうかがえよう。

室町幕府の崩壊

反義昭・信長同盟

永禄十三年（一五七〇）四月二十日、織田信長は三万余りの軍勢を率い京都をたって若狭（福井県南西部）へ向かった。越前朝倉氏を攻撃するためといわれ、若狭熊川・佐柿にいたった信長は二十五日、越前敦賀に侵入し天筒山城、金崎城を攻略した。信長自身の説明によると、若狭国の武藤という者の反逆を成敗すべく、将軍義昭の命令で出陣したところ、すぐに降参した武藤には叛意なく、元凶は越前国の朝倉氏であることが分かり、敦賀に侵入したのだという。木目峠を越えさらに侵入せんとしたとき、同盟関係にあった北近江の浅井氏が反逆したとの報せをうけ、ただちに京都へ引き返した。

信長が京都に着いたのは改元後の元亀元年四月三十日である。すでにその前日、京都には近江で六角氏が蜂起し、これに浅井氏も呼応したとの情報が流れていた。六角、浅井が挙兵し、要害を構えているなかを二万の軍勢にものをいわせ、信長はいったん岐阜に帰国する。六月に入ると六角承禎・義治父子がところどころで一揆を蜂起させ、信長の武将佐久間信盛、柴田勝家らと交戦した。再び岐阜をたち、三河（愛知県東部）の徳川家康とともに北近江に侵入した信長は六月二十一日、浅井氏の小谷城下に攻め込み放火し、浅井方が軍勢を配備していた横山城を囲んだ。

横山の包囲網を切り崩すべく二十八日、越前朝倉氏の軍勢とともに浅井軍は織田・徳川連合軍を攻撃した。姉川合戦または野村合戦として知られる有名な戦闘である。少なからぬ犠牲は出したものの、織田・徳川方の大勝利となったこの戦闘は、将軍義昭の意向に基づいた軍事行動であった。事実、信長が近江へ侵入したころ義昭も近江へ進軍することになっていたのであるが、摂津池田氏に内紛が起こり、三好三人衆が動き出すとの風聞があり、いったん中止となる。姉川合戦の前日にも近江へ出陣するはずであったが、戦況が予断を許さないためやはり中止となった。このころ摂津への三好三人衆の進出は決定的となっていた。

摂津池田氏の内紛に乗じて進出した三好三人衆は、七月に摂津中島に陣取り、河内をうかがう。松永久秀はこれを防ぐべく出陣し、八月には足利義昭は畠山昭高（はたけやまあきたか）に紀伊（きい）・和泉勢を率いて松永久秀と協同するよう命じた。三好三人衆は河内国古橋（ふるはし）城を攻撃する。このような三好三人衆の攻撃に織田信長は上洛し、三人衆を討伐するため摂津国天王寺（てんのうじ）へ出陣した。義昭もまた軍勢を率いて摂津中島に陣した。

両軍は野田・福島に立て籠もる三人衆と対峙する。九月十二日、野田・福島から至近距離にあった大坂本願寺が蜂起し義昭・信長軍に襲いかかった。宗主顕如（けんにょ）は九月はじめから諸国の門徒に対して仏法を守るために信長と戦うことを命じた御書を発していたのである。このの ち天正八年（一五八〇）まで断続的に続く信長と一向一揆との抗争、いわゆる石山（いしやま）合戦（かっせん）のはじまりであった。不意打ちともいうべき本願寺の蜂起による打撃は大きく、義昭は朝廷を動かした。朝廷では義昭・信長との停戦を命じる勅書を、山科言継・柳原淳光（やなぎわらあつみつ）の二人の勅使にもたせ、本願寺に派遣することを検討している。ところが朝倉勢が坂本に進出したため派遣は延期され、義昭・信長は退却して九月二十三日に帰京した。

すでにほとんどの読者は気づかれたことと思うが、元亀元年の一連の動きは、以前足利義栄を擁立していた三好三人衆と六角氏を中核とする反義昭・信長勢力の協同した行動である。義栄の死後も三好三人衆は抵抗をやめず、永禄十二年（一五六九）正月には足利義昭を京都六条の本圀寺に襲撃していた。先ほどみた池田氏の内紛に乗じた摂津進出もその活動の一環であり、彼らは旧盟友の六角氏に加え、朝倉、浅井、本願寺と結んだ。従兄弟の足利義昭と対立して京都を出奔した近衛前久は元亀元年八月、六角・浅井・朝倉・三好三人衆が悉く一味していると島津氏に書き送っている。

本願寺蜂起の事情

　もともと本願寺はとくに足利義昭や織田信長と対立していたわけではない。前節でみたように、織田信長が美濃を制圧した折に本願寺顕如はわざわざ「いよいよ上洛なさるとは大変めでたいことです」と書き送っているくらいである。信長が上洛してすぐに本願寺に五千貫の矢銭をかけたといわれるが、この程度の出銭は以前から幕府に対して行っていただろう。たしかに本願寺顕如は門徒に対して「一昨年来、信長がたびたび難題をかけてきたことに対し、随分これに応じた甲斐もなく、本願寺を破却すると通告してきたのである。このうえはしかたがないから、本願寺が立ち行くように忠節を尽くされたい」と述べているが、信長が本願寺に破却を通告したとは、にわかには信じがたい点がある。

　義昭も信長も、本願寺が蜂起するなどとは念頭になかったと思われる。だいたい軍事の天才織田信長が、みずから宣戦布告した当の相手の至近距離で不意打ちをうける、ということがあるだろうか。義昭が最後の切り札である天皇の権威を持ち出さざるをえなかった点に、義昭・信長の動転ぶりがうかがえる。公家の山科言継も本願寺の蜂起を「謀叛の一揆」と記しているから、言継も本願寺が敵側の一員であるとは、予想さえしていなかったと思われる。

さらに織田信長にとって、たとえ本願寺が諸国の一向一揆を動員する力をもっていようと、即刻討伐が必要なほど危険な存在ではなかったように思われる。このあと三度にわたり本願寺は信長に宣戦し、いずれも劣勢のなかで和睦しているが、信長が敵対行為を赦免する代償に大坂引き渡しを持ち出したのは天正八年（一五八〇）の三度目のみである。信長が本願寺を徹底して叩くことのできた二度の機会を見逃したことは、両者が不倶戴天（ふぐたいてん）の敵であるとしてきた通説では理解できないと思われる。

それでは本願寺はなぜ三好三人衆側についたのか。考えられることはそれ以前の三人衆との密接な関係である。永禄十一年（一五六八）二月に奈良・大坂・堺の本願寺門徒が大和の「烏芋峰（大峰（おおみね）のことか）」に道場を立てようとして、ながらく大和を一向宗禁制の地としてきた興福寺衆徒の大反発をくらったことがある。このとき、本願寺門徒の後押しをしていたのは三人衆の一人石成友通であった。三人衆が本願寺教団に好意的だったことがうかがえる。三人衆は足利義輝暗殺の直後、京都のキリシタンを追放している。これに対して義昭・信長はキリシタンを優遇しているから、この点が本願寺に新政権を警戒させたかもしれない。

義昭・信長が入洛した翌年の永禄十二年には、本願寺門徒が三人衆のために戦っているのはどうしたことかという義昭の詰問に対して、本願寺は事実無根である旨、明智光秀を介して弁明している。三人衆が政権から追放された後も両者が密接な関係にあることは公然たる事実とみられていたのだろう。本願寺が蜂起する直前、野田・福島の戦いで義昭・信長方が優勢に立った時点で、おそらく三人衆に停戦を勧告するためであろう、交渉の使者として公家の烏丸光康が「大坂の城」に入っているが、「大坂の城」と本願寺との関係はよく分らない。

本願寺は六角氏とも永禄九年以来密接な関係にあり、浅井久政・長政父子とは本願寺蜂起の直前、密接な友好関係を約束しており、越前の朝倉氏に対しても永禄十一年に長年の敵対関係を解消して和睦している。本願寺が反義昭・信長同盟と結びつく条件はあったといえよう。蜂起した本願寺は加賀門徒に、義昭が本願寺を「義絶」したことを伝えているから、本願寺は公然と反義昭・信長の立場に立っていたのである。

足利義昭の和睦調停

元亀元年九月、朝倉義景、浅井長政の軍勢は坂本に進出していた。帰京した織田軍と幕府直臣らの軍勢は朝倉・浅井、およびこれを背後から支援する比叡山延暦寺と交戦した。延暦寺は六角定頼の時代から六角氏の手で近江の所領を保障されていたから、その六角氏が没落し、信長が近江を掌握したことで、六角氏時代の所領を失う危機に直面していたのである。十月には土一揆が蜂起して京都を襲い、幕府は徳政令を発する破目になった。

十一月、織田領国の伊勢長島で本願寺一族寺院の願証寺を中心とした一向一揆が蜂起し、尾張国小木江城に、伊勢湾の補給路を確保すべく駐屯していた信長の弟信興を攻めて自殺させてしまった。伊勢湾が現代よりはるか奥まで広がっていたこの時代、伊勢国桑名から尾張の熱田までは伊勢湾を船で横切るのが普通の通路だったから、伊勢湾の制海権を一向一揆が掌握することは信長の通路を遮断することであった。

反義昭・信長の諸勢がつぎつぎと蜂起するなか、十一月末になり堅田（滋賀県大津市）の砦を守っていた坂井政尚が朝倉・浅井に攻撃され討死してしまった。敗勢に陥った信長は近江浅井氏と屈辱的な和睦を結ぶ。将軍の政治に何か不都合があった場合には浅井とも相互に相談し、天下万民のために計らうこと、公家・門跡など寺社本所の計らいについては浅井の発言権を認めるなど、「天下に異見」する信長側から大きな譲歩が行われた。

続いて朝倉氏との和睦には、足利義昭が将軍としての手腕を発揮した。義昭の依頼で両者の仲介に立った関白二条晴良が、万一朝倉・織田が和睦しなければ、義昭は高野山に遁世する覚悟であると通達すると、両者とも和平に応じた、と二条晴良自身からいきさつを聞いた興福寺大乗院の門跡尋憲は記している。もちろん天皇も両者の和睦を促してはいるが、朝倉義景が織田信長に対し「今度の『上意』による和談の結果互いに誓い合った条件

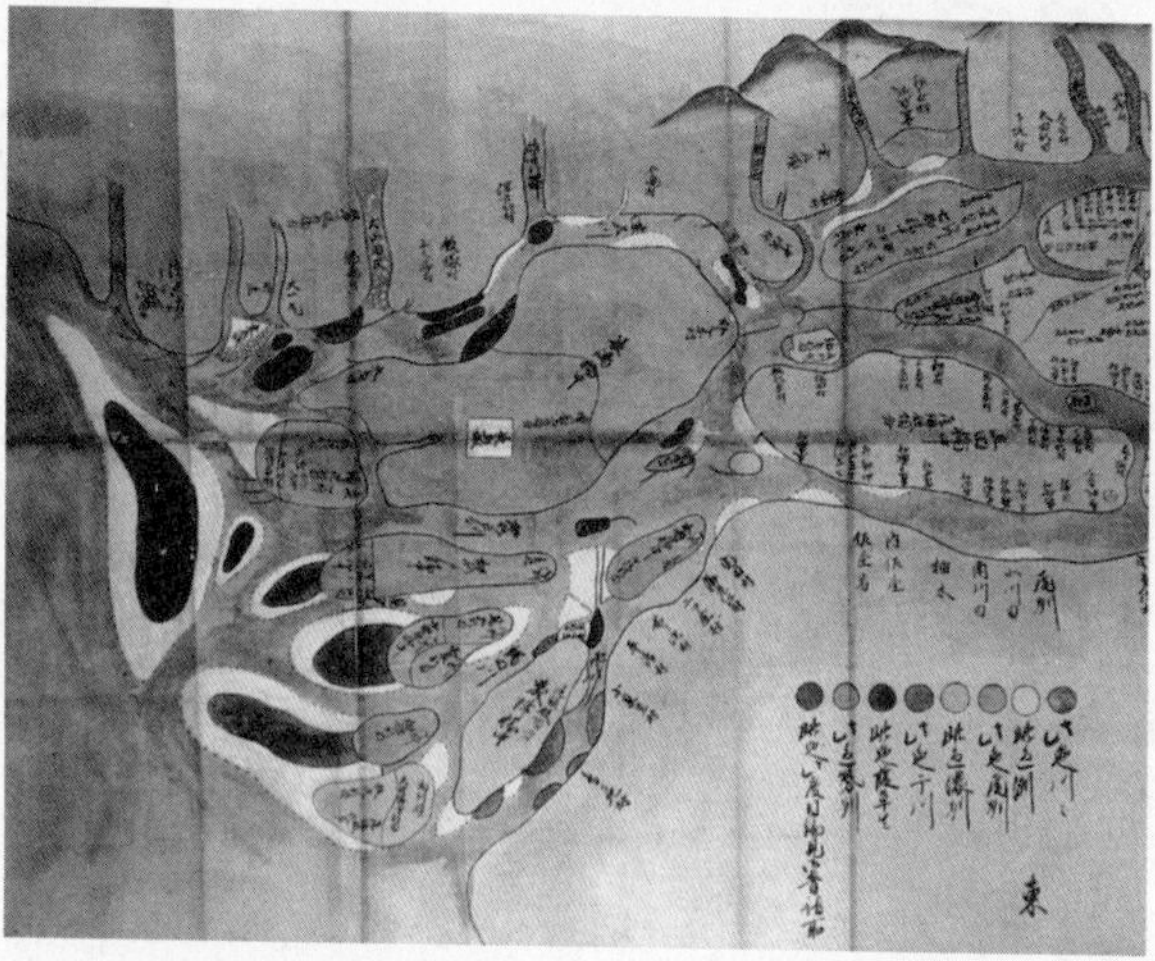

18世紀中ごろの長島周辺　図中央の大きな島が長島輪中、その左上の三角の白い部分が桑名城（三重県桑名市長島町「輪中の郷」蔵「濃尾勢三国之図」）

が守られるかぎり、自分のほうから敵対することはない」「今後公方様に非礼をすることはない」との起請文を渡していることから考えて、和睦命令の主役は足利義昭であった。

　先に将軍の和睦命令に相当の権威があると述べたが、その権威がここでものをいったのである。それにしても足利義昭は、朝倉義景にとってついこの間まで戦っていた相手である。信長の軍勢には幕府の直臣も加わっていた。敵対していた将軍から頭ごなしに和睦を命令された義景は受諾しなければならなかった。一方、朝倉・浅井に追い詰められた織田信長は義昭の権威により窮地を脱したのである。「天下」の主である将軍の権威は、信長にとっても決して無力なものではなかったと考えられよう。

朝倉・浅井を支援した比叡山延暦寺も、信長の窮地に乗じて所領を確保した。山門領は以前通り保障する、との正親町天皇の綸旨が発せられている。政治的対立の局外に立つべき僧侶の立場も、将軍の専断権に属する寺社本所の立場も省みず、陰に陽に敵対した山門延暦寺に対して信長は怨みを忘れなかった。翌元亀二年（一五七一）九月、信長は有名な山門焼討を敢行する。寺社本所を専断しうる将軍から「天下」を委任された信長には山門を成敗する権限がある、というのがその言い分だったと考えられる。百年以上前、すでに将軍足利義教が山門を武力で成敗しているのも、寺社本所に対する将軍の権限によるものであろう。

山門を焼討した信長は、中世の権威を否定したのではない、中世の将軍の権限を行使したのである。

足利義昭の反逆

元亀元年（一五七〇）末にいったん停戦したにもかかわらず、反義昭・信長勢との戦いは再発した。翌二年五月にはやくも浅井長政と織田信長とは交戦している。北近江の、湖北十カ寺と呼ばれる本願寺末寺に率いられる本願寺門徒は浅井氏に味方して戦い、六角氏側に立った南近江の本願寺門徒も同じころ草津（くさつ）・瀬田（せた）・守山（もりやま）・浮気（ふけ）・勝部（かつべ）・高野（たかの）・金勝（こんぜ）など各地で蜂起している。

この年には、三好義継・松永久秀も義昭・信長に叛旗をひるがえす。翌元亀三年七月には浅井長政の小谷城支援に朝倉氏も進出する。さらに本願寺も蜂起し三好、浅井と協同して動き出す。そして九月にいたり、元亀元年末には明らかに一体であった将軍足利義昭と織田信長とが対立するようになったとされている。

『年代記抄節（ねんだいきしょうせつ）』によると、信長が義昭を諫止（かんし）・非難した十七カ条の条書がこのときに出されたという。ただし、これで対立がただちに表面化したようには見えない。十一月に義昭が三好三人衆方だった安宅（あたぎ）信康の降参を受けいれるかどうかを諮問してきたことに対し、信長は賛意を示し、知行については希望をいれて申し付けるのが妥当であり、信長も信康との関係を尊重すると回答しており、両者の亀裂はうかがえない。信長が義昭に十七カ条の条書をつきつけたことが広く知られるようになるのは翌元亀四年ごろだと思われる。元亀四年二月、興福寺大乗院門跡の尋憲が世上に出まわっている十七カ条の条書を手に入れ日記に書き留めており、両者の対立がのっぴきならないものとなったのはこのころではないだろうか。

両者の対立が深まるについては武田信玄の動きが大きいと思われる。元亀三年七月には信長自身、上杉謙信に対して武田信玄との友好関係を公言していた。ところが十一月には同じ謙信に対し、信玄は「前代未聞の無道の者、侍の義理を知らず」として永く「義絶」することを表明している。たしかに武田信玄は十月はじめ、遠江へ進撃を開始するが、これは朝倉、浅井、本願寺にとっては承知済みのことであり、彼らと信玄とは協同していた。信長は、義昭の「御造意」(謀叛)「御逆心」をそそのかした佞人は朝倉義景と武田信玄であると公言している。

元亀四年二月に足利義昭は、信玄の西上に呼応して光浄院暹慶らを西近江で蜂起させ、暹慶らは本願寺門徒を糾合して近江国石山、今堅田で蜂起した。織田信長は塙(原田)直政を派遣して義昭に和睦を乞い、柴田勝家、明智光秀らを西近江へ派遣、柴田・明智らは難なく石山・今堅田の要害を陥落させる。義昭は和睦の申し出を拒否して京都二条御所に籠城した。京都住民を防衛のために動員し、住民の自検断を発動させた結果、織田方と結びつきのあった町人が「家や財産を失う」はめになった(3章)のは、このときのことである。

将軍追放

元亀四年三月末、織田信長は自身で兵を率いて上京し知恩院に陣した。四月四日に上京を焼討する。信長は義昭の「御逆心」に直面しても、あくまで「君臣間のことであり、今までの忠節を無駄にしたくないと種々弁明して和睦を乞うたが、公方様が承知されないので、この上はなるようになる他ないと判断して上京を残らず放火した」とは自身述懐するところである。上京が悉く焼失したところ、今度は手のひらを返したように「夕方になり頻りに公方様のほうから和平の申し出があった」と信長は述べている。

実際は「なるようになる他ない」との判断のみから放火したわけではなく、もう少し周到な計算があったようである。焼討の直前に信長は京都吉田神社の祠官として吉田神道流の宗家である吉田兼見に「そなたの父兼右が『南都・北嶺（比叡山）が滅亡するなら王城にも祟りがある』と述べていたというのは本当であろうか」と諮問している。兼見がその通りであったと回答すると、「結構なことである。今度の焼討はこれできまった」と述べたというから、二年前の比叡山焼討と関連づけた演出を考えていたことはまちがいない。

京都を守りその危機管理にあたるべき将軍足利義昭としては、手をこまねいて信長の焼討を黙認するわけにはいかなかった。そんなことをすれば京都住民が黙ってはいない。彼らの支持を失うことは義昭が「天下」を失うことにほかならないのである。京都石井筒町に伝わる伝承では、信長は上京に続いて下京も焼討するつもりであったが、石井筒町の町民が新町の十四屋・袋屋を介して、下京焼討を思いとどまるなら信長に味方して戦うと申し出たため、焼討を免れたという。松永貞徳の『戴恩記』にも十四屋ら下京の年寄が義昭方には内密で信長に挨拶したために焼討を免れたとの挿話がみられる。自分たちの町を守るためには義昭から信長に乗りかえることくらい、住民にとっては当然のことだった。

いったん和睦した足利義昭は七月、山城国槇島城で再蜂起する。義昭にとって頼みの綱であったはずの武田信玄は四月の和睦のころ、信濃国の陣中で病死していた。今度は安芸の毛利氏を頼り、六月に義昭は兵粮米を依頼している。信長は槇島城を攻略し、降参した義昭を「命を御助け申して、是非は後世の人びとの審判に委ねようと」「怨みを恩で報いる」との趣旨で、三好義継の籠城する河内国若江城に送り届けた。こうして将軍を追放したものの、信長はこの先流浪の将軍の画策と終生戦うことになる。義昭はかつて信長自身に幕府再興を依頼したように、今度はほかの大名を頼って京都をめざしたのである。

天正元年（一五七三、元亀四年七月二十八日改元）八月、足利義昭は幕府再興をはかって毛利氏に援助を依頼した。いま信長と事を構えたくない毛利氏は、足利義昭の帰京を信長に打診した。すでに八月、浅井・朝倉両氏を滅ぼして「天下」を「取り鎮め」ていた信長から義昭の帰京に応じてもよいとの意向をうけ、十一月、織田方の使者羽柴秀吉、毛利方の使者安国寺恵瓊と義昭との三者が堺で交渉する。しかし義昭があくまでも人質を要求したため交渉は決裂し、毛利方からも拒絶されて義昭は紀伊国由良の興国寺へと落ちていった。

安国寺恵瓊は、本国へ「来年は若君（義昭子息義尋、槇島城退城の際に義昭は織田方へ人質として渡している）へ挨拶されるのがよろしかろう」との信長の言葉を報告しているから、この時点で信長は、義昭の子息を将軍後継者として考えていたと思われる。将軍が追放されても、まだこの段階では信長自身、「天下」の主としてふさわしいのは、足利将軍家の血筋をひく者であると、依然考えていたと思われる。孤立した本願寺も信長に和睦を乞い、信長も承知、十一月、本願寺は名茶器白天目（しろてんもく）を引出物に進上している。

天下人織田信長

義昭政権の継承

義昭に代わり「天下」を「取り鎮めた」信長は、信長自身が将軍固有の領域と認めていた寺社本所と、諸大名への和睦命令に関するかぎり、義昭時代の方針を継承した。まず寺社本所領については、天正三年（一五七五）正月には洛中洛外（らくちゅうらくがい）の寺社本所領を安堵していることが注目される。義昭時代、その命令を奉じて寺社本所領を安堵したことと同じである。

少し個別にみてみよう。京都の梅津長福寺（うめづちょうふくじ）は、義昭時代の元亀三年（一五七二）にその所領に対する守護不入の支配権を、足利義昭が代々将軍の裁許に准じて安堵したことを根拠に織田信長から承認されていた。義昭没落後の元亀四年七月、長福寺は同じ権利を、現に掌握している、すなわち「当知行」であることを根拠に信長から安堵されている。さらに天正五年（一五七七）信長の京都奉行村井貞勝から、やはり同じ守護不入の権利を、信長から二度にわたり朱印状を発給されたことを根拠として承認されている。つまり権利の法的根拠は将軍の裁定、当知行、信長の朱印状と変化しているものの、所領に対する守護不入の支配権は義昭追放後も変わらずに安堵されているのである。

このように義昭時代の所領に関する権利を、義昭追放後の織田政権下でも変わらずに保持している例はほかに京都仁和寺や、京都真如堂、公家の久我家などをあげることができる。これらの寺院や公家は将軍追放という政治情勢の激変にもかかわらず、その所領に対する権利は相変わらず維持できたのである。洛中洛外の寺社本所領を安堵するという、先にみた一般的方針を考えれば、こうした公家や寺社はほかにもある可能性は高いだろう。

次に寺院に対する政策をみてみよう。信長が寺院に対して自治権を認めている例をいくつか見出すことができる。たとえば門前の住民が他所の被官になることを禁じて寺院の住民への支配権を承認し、寺院の定めた法律に背いた住民は、寺院の手で処断することを認めている例がある。また京都の妙心寺に対しても同様に、妙心寺の長老たちが定めた法令を承認し、それに基づいて不法を取締まることを認めている。もちろん寺院側の訴えがあった場合や織田政権側が必要を認めた場合は当然にも介入すると宣言しており、完全な治外法権を承認したわけではないが、自治を真っ向から否定していない点は注目される。

これまで織田信長は中世に大きな権威をもっていた仏教勢力に対して、その権威を認めない厳しい姿勢をとったと考えられてきた。だから信長が寺院の自治を基本的に認めていたといえば、違和感をもたれるむきもあるにちがいない。しかしながら神仏いっさいの尊崇を認めず、異教の卜占や迷信的慣習を信じず、すべての偶像（仏像のこと）を見下げ、霊魂の不滅や来世の賞罰などを否定したという、反仏教的で一見、近代的とも見まごう信長像が、イエズス会宣教師の報告書に基づいて創られていることにも注意したい。

これらの報告書を書いたイエズス会宣教師たちは、当時の日本の権力者織田信長から支持を得て伝道活動を行っていること、この方針が適切であり、順調な成果をあげていることを本国に報告する必要があった。日本の仏教を異教として否定するイエズス会への報告に、キリスト教の伝道を保護するその権力者が仏教徒にも手厚い保護を加えているなど書けなかったことはいうまでもない。彼らに報告できた信長像は当然にも親キリスト教的、反仏教的でしかありえなかった。イエズス会風信長像によって、信長と仏教勢力との関係を考えれば事実と食い違うのは明白であり、一向一揆や法華宗（ほっけしゅう）との関係についてもまた然りであるが、この点は次の7章でみることにしよう。

諸大名への和睦命令については、天正八年（一五八〇）薩摩（さつま）（鹿児島県西部）の島津氏と豊後（ぶんご）（大分県）の大友氏との両者に命じたものがある。互いの争いをやめて信長の命令に従うことが「天下」に対する忠義であるとの内容は、文言（もんごん）まで足利義昭のそれとそっくりである。この当時毛利と交戦中だった信長の版図に九州はなかった。だから足利義昭が有していたような権威を前提にしないかぎり、この和睦命令は無意味ともみえる。はたして信長に権威が認められていたかどうか、翌年和睦命令に応じることを回答した書面で島津義久が信長を「上様」と呼んでいることをみると、信長は義昭の権威もまた継承したように思われる。

官位をうける

公方足利義昭の子を掌中にしているとはいえ、足利将軍家の血筋とは無関係な織田信長が、まがりなりにも義昭のような権威を認められていた要因はわかっていない。しかし遅くとも天正三年(一五七五)から信長が朝廷の官位をうけていることは注目される。天正三年には権大納言・右近衛大将に、四年には内大臣(兼右近衛大将)に、さらに五年には右大臣(兼右近衛大将)に任じられている。

奥野高広氏によれば、任官した天正三年ごろから信長の家臣が信長を従来の「殿様」に替え「上様」と呼ぶようになった。信長が権大納言・右近衛大将に任じられたのは十一月のことであり、信長にとっても画期であった天正三年を境に信長の権威が高まったと考えて大過ないように思われる。これが任官勅許により天皇の権威を帯びたことに負うところが大きいことは容易に想像される。しかし一方、乱世の風雲児信長が天皇の権威にどのように対したのかについては、これまで学界では議論百出であり、決着をみていない。

たとえば天正元年に信長は正親町天皇の譲位を執り行うことを申し出ているが、これについて正親町天皇に退位を強要したとみる見解もあれば、老齢にいたった天皇に引退の花道を提供し、隠居後の院御所（いんのごしょ）造営を請け合ったと見る見解もある。また天正六年（一五七八）に信長が突然右大臣・右近衛大将を辞職したことについても、朝廷の枠組みからみずから解放を望んだとみる説もあれば、そこまで穿（うが）った見方をする必要はないとする説も出されている。天正十年（一五八二）三月、武田氏を滅亡させた後、信長が太政大臣（だじょうだいじん）、関白（かんぱく）、将軍のいずれかに任官することが取り沙汰されたことについても、信長が朝廷を屈服させて重職を獲得しようとしたとの見解もあれば、武田氏討伐を顕彰するために朝廷から提案したとの見解もある。

議論の焦点は織田信長が天皇の権威を尊重したのか、否定ないし軽視したのか、という点にあるようである。これらの点については今後の研究に待つほかないが、一点だけ述べれば、信長に天皇の権威を否定したり、それから解放されなくてはならない必然性は希薄だと思われる。天皇の権威が民衆から戦乱に対するシェルターとして必要とされていたことは2章で述べた通りである。戦乱に対処するために京都住民は内裏（だいり）の築地（ついじ）のうちに避難した。その住民の動向を見て京都を掌握しなければならない信長にとって、天皇の権威をわざわざ貶（おとし）める必要はない。「天下の褒貶（ほうへん）」や「外聞（がいぶん）」など民衆の動向に敏感な信長なら

長を想定する必然性はないように思われる。

なおさらである。ことさらイエズス会風の近代的信長像を論拠にして天皇の権威と戦う信長を想定する必然性はないように思われる。

豊臣秀吉・徳川家康・秀忠・家光にとって天皇・公家・寺社は「神国の現世における眼前のあかし」として慎重に保存されるべきものであり、「天皇を廃止することは、彼らにとっても思いもよらぬことであったに違いない」とは高木昭作氏の指摘であるが、「寺社本所を保護した織田信長にとっても」とつけ加えることもあながち誤りとは思われない。

一向一揆との対立

これまで述べたように織田信長の「天下」統治は、足利義昭のそれをほぼ継承したものであり、戦国の将軍のそれをふまえたものとみられる。したがって本願寺と一向一揆に対する姿勢もそれと著しく異なるとは考えがたいだろう。本願寺とその教団を安堵し、本願寺には加賀国の郡一揆と一体化した大名として対することが基本的路線となるはずである。ところが加賀における「百姓の持ちたる国」は織田政権下で滅亡する。長島の一向一揆では非戦闘員にいたるまで大量に殺害され、越前の一向一揆では戦場で一揆を討伐するのみならず、敗残の一揆戦士を捜索して処刑する徹底した殲滅戦を展開した。加賀一向一揆の解体と長島・越前一向一揆の大量虐殺とは、織田政権と一向一揆とが不倶戴天の敵対関係にあり、一向一揆の解体なしに統一政権はありえなかったとする見解の論拠になっている。

　加賀一向一揆については次の7章で見ることにするが、長島一向一揆、越前一向一揆が織田政権と一向一揆との非妥協的対立を示すものと見なされてきたのは、なんといっても大量虐殺という信長の対処による。当時の戦闘では籠城した敵が降参した場合、助命して撤退を許すことは普通に行われた。また3章で述べたように、軍隊の立て籠もる同じ城に、戦場の惨禍を逃れるために民衆もまた避難するのが普通だったから、城方が敗れた場合にも、避難していた非戦闘員の男女は助命されることが珍しくはなかった。だから、長島一向一揆のように一揆はもちろん、避難した非戦闘員までも、助命を許さず皆殺しにするのは、通常の大名同士の戦闘にはない敵対関係のためと考えられたのである。

　だが信長は、一向一揆に対して常に皆殺しを行うわけではない。元亀二年（一五七一）、近江国三宅・金森（滋賀県守山市）に立て籠もった一向一揆に対して降参を認め、味方として従軍することを条件に助命している。次の7章でみるように、大坂本願寺に籠城する一揆との戦闘においても、籠城している「男女」すなわち非戦闘員については、出て来た者は赦免せよ、ただし僧侶など戦いのできる一揆衆は赦免してはならない、と明智光秀・細川藤孝ら武将に命じている。天正元年（一五七三）九月には長島一向一揆そのものに対して、降参者を助命し退去を認めている。一向一揆だから皆殺しにする、というわけではない。

また逆に大名同士の戦闘でも天正七年、荒木村重の立て籠もる摂津国在岡城（兵庫県伊丹市）を包囲したときは、城中に人質として残された一族の妻子は十二月に全員殺害された。戦闘中に荒木村重が逃亡し、その留守を守る軍勢のうち指導者的地位にいる一族も逃亡したため、「佞人懲らしめのため」であったという。また信長のみならず北条早雲にも堀越公方方の関戸吉信の城に籠城した者を皆殺しにしたという伝説がある（3章）。天正十三年閏八月、伊達政宗が大内定綱を陸奥国小手森城（福島県二本松市）に攻めたときも、城主はじめ女性、子ども、犬にいたるまで千人以上を撫切りにしている。同じ階層にある大名相互の戦いにおいても皆殺しは行われるのであり、階級的な対立が皆殺しの理由というわけではない。

長島の大量虐殺

『信長公記』は伊勢長島について、「佞人、凶徒」が集まって本願寺の念仏修行もせず、世俗的な栄華を追求していること、また領国大名の支配に服せず、大名から成敗された罪人を匿い、正統な知行も武力で妨害していると非難している。長島が、一向一揆の中核にある願証寺の寺内を中心としたアジールであったことがうかがえよう。事実、先ほどみたように織田信長に敗れた斎藤竜興はここに逃げ込んでいた。

すでにみたように信長は寺院の自治と不入権とを認めるにやぶさかではなかった。しか

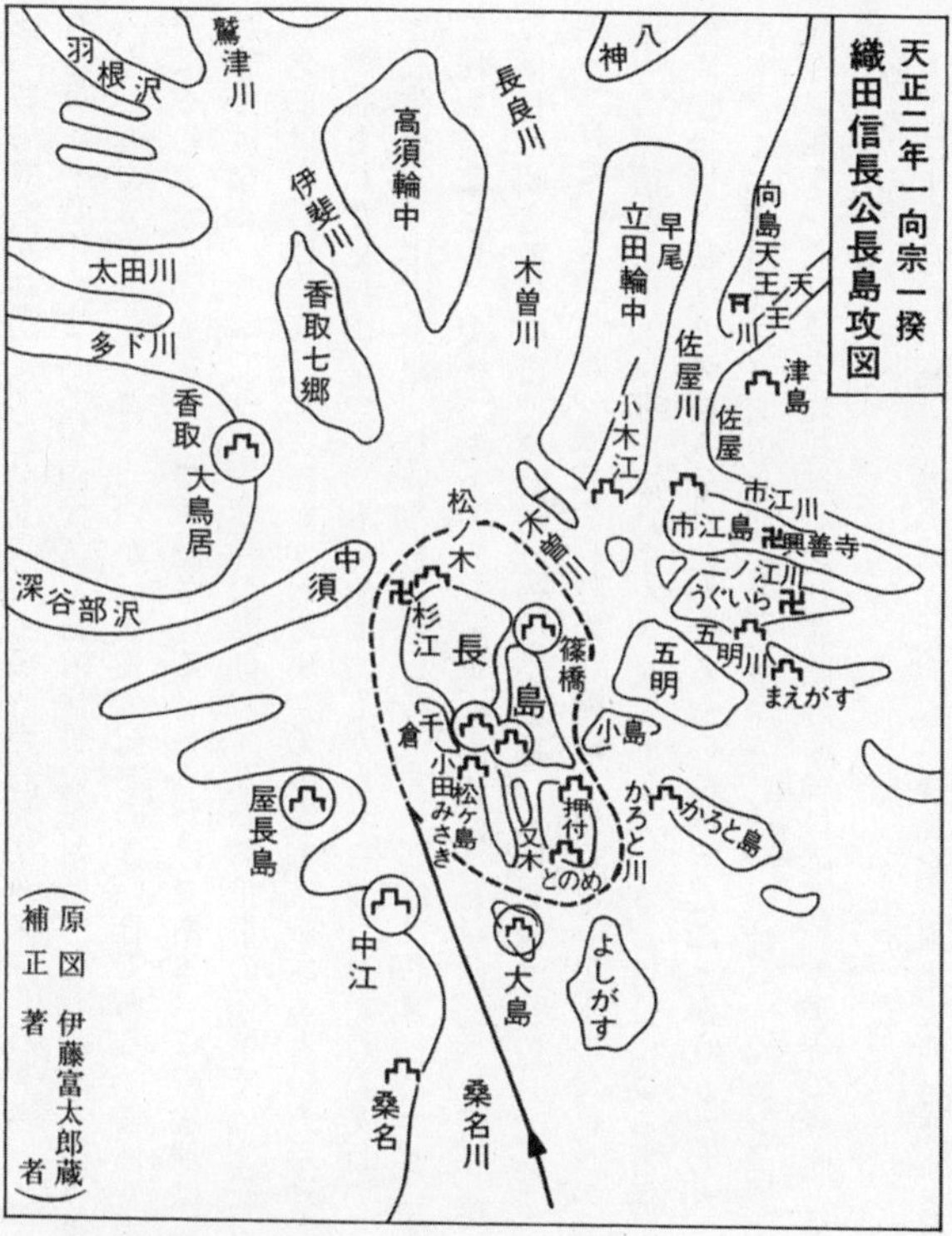

天正２年長島一向一揆・織田信長合戦想定図（伊藤重信『長島町誌』上巻、長島町教育委員会、1974、42頁）

し寺院や僧侶の本分を外れる行為となると話は別である。門徒の身にして「念仏修行の道理をば本とせず」まして領国大名である信長に敵対し、信長の敵を匿（かくま）うという政治への介入などもってのほか、というのが『信長公記』の言い分である。僧侶や寺院の自治や不入権はその本分を守るかぎりで承認されるというわけである。この論理は何も織田方の専売特許ではなく、５章でみた本願寺の論理、すなわち世俗の領域では支配者に従い、政治的対立には局外に立ち、仏法にかかわる場合のみ徹底抗戦するという論理と変わらない。

焼討された比叡山についても「出家にもかかわらず乱れた行為を行い、魚・鳥を食すなど戒律を守らず、金銀やわいろを事として浅井・朝倉に贔屓（ひいき）した」と『信長公記』は記し、これも出家として失格であったことの当然の報いとしている。また元亀三年（一五七二）に信長は朝倉義景の密使を勤めた僧侶を京都一条戻橋（いちじょうもどりばし）で焚殺（ふんさつ）している。天正九年（一五八一）には、荒木村重の残党を高野山（こうやさん）が匿い、引き渡しを求めた信長の使者を殺害したことへの報復として、京都で高野聖（こうやひじり）を大量処刑している。信長による僧侶・寺院への苛酷な処断が世俗と仏法との棲（す）み分けに関するものであったことがうかがわれよう。長島一向一揆も、この文脈から考える必要があろう。そして、越前一向一揆と同じ天正二年（一五七四）に起こった長島の蜂起は、足利義昭の命令に応じた本願寺の蜂起と連動したものであった。

天正二年七月、信長は一揆勢の立て籠もる長島を、海上に所せましと軍船を集中して包囲し、相手方からの降参を認めずに全滅させる根切り作戦に出た。そのため九月末に長島の一揆勢が降参を申し出たときには過半が餓死したとは『信長公記』の記述である。ここにいたって信長は降参を認めたが、撤退する一揆勢に織田軍は鉄砲を並べていっせい射撃を行い、際限なく川に切り捨てた。騙し討ちに憤激した一揆の者たちは、裸になり、刀一本で織田軍に切りかかり、織田氏一族はじめ多数が討死したという。中江・屋長島の二カ所は男女二万ほどの籠城衆を、柵をめぐらして閉じ込め、四方から火をかけて焼き殺したという。

長島の一向一揆に門徒として失格を宣言すると同時に、このような者たちの城に避難しても命が助からないことを、広く民衆にもアピールしたのであろう。「出家失格」の比叡山に避難した下女や小童が無差別に殺害されていることも同様のアピールと考えられる。北条早雲の皆殺し作戦として伝えられる、堀越公方方の城に対する仕打ちとどこか通じるものがある。長島一向一揆や比叡山に乱世の住民を守る危機管理能力はない、というのが非戦闘員虐殺による信長のメッセージであったと考えられよう。

上京焼討の際にみられる京都住民の動向を想起したい。信長の焼討により住民は足利義昭を見限って信長と結ぼうとしたとされる。先ほど述べた陸奥国小手森城攻めに際しても伊達政宗は、皆殺しによっていくつかの属城も、みずから城を開いたと述べており、皆殺しが敵方の動揺と分裂とを狙った作戦であることがうかがえる。民衆は虐殺によって信長を怨むより、危機管理能力のない一向一揆や比叡山を見限るだろう、というのが信長の計算だったと思われる。

越前の殲滅作戦

いったん織田領国となった越前の支配体制を天正二年に覆し、本願寺の派遣した指導者のもとに結集していた越前一向一揆も翌三年の殲滅作戦により滅亡させられた。信長は伊達輝宗に対し次のように述べている。「加賀・越前は多くが一揆風情の連中で物の数ではないが、天下に害悪であるから、退治しなければ際限がないので討滅いたした」と。

この時代に「一揆」の語は、一味同心の集団との意味よりもう少し狭い意味に用いられている。「敵の城は『一揆』の城ではあるが、立て籠もっているのが土民というわけではなく、れっきとした武士である。けれどもしかるべき一国の大将がおらず、それぞれが思い思いに城に結集していたため、人びとは『一揆』の城と呼んだ」「ただ上を尊重し私事の『一揆』なぞはないほうがよい」というように一揆はしかるべき大義名分のない私事の集団、正統な指導者をもたない土民の集団、という意味合いが強くなっていた。

このような正統性のない私事の集団が蜂起して越前国の支配を覆したことは、天下に害悪をなすものであり、許容すれば際限がなくなる、とは信長がふりかざした大義名分である。そして「府中（福井県越前市）の町は死骸ばかりで足の踏み場もない」と信長が書き送った凄惨な殺戮ののち、山林に逃れた一揆の残党を狩り出し、その逮捕者をも多く処刑する、という徹底した掃討作戦が展開された。

こうした大量虐殺、殲滅作戦は一向一揆に対するものとしてはほかに知られていない。そして相手が一向一揆であるとの理由で行われたものでもない。そもそも一向一揆自体、4・5章でみたように決して将軍や大名など世俗の支配者との共存を拒否するような集団ではなかった。織田信長もまた天下人として、従来の将軍や大名と格別異なった政策を展開したわけではない。天正三年十月、長島、越前を攻略された本願寺が和睦を乞うたのに対し、信長が赦免していることは、このことのなによりの証拠だと思われる。織田信長と一向一揆とを不倶戴天の関係と考える従来の考え方は多分に事実誤認に基づいているように思われる。さらにこの点を石山合戦の展開のなかでみることにしよう。

7 統一への道

大坂籠城と勅命講和

義昭による反信長同盟

織田信長と、信長との抗争により京都を追放された足利義昭とは、諸国の大名をまきこんで天下をめぐる抗争を続ける。この抗争は実質的にみて、織田政権時代のほぼ全過程に匹敵するといっても過言ではない。公家となり大名相互の和睦命令を出すほどの権威を獲得した信長と、依然「上意」と呼ばれ、再び天下を掌握する可能性を秘めた足利義昭との、まさしく「天下取り」の抗争を、本願寺を視点としてみていきたい。

本願寺は、当初は義昭・信長と対立しながら、両者の対立が表面化すると義昭方として蜂起する。義昭が追放された後も、その蜂起の呼びかけに呼応して天正二年（一五七四）に立ちあがり、これが長島（三重県桑名市長島町）、越前（福井県北東部）における信長との抗争へと展開したことは6章ですでに述べた通りである。そして天正八年（一五八〇）、大坂本願寺の明け渡しを条件に信長と和睦するまで戦ったが、こうした本願寺の向背は、教団の存立に関するそれなりの情勢判断に基づいていた。だから本願寺の動向は、ある意味で信長と義昭との抗争を映し出す鏡ともいえる。

天正四年、義昭は備後国鞆（広島県福山市）にいたり、二月毛利輝元に対し幕府再興を依頼する。さらに五月、越後（新潟県）の上杉謙信に武田・北条と和睦して義昭の帰京に尽力することを依頼した。このころ毛利氏は信長と断交し、謙信は長年の宿敵である本願寺および加賀一向一揆と和解した。六月、毛利からの口添えもあり、謙信は武田・北条との和睦を受諾した。八月北条氏政が上杉・武田との和睦を受諾し義昭の下知に応じることを表明する。こうして義昭に呼応する毛利・上杉・北条・武田の同盟が形成される一連の動向のなかで四月、本願寺は信長に対して蜂起した。

織田信長はただちに明智光秀・細川藤孝・原田（塙）直政ら諸将に本願寺を攻撃させる。五月に原田直政が討死し、窮地に陥った佐久間信栄・明智らを救援するために信長自身出陣して負傷するというひと幕もあった。七月毛利水軍が大坂付近の木津河口を襲い、織田方の水軍を撃破して大坂に兵粮を搬入した。毛利領内は本願寺門徒が多く、このときの軍功で宗主顕如から阿弥陀絵像を拝領したとの伝承を伝える武士もいるから、毛利水軍もまた本願寺と密接だったことが予想される。大坂湾の制海権が毛利方に掌握され、畿内すなわち「天下」に属する摂津大坂に義昭側の拠点が築かれたことになる。

すでに義昭追放の過程で信長と「佞人」武田信玄および子勝頼との敵対関係が続いていた。これに追放当時は関係良好であった上杉謙信と毛利輝元が、さらに北条氏政が結びつき義昭方にまわったことになる。一向一揆の頭目本願寺もまた呼応して、信長に対し四度目の蜂起を敢行した。天正十年本能寺の変で斃れるまで、信長はこれらと戦い続けた。

籠城を支援する門徒たち

大坂は淀川・大和川などが大坂湾に流れ込む河口の、攻めにくい水郷地域にあり、一方水上交通の便にめぐまれていたから商業都市として繁栄する条件をそなえていた。天文年間（一五三二～五五）にも中国船の入ったことが証如の『天文日記』から知られ、当時の代表的な経済的中心地のひとつだったと考えられる。また本願寺門徒らの聖地として諸国の門徒が参集し、堀・土塁など防御施設をそなえ、本願寺が動員する門徒の武力により防衛されていた。領主である本願寺のもとで町民たちが地域別の住民組織を形成して自治を行い、守護から不入、徳政免許などの特権を与えられており、学問的に寺内町と呼ばれている。

したがって大坂に籠城した者として、戦闘要員とともにこの寺内町住民の存在も考慮する必要がある。織田信長が明智光秀・細川藤孝に与えた指令のなかに、籠城している男女は赦免することを口々に立札をたてて布告せよ、ただし坊主ら戦いのできる者は赦免してはならない、との一項がある。信長は、ここでは長島一向一揆討伐の際のような、非戦闘員の殺戮を実行しようとはしていないことが知られる。信長は、一向一揆だから非戦闘員まで皆殺しにしたというわけではないのである。

同時に寺内町住民は、戦いとなればとりあえず本願寺と命運をともにする以外なかったといえよう。住民のなかには本願寺門徒でない者も少なからずいたことが知られるが、彼らも同様であった。天正八年（一五八〇）に大坂を退去する際、顕如は徹底抗戦を主張する教如に対して「家財を心配している町人の身上を助けなければならない」ことを説いている。たとえ宗旨が異なる場合にも、住民は領主本願寺に身の安全を託さなければならなかったし、本願寺もまた領主として、彼らの安全を図る責任があった。

諸国門徒が元亀元年（一五七〇）の本願寺蜂起から天正八年の大坂明け渡しまでの間に本願寺に番衆を派遣したり、鉄砲・弾丸・煙硝など武器を送ったり、金銭・兵粮を送ったりして貢献したことを伝える史料や伝説は、ひろく日本の各地にみることができる。番衆を送ったことが史料から確認できるもののみでも畿内の摂津・河内・大和・和泉、それに

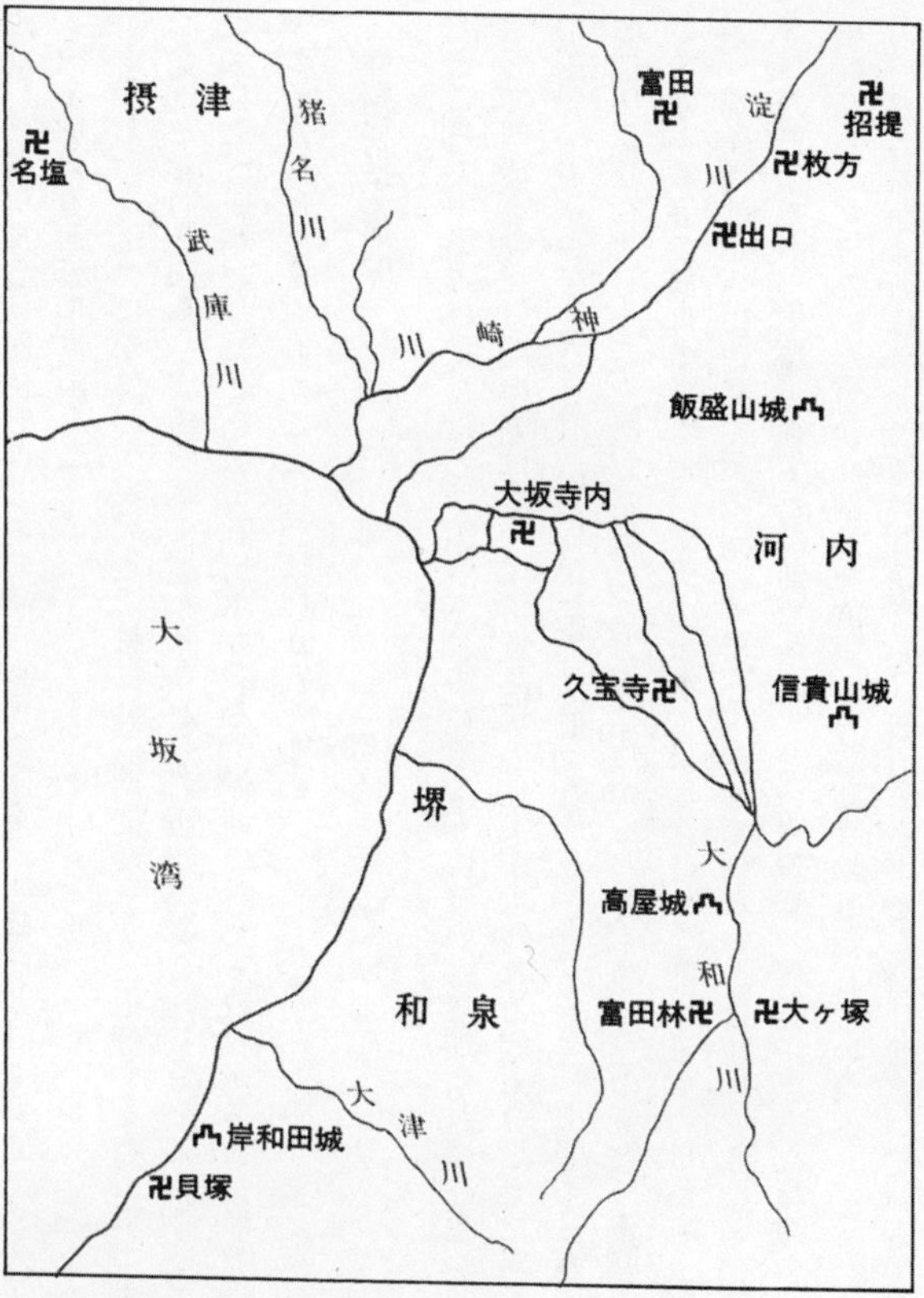

畿内本願寺派寺内町分布図

注　本図は『シンポジウム日本歴史９　土一揆』（学生社、1974）に掲載された、峰岸純夫氏が作られた図をもとに作成した

近江、越前、加賀、紀伊をはじめ北陸、東海、関東、四国など二十カ国をこえ、伝説の残る国を加えると三十カ国をこえる。

こうした支援のほかに、大坂周辺の村にいる門徒たちが、退却する織田軍にゲリラ戦をしかけたという伝承や、織田軍に加わりながら、顕如の姿をみて弓を引くことができずに平伏した門徒がいたことを伝える伝承もある。信仰に訴える戦いが多様な形での、信仰に基づく支援に支えられたことは想像にかたくない。

参戦を促す信心

ところで本願寺は、しばしば誤解されているように戦いに参加すれば往生が叶う、と宣言して門徒を動員したのではない。煩悩具足の凡夫が救われる教えを伝えた親鸞とその家（本願寺）とに対する恩返しのために戦うことを命じたのである。本願寺を滅ぼそうとする織田信長に対し身命を賭して戦うことが仏法すなわち本願寺への最大の報恩であるというのが本願寺の論理であった。親鸞の教義では浄土往生を叶えるものは信心決定以外にない。本願寺の命令に殉じて死のうと、信心決定していない者は往生できない。討死は本願寺への忠節であって浄土往生とは別である、という親鸞の教義に忠実な論理を、石山合戦の間じゅう、ほんのわずかな例外を除いて、本願寺は堅持していた。

一方本願寺は動員命令に従わないものは破門する、としばしば述べている。もちろん本願寺から破門されたからといって往生できないわけではない。動員に応じないような恩知らずは門徒の名に値しないから破門する、というのが本願寺の論理である。だが当時門徒の間では、宗主は門徒を地獄に落とす力量も、またどんな大罪を犯した者も仏にする力量もそなえていると信じられていた。破門は堕地獄同然であり、その恐怖が門徒を駆りたてたとも想定できる。しかし従軍も戦死を覚悟することであり、堕地獄の恐怖によって戦死の恐怖が克服できるとはかぎらないであろう。

こうみてくると門徒の間で参戦が往生につながる、との信仰のあったことが目につく。二八八ページ写真の軍旗は歴史書などで目にすることの多い著名なものであるが、軍記物などにも「進まば往生極楽、退かば無間地獄」（戦って死ねば往生できるが、退却すれば地獄に落ちる）が本願寺門徒のスローガンであったことがみられる。

越前朝倉氏と一向一揆とが戦った永正の争乱のさいに、一揆方の僧侶が兵卒に向かい「敵のほうへかかる足は極楽浄土へ参るものであり、退却する足は無間地獄へ向かうものと思って決して退却するな」と煽動したが、いざ戦いとなるとこの僧侶が真っ先に逃げ出したとの伝説が『加越闘諍記』にある。また朝倉貞景から「われわれは戦いに勝つために八幡大菩薩に祈るが、敵方の一向一揆も八幡大菩薩に祈るはずである。それなのにわれわれが勝ち、一向一揆は敗れた。八幡大菩薩の御利益はどうなのか」と質問された僧侶は「八幡大菩薩はわれわれには現世安穏の利益を、一向一揆には後生善処の利益をもたらす

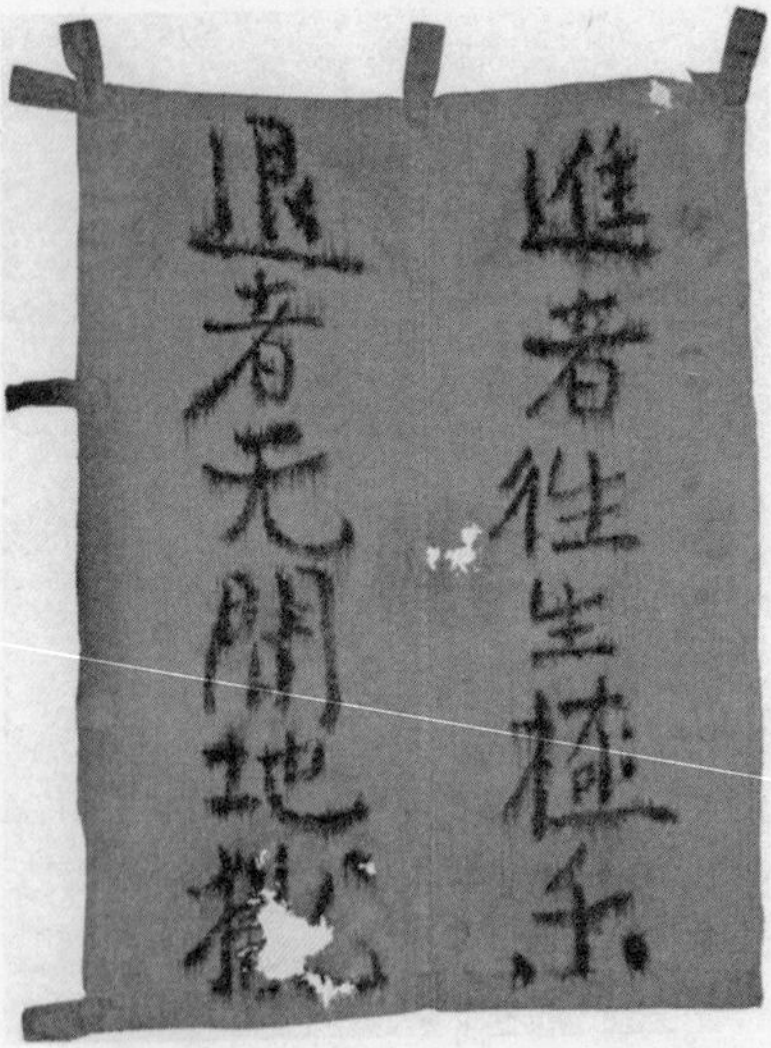

伝毛利氏黄旗組石山合戦旗　「進者往生極楽、退者无間地獄」と書かれている（広島県竹原市、長善寺蔵）

のです」と答えたという逸話が、近世初期に作られた笑話集『醒睡笑』にみられる。

　本願寺門徒が後生の救済を目的として戦場に赴くことは、当時相当に有名な話だったのだろう。宗主自体、先ほどわずかな例外といったように、ごく少数「本願寺の繁栄のために忠義を尽くすことが肝要である。そうすれば往生極楽の念願も叶うだろう」との趣旨を述べている場合がある。宗主からこの言葉を聞きたい門徒側に妥協したものだろう。本願寺のための従軍が往生につながると信じていた門徒が少なくなかったことは確かであろう。

　戦場での討死も救いとなる、とは現代人には相当理解しにくいものである。もっともこの時代、門徒は本願寺のために死ななくても、家や村や町のために、あるいは主君のために従軍して討死することはけっして珍しいことではなかった。同じ戦場での死なら家のためか、村・町のためか、主君のためか、または信心する本山のためか、という択一の問題となっていたことは想像にかたくない。そして家や地域や主君の家中とならんで寺院を中心とする信徒の集団もまた、強い帰属意識に支えられたものであった。

上杉謙信の死後、上杉景勝と上杉景虎とが後継者争いをした御館の乱のなかで、景虎側は赤川新兵衛尉という名の武士を中心とした一揆に対して、忠節を尽くした場合には望みのところに道場を建立することを許可しよう、との条件を出して従軍を呼びかけている。この史料を伝える専称寺は、鎌倉幕府御家人大江時元の建立した時宗の寺院であり、この一揆も本願寺門徒の一向一揆ではなさそうである。しかし、自分たちの道場を望む信徒の集団は、そのために戦場に向かうほどの結束力をもっていた。

本願寺教団もまた、寺院や道場を核とした信徒集団を基礎的な単位としていたことは4章で述べた通りである。日常的に信心を共有していたこの集団は、集団の存続のために戦場に赴くほどの結束力をもつものが珍しくはなかったことだろう。家や村や町や主君の家中のためと同じく、寺院と檀家との関係のためにも、場合によっては死ぬことが要請されたことも想定される。こうした社会状況のなかで信心によって戦場で命を捨てることが浄土往生につながるとの観念が培われていったのかもしれない。

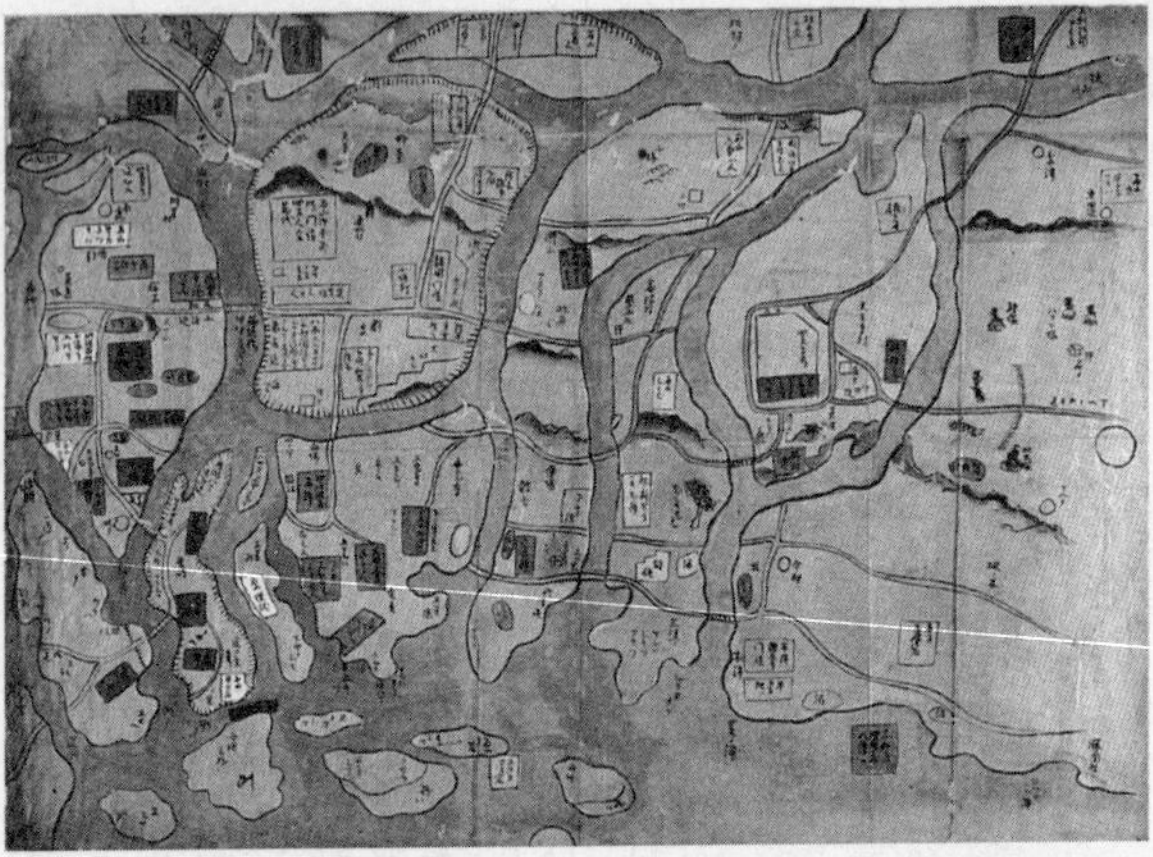

石山合戦配陣図（大阪城天守閣蔵）

勅命講和と大坂退去

本願寺が織田信長の叛旗を翻した後、信長の武将で在岡城主荒木村重が本願寺と結んで反逆するなど有利な局面もありながら、本願寺は徐々に追い詰められていく。天正六年（一五七八）三月、上杉謙信が病死し、その後継をめぐって前述のように上杉景勝と北条氏から養子に入った上杉景虎とが争う。景虎方として北条氏が軍勢を動かすとの噂が流れる一幕もあったこの争乱によって上杉勢は信長との交戦どころではなくなり、景勝が景虎を滅ぼして再び加賀との連繋を表明したのは天正七年四月のことであった。

さらに天正七年九月、景虎の死により上杉氏との同盟関係もなくなった北条氏が信長に好を通じ、上杉・北条・武田の同盟は瓦解する。信長にとって戦況は好転する一方、天正五年の段階では武蔵国麻布善福寺（東京都港区）に対して「当国の御屋形様（北条氏政）がかねての約束通り好を通じて下さるのはありがたい」と言っていた本願寺にとっては打撃であった。これ以後信長は、越前の柴田勝家に命じて上杉討伐を進める一方、武田勝頼を追い詰めていく。

中国方面の毛利氏との戦況も織田方に有利に展開する。天正六年十一月には信長の武将九鬼嘉隆が毛利氏の水軍と交戦して撃破し、大坂湾の制海権を奪還した。天正七年十一月には荒木村重の在岡城が陥落、村重、荒木久左衛門らは逃亡し、城に残された妻子や兄弟らは全員処刑された。十二月には大坂の出城森口が陥落、天正八年正月に播磨国三木城（兵庫県三木市）が陥落した。来たる三月に信長の総攻撃が行われるとの噂のなかで、本願寺は諸国の末寺に、一カ寺につき一人の番衆に鉄砲・弾薬を装備させて大坂に上番させるよう指令した。

ところが一方、前年天正七年末から信長は天皇を動かして本願寺との和平交渉を進めていたのである。信長は正親町天皇へ本願寺との和睦を望む旨奏上し、十二月に天皇の命令を伝える女房奉書が本願寺に下される。八年正月には勧修寺晴豊が勅使として安土に下向し、三月には本願寺に対し、大坂退去を代償に「惣赦免」すなわち本願寺教団を許し、末寺の地位も保証するとの条件を骨子とする和睦案が提示された。

信長がわざわざ天皇まで動かし、劣勢の本願寺と、しかもその地位を認めてまでなぜ和睦しようとしたかは、織田政権と一向一揆とが不倶戴天の間柄であると考えるかぎり説明はつかない。一方この先入観を排してみれば、相手が劣勢に立ったときに和睦をもちかけるのが犠牲を少なくして勝利を収めるもっとも合理的な方法であることは明白である。大坂退去は戦国大名同士が和平する際に行った「国分け」すなわち、敗者が領土を割譲する領土協定に相当するものとみることができる。

宗主顕如は和解条件を受諾し、勅使に本願寺側の誓約書がわたされた。だがこの直後、顕如の嫡子教如が和睦を拒絶して徹底抗戦を主張する。顕如は和睦を遵守して紀伊国雑賀（和歌山県和歌山市）へ去り、大坂に残った教如は諸国門徒に抗戦を呼びかけたが、その背後にいたのは足利義昭であった。教如の蜂起に対して義昭は毛利輝元、小早川隆景に対して「新門跡」すなわち教如を支援するよう命じている。教如もまた義昭の御内書に答礼し、毛利輝元に支援を命じたことに感謝の意を表明している。両者が結んでいたことはほぼ確実である。

そもそも本願寺の決起は、教団の存続のために義昭と信長とのどちらにつくか、という選択によりなされたものであった。だから信長が天皇の権威までもちだして本願寺教団の地位を保証すれば、信長に対して抗戦する理由はない。こうした事情から顕如は和睦を受諾したと考えられる。信長にとっても、民衆の支持を得た教団を敵にまわすより味方にし

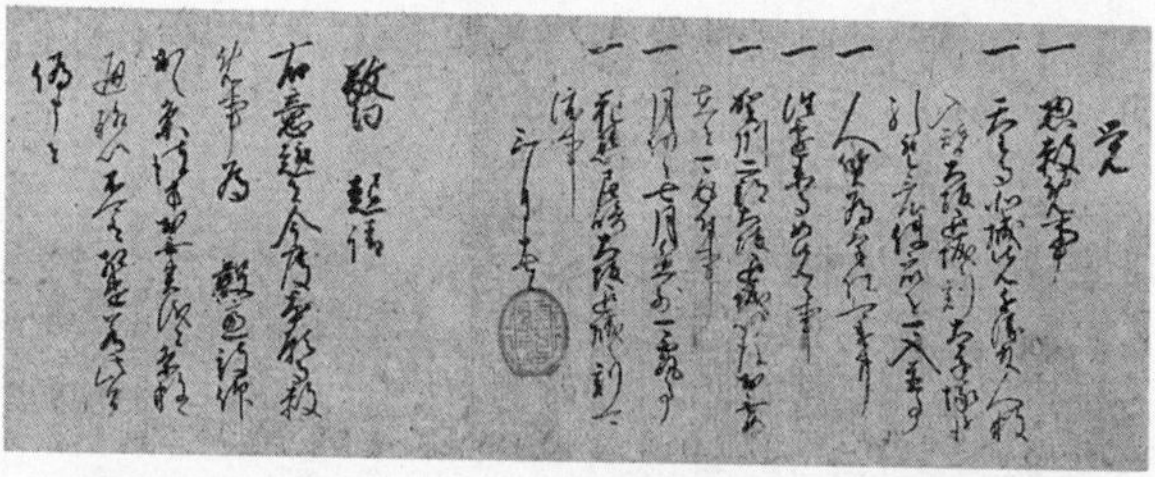

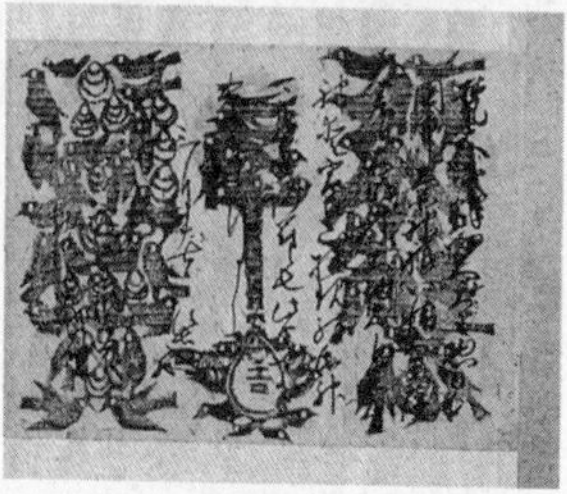

勅命講和のときの織田信長起請文　天正８年（1580）３月、正親町天皇の勅命で講和となった際、織田信長は、顕如率いる本願寺が大坂を明け渡す代償として、教団を赦免し、その地位を保証するなど７カ条の講和条件を起請文のかたちで提示した（西本願寺蔵）

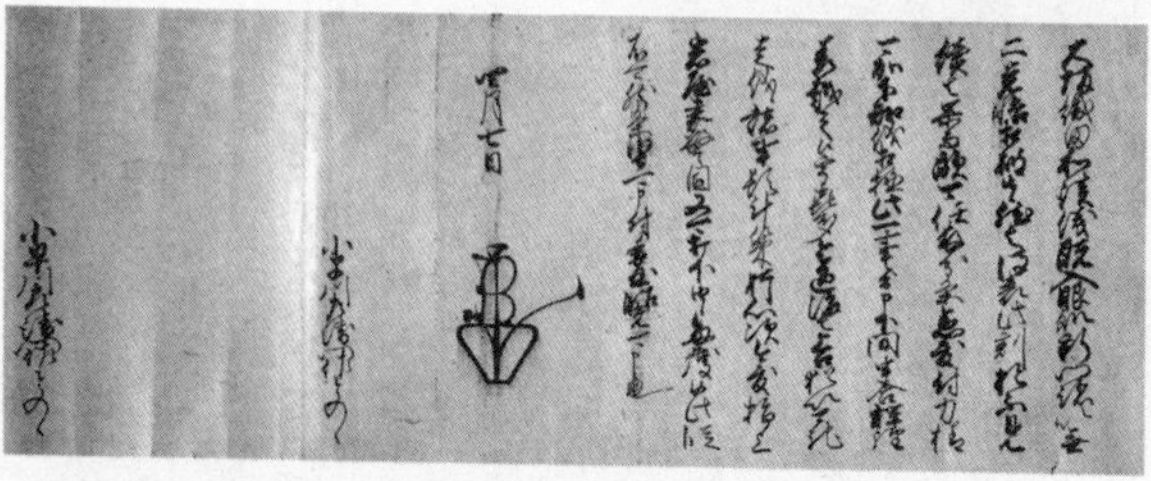

足利義昭御内書　和睦に反対した教如の決起を伝え、毛利氏に援助を命じている（文化庁蔵、写真提供・滋賀県立安土城考古博物館）

て傘下に収めるほうが、政策としてははるかに理に叶っている。

一方、教如の徹底抗戦の理由もまた「毛利、武田、上杉が和睦した後でもなお、信長が本願寺の地位を保証するといってこそ和睦は現実的である。そうでなければいつ裏切られるかもしれない」というものである。要するに信長が信用できるかどうかが問題なのであり、こうした教団側の懸念を考慮して信長は天皇を持ち出していたのである。そして天皇の権威によるものか、ともかく信長は、侮れない武力をもつ民衆の教団の、すくなくとも半分を味方につけることに成功した。結局教如は孤立して信長に和議を申し入れ、信長は教如に赦免を約束する。八月、教如は大坂を退去した。

加賀門徒勢力の存続

本願寺側の和睦受諾をうけ、天正八年（一五八〇）閏三月、織田信長は大坂を包囲していた佐久間信盛に通路封鎖の解除を指令し、羽柴秀吉には播磨国英賀本徳寺（兵庫県姫路市）との停戦および本願寺末寺の安堵を指令するとともに、加賀一向一揆と抗戦中の柴田勝家に停戦を命令した。しかし勝家は停戦せずに加賀へ侵攻する。教如の徹底抗戦により和睦が宙に浮いた以上、勝家のほうから停戦実施に努力するいわれなどなかったからであろう。むしろ和睦が日程に上った以上、和睦成立までにできるだけの戦果をあげて有利な和睦にいたろうとする発想は、戦国時代でも二十一世紀の現代における国際紛争でも少しも変わらない。

すくなくとも二十二日までには柴田軍が能登へ侵攻している。加賀一揆の中枢であった金沢御坊はこのころ陥落し、一揆の一部は越中に脱出して上杉景勝と結び抗戦を続けた。国内では天正十年三月に白山山中に立て籠もっていた白山山麓の門徒一揆山内惣中が殲滅された。これが織田軍による加賀一向一揆の解体と考えられてきた事件である。

たしかに門徒たちの郡一揆はこの後加賀の行政に携わった形跡はない。しかし天正八年八月に宗主顕如が「加賀四郡」に宛てて教如の大坂退去を告げ、加賀が本願寺に返還されるか否かは信長と本願寺との交渉に任せ、柴田軍との戦闘は控えるべきこと、教如が派遣した蜂起を命じる使者を速やかに成敗すべきことを命じている点は注目される。金沢御坊陥落の後も、柴田との交戦や教如の使者の成敗を実行する力量をもつ郡一揆が存在したことがうかがえるからである。さらに天正十年、本能寺の変直後、顕如は京都の政変以後も本願寺は織田政権と良好な関係にあること、今後とも本山のために尽力すべきことを「石川郡惣門徒中」に申し送っている。依然として本願寺門徒の郡単位の組織が健在であることがうかがえよう。

その一方で同じ年の三カ月ほど前に山内惣中が殲滅されているのだが、本願寺教団のなかで、大坂退去をめぐり信長との和平を受諾する顕如派と徹底抗戦を主張する教如派とが対立していたことを想起したい。顕如の命令をうける「加賀四郡」の門徒や「石川郡惣門徒中」は顕如派であるから、加賀から脱出して上杉景勝と結んだ門徒や、殲滅された山内惣中のほうは教如派であっただろう。このようにみると山内惣中の殲滅は、一向一揆の解体ではなく、顕如派健在の一方で、教如派門徒が加賀での地位を失ったものと考えられる。

天正九年に顕如の子准如が越前国本行寺の住持になったとき、加賀・越前からその下寺となる四十数カ寺が選ばれたが、加賀からは木越光徳寺、宮保聖興寺、松任本誓寺など九カ寺が選ばれている。しかも木越光徳寺などは前年閏三月、柴田軍に撃破されており、おそらく戦後赦免されたのであろうが、顕如側の寺院としての健在ぶりがうかがわれる。

柴田勝家の支配下で、加賀の郡一揆が以前とまったく同様の姿で健在だったというわけではないが、門徒勢力の少なからぬ部分が依然健在だったということができよう。近世の加賀は文字通り真宗王国であり、加賀に入部した前田氏は本願寺の門徒統制を承認し、バック・アップさえしている。加賀藩の庄屋格の家には蓮如の六字名号がなくてはならないと言われており、すくなくとも本願寺教団の権威が依然高かったことは窺われる。織田政権による加賀一向一揆の解体という通説は史実から相当に乖離したものといえよう。

仕組まれた宗論

前節で述べた一向一揆との対応に関するかぎり、織田信長が仏教勢力に厳しい対応をとったとはとてもいえるものではない。そもそもこれまで信長の対仏教政策を考える基礎になった史料はイエズス会宣教師の証言であったが、これがこと仏教政策に関しては、きわめて不適当な史料であることは6章で述べた通りである。しかしイエズス会の史料を離れてなおかつ、信長の仏教に対する厳しい姿勢を示すものと考えられてきたのが、6章で触れた比叡山焼討、それに今みたばかりの一向一揆に加えて法華宗教団に対する対応であった。安土宗論の名で知られる事件である。

しかしこの安土宗論ははたして法華宗教団を抑圧しようとする信長の政策に基づくものなのであろうか。従来信長は京都支配を強化するうえで、町衆の支持を得ていた法華宗寺院を抑えることを念頭においていたとみられがちであった。しかし6章で述べたように信長の政策は室町幕府のそれを基本的には継承しているものであり、町衆の法華宗信仰を基本的に許容していた将軍権力とまったく異なる政策をとったとは、にわかには考えがたい。安土宗論の実態をすこし詳しくみる必要があるだろう。

安土宗論は天正七年（一五七九）安土の城下にある浄厳院で、信長の面前で行われた浄土宗と法華宗との宗論である。後述するように宗論は、信長のような大名はじめ幕府の管領など、世俗の支配者の前で行われ、その裁定により決着するのが通常の方式であった。もちろん判定に仏教の専門知識が必要なことはいうまでもなく、僧侶が裁定者からレフェリーに任じられたと思われる。安土宗論の場合は南禅寺の鉄叟景秀をはじめ、この宗論の記録を残した因果居士ら四名が信長の命令で判定に携わった。

宗論のきっかけは、安土で法談していた浄土宗僧霊誉玉念に法華宗の信者建部紹智、大脇伝介の二名が不審をかけたことに対し、玉念がお前たち若輩ではなく、お前たちが帰依する法華僧と宗論を行うと宣言したことによる、と『信長公記』は伝えている。両派から僧侶らがそれぞれ出て行った宗論の結果、法華宗側が敗北を宣言され、抗争事件の発端となった信者は処刑され、宗論に列席した法華宗の僧侶は詫証文を信長に提出した。

しかし実際は、信長は最初から法華宗側が負けるように仕組んでおり、浄土宗側に有利に宗論を運ぶように判定者の因果居士に含めておいた、とは因果居士自身が記している。事実因果居士の記録によっても、因果居士が何度か浄土宗側に有利となるような発言をしたことが分かり、信長が故意に法華宗側を負かそうとしたことはほぼ確実である。信長は法華宗を「あの徒者（ろくでなし）」と罵っているように、最初から悪感情をもっていたことも知られている。だから信長が法華宗を叩くために安土宗論を行ったという通説はほとんど確実なように思われるかもしれない。

信長の調停

しかし一方、宗論が行われる前に織田信長が和睦を勧告していることも注目される。『信長公記』によると、信長の命により菅屋長頼(すがやながより)らが双方の和睦を試みたところ、浄土宗側は信長の命に従ったものの、法華宗側が和睦を拒否した結果、宗論になったという。

この点について、安土宗論の法華宗側当事者の一人久遠院日淵(くおんいんにちえん)が記した『安土問答実録(あづちもんどうじつろく)』では次のように伝える。「宗論に臨むについては、負けた場合には京都ならびに信長分国中の法華宗寺院を皆破却されてもよい、との連判状(れんぱんじょう)を出してから宗論せよ。またそれはあまりに苛酷な条件だというなら、このまま帰るがよい。いずれを選ぶか」と信長から尋ねられたことに対して「宗論をするもしないも上様の御心次第です」と答え、宗論をするともしないとも明言しなかったという。

双方の印象はかなり異なるものの、信長が宗論をせずに和解するよう勧告したことについては双方共通している。もし法華宗が宗論に臨む方針を思い直してそのまま帰ったら、いわば八百長の宗論を仕組んで弾圧する手筈を整えていたはずの信長は一体どうするつもりだったのか。わざわざ自分から法華宗側に逃げ道を開いてやり、むざむざと弾圧の好機を逸するような間の抜けたことを信長がするだろうか。法華宗を弾圧するための策略という見解には、この点に最大の弱点があるように思われる。

そもそも宗論というもの自体、分かったようで分からないものである。日本史辞典の類(たぐい)を調べてみても宗派間で行われる「宗義上の論争」、ないし「教義をめぐって仏教諸宗派間でなされる論争」というようなことしか書かれていない。しかし、もしたんなる教義上の論争であるならば、世俗の支配者、たとえば信長の面前で行う必要はないだろう。また「もし負けたら京都をはじめ信長分国中の法華宗寺院を破却されてもかまわない」と誓約した上でしなければならないようなおおごとなのだろうか。解明されていない点は意外に多い。

安土宗論の意義をきちんと明らかにするためには、宗論の研究の進展を待たなければならないだろう。しかしとりあえず現段階でも、これまで知られている断片的な事実や、これまでの研究を手がかりとして、安土宗論の背景を推測することはできそうである。少し先走って結論を述べるなら、宗論とは教義の論争というイメージにふさわしいとは到底いえない、実力闘争で優劣を決するような一種の決闘であったと筆者には思われる。その意味では、自力救済の当たり前であった中世にこそふさわしいものである。

仮にそうだとすれば、戦国大名らにより自力救済が抑制されるようになる時代に宗論がどのように扱われるか、宗論はあえて望む宗教者がどのような仕打ちをうけるかを想像することはたやすい。そして信長がなぜ、「法華択一(ほっけたくいつ)」「是一非諸(ぜいっぴしょ)」を標榜する日蓮以来、とくに宗論を重視してきた法華宗を目の敵にしたのか、が髣髴(ほうふつ)としてくるように思われる。

裁判と決闘の間

まず宗論の実態を簡単に紹介しておこう。その第一は、宗論が「問答」の名称、すなわち訴人（原告）と論人（被告）との陳述・論難と同じ名称でも呼ばれることからうかがえるように、世俗の裁定者の前で行われる裁判の要素をもっていた。

たとえば鎌倉時代の弘安元年（一二七八）に日蓮の弟子下総の富木常忍が天台僧と行って勝利した宗論も、日蓮が「こちらの負けを仰せ付けられることのないよう」アドバイスしており、守護代クラスの裁定者の前で行われたとされている。南北朝時代の暦応元年（一三三八）、本願寺覚如の子存覚が法華宗徒と行った宗論も備後国府において守護の前でなされたものである。宗論は『太平記』にも登場し、足利将軍家の帰依をうける新興の天竜寺で後醍醐天皇の供養が行われることに反対した山門の訴訟を裁くために、公卿の僉議が行われたとき、ある公家が宗論で決着させようと提案したとの逸話が記されている。

戦国時代にも事例は多い。5章でふれたように文亀元年（一五〇一）に細川政元の前で行われた浄土宗と法華宗の宗論は著名である。天文年中に法華宗と、法華宗みずから「法華宗」の宗号を名乗ることを不当として訴えた山門との宗論が近江守護六角定頼の前で行われ、法華宗側が勝訴している。イエズス会宣教師ルイス・フロイスによれば、美濃（岐阜県南部）の大名斎藤竜興の前で禅僧同士の宗論が二度行われ、いずれも勝者に竜興が帰依している。

第二に、裁判としての側面とは裏腹に、宗論の勝者が敗者から袈裟(けさ)を奪うという実力行使が許される、一種の決闘の側面がある。宗旨の論争の際に相手方に袈裟を渡すというのは降参の表明である。日蓮が佐渡に流された翌年の文永(ぶんえい)九年（一二七二）守護代本間(ほんま)重連(しげつら)の前で行った、いわゆる塚原問答(つかはらもんどう)では、屈服した者らが袈裟や数珠(じゅず)を捨てて、二度と念仏しないと誓った、と日蓮自身が記している。フロイスも、キリシタン武士との論争に負けた僧侶が降伏の印に「ストラ（法衣）を脱いでキリシタンとなることを望んだ」と記している。

この降参の儀礼を相手に強要する、いわば私刑が公然と許容されるところに、裁判とはいえ宗論の特異な性格がある。安土宗論の際には、法華宗側の言い分によれば、反論できず口をつぐんだ浄土宗側に対し「問答の作法だから袈裟をもらうぞ」と法華宗の僧侶が立ちあがったところで、浄土宗側がいきなり「勝った、勝った」と叫び、人びとが鬨(とき)の声をあげて法華宗僧侶の袈裟を剝ぎ取った。日淵は「問答には勝ったが、老僧の袈裟を取られてはどのような判定が下るか分からない」と思い、相手方から袈裟を取り返そうとしたという。『信長公記』は問答につまった法華宗僧から、浄土宗側をはじめ満座の者が袈裟を剝ぎ取ったとあるが、要するに敗者は、衆目のなかで暴力的に降参の儀礼を強要されたのである。

裁判とはいえ、裁定者はこの実力行使を制止することはない。私闘としての側面をいっそう際立たせているのは、裁定ののち、敗者が裁定者から処罰されたうえ、群衆の暴力に曝(さら)されたことである。京都では法華宗とその信徒への成敗が行われ、さらに、イエズス会宣教師の証言によれば、安土宗論の結果が京都に伝わると、群衆が法華宗の寺を襲って家財を奪ったといい、敗者が群衆の残党狩りにさらされる戦争と似た側面もあった。寛正(かんしょう)六年(一四六五)山門が東山本願寺を破却したとき、本願寺側が当初宗論に訴えようとしたことは4章で述べたが、本願寺がこのような宗論による山門との闘争を意図していたことがうかがえる。

中世ヨーロッパに存在した決闘裁判——原告と被告とが決闘により正邪を争う、きわめて自力救済の要素の色濃い裁判を、宗論は髣髴とさせるものであるが、山内進氏によれば、決闘裁判は自力救済の慣行と訴訟における当事者主義とを土壌としていた。だから自力救済が当然のように行われ、また「獄前の死人、訴えなくば検断なし」(裁判所の前に死体が転がっていても、殺人を訴え出る原告がいなければ警察や裁判所は動かない)との諺(ことわざ)にみられるように当事者主義が原則だった日本の中世にも、その土壌は存在したように思われ、宗論の存在はその意味でも興味深い。

宗派間相論の停止

戦国時代になると、戦国大名の分国法のなかで宗論は禁止されるようになる。たとえば武田氏の『甲州法度之次第』には「浄土宗と日蓮宗の宗論を、分国内で行うことを禁止する」との条項がみられる。また今川氏の『今川仮名目録』には「諸宗による宗論は、分国内で禁止する」との一項がみられる。法華宗教団自身が天正三年（一五七五）に「粗忽に法理の相論をしてはならない」と宗論を抑制する教団内の掟を定めている。自力救済が抑制される時代には宗論もまた抑制されるようになったことが分かる。

信心のあり方も変化したことが予想される。教義の専門家ではない在家信者にとって、宗論の勝敗にみずから属する教団や信仰の将来をかけることは、必ずしも内的信心にマッチしたものではなかったのではないか。蓮如が若いころ、おそらく奈良で書いたと思われる、念仏信者の立場を擁護するための弁明状「念仏行人申状」が伝わっているが、そこでは念仏の現世利益や念仏が朝廷に重んじられた由緒などを強調した、後年の『御文』などとは随分異なった論理が展開されている。論争である以上、相手と共通の土俵に立たなければならないが、その土俵は親鸞の教義を在家信者に説くのに必ずしも適しているとはかぎらないだろう。後年高田派からの宗論の申し入れに対し、蓮如は「無益の問答」と拒否したという。

このようにみると安土宗論における信長の標的は法華宗ではなく、宗論それ自体だったのではないかと思われてくる。別段法華宗教団を弾圧するつもりはなかったが、彼らの宗論を事とする行動様式は叩いておきたいと思っていたのではないか。こう考える理由のひとつとして、宗論で敗北を宣告された法華宗側が提出させられた起請文の内容をあげることができる。第一に浄厳院で行われた浄土宗との宗論で法華宗が敗北したことを認め、第二に今後他宗との教義上の争いをしないことを誓い、第三に法華宗教団の存続が認められたことに感謝する旨が記されている。具体的な誓約は二番目の、宗論をしないことを誓った部分のみであり、これを信長は最大の眼目にしていたと考えられる。

もうひとつの理由として、日淵によって書き記された法華宗に対する信長自身の言葉があげられる。宗論の後、信長は奉行衆に捕らえられている法華宗側の当事者、日諦、日珖、日淵三人の前に現れ、三人を押さえつけていた役人の手を放させて、次のように言ったという。

「法華宗をよくいうものは一人もいない。予は法華宗については知らぬ故、人がよいといえばよいと思い、悪いといえば悪いと思うばかりである。そしてそなたたちの宗旨を誉めるものは一人もないのである。なぜ悪く言われるかといえば人を攻撃するからである。自分の宗旨を広めるだけならば悪くいう者がいるはずもないが、人を攻撃するから憎まれるのである。なぜ人を攻撃するかといえば、そなたたちの欲が深いからであろう」と述べた後、宗論に負けた以上死を覚悟するか改宗するかを返答せよと勧告したという。
この勧告に対して奉行に執成し(とりな)を懇願したところ、提出するよう指示されたのが先ほど述べた三カ条の起請文であった。信長の意図が宗論の停止にあったことは明白なように思われる。信長が問題としていたのは信仰自体ではなく、中世教団に色濃い自力救済の作法であったと考えられる。したがって、安土宗論を根拠として信長が仏教に対して厳しい姿勢をとったとみることはできない。

山門焼討、一向一揆、安土宗論と順にみてくると、織田信長が仏教に対して厳しい姿勢をとったことを示すものは何ひとつないことに気づく。ひるがえってみれば、6章でみたように寺社本所(じしゃほんじょ)を一貫して保護してきた信長が、在来の仏教を弾圧したかのように考えることのほうが、むしろ矛盾したことではないだろうか。革命児信長による仏教の否定という神話を排して山門焼討を、一向一揆との戦いを、そして安土宗論を見直すことにより、信長と寺院・僧侶など仏教勢力との関係が、別の角度から明らかになるように思われる。

戦乱の終息

豊臣政権の成立

天正十年（一五八二）三月、武田勝頼は織田軍の攻撃で滅亡した。足利義昭が画策した上杉、北条、武田による東国の反信長同盟のうち北条は帰服し、残る敵は上杉景勝のみとなった。大坂本願寺も帰服し西国の毛利氏に対しては羽柴秀吉が有利に戦いを進めつつある。朝廷から戦勝慶賀の使者として万里小路（までのこうじ）充房（あつふさ）が三月二十二日に京都を発ち、これを甲（か）斐（い）の陣中で迎えた信長息信忠は四月三日に「武田征伐について天皇からお褒めにあずかり、勅筆の御書を再三にわたり頂戴したことは、身に余ること」と回答している。

万里小路充房が京都に戻ったあと、朝廷では信長の京都奉行村井（むらい）貞勝（さだかつ）に信長への適当な恩賞について諮問し、太政大臣（だじょうだいじん）・関白・将軍のどれかに推任しては、との回答を得て五月、信長に将軍就任を勧める勅使が安土に派遣された。そののち一月も経たないうちに信長は京都本能寺で斃（たお）れた。

反逆した明智光秀を倒し、織田政権で中心的存在となったのは羽柴秀吉である。信長が弑（しい）せられたことを知った秀吉は、包囲していた備中高松（びっちゅうたかまつ）城の城主清水（しみず）宗治（むねはる）の切腹、開城と領地割譲とを引きかえに和議を結んでただちに引き返し、天正十年六月十三日、山崎の合戦で明智光秀を破った。この後織田政権内では羽柴秀吉につく勢力と柴田勝家につく勢力とが対立し、有名な賤ヶ岳の合戦となった。この対立が信長の次男北畠信雄（きたばたけのぶかつ）と三男神戸（かんべ）信（のぶ）

孝との対立という形をとっていたことは、戦国時代における幕府の政争が、将軍の家督争いという形をとったことを想起させる。あまつさえ柴田勝家は、帰洛を目論む足利義昭の擁立も試みていた。

織田政権の将来を決する賤ヶ岳の合戦は、天正十一年（一五八三）四月、越前国北庄（福井県福井市）で秀吉方の軍勢に包囲されるなか、柴田勝家が自刃して決着した。五月に神戸信孝も自殺、七月ごろには神戸信孝方の滝川一益も降伏した。注目されるのは、このとき本願寺もまた羽柴秀吉方についていることである。

秀吉は本願寺が加賀の一揆を動員して忠節をつくす旨、申し入れてきたことを賞賛し、柴田領国の加賀・越前を攪乱して目覚ましい働きをすれば、加賀を返還する、と通達している。そして門徒たちは秀吉方について戦っていた。近江の本願寺一族寺院慈敬寺顕智は、門徒に対して越前の長陣での苦労を労い、柴田が滅んだ今、秀吉と宗主顕如との良好な関係は「仏法繁昌」でありめでたい、と書き送っている。

門徒たちが仏法のために本願寺の命令で従軍したことが知られる。一向一揆は本願寺の大坂退去と柴田勝家の加賀占領により消滅したわけではない。それどころか依然、本願寺は加賀の一揆を動員する力量をもち、中央の政争に仏法のために介入する力量を有していた。石山合戦終息後にも広域的な一向一揆が起こりうる状況はあったのである。

翌天正十二年のいわゆる小牧・長久手の戦い、すなわち羽柴秀吉と徳川家康との戦いでは、徳川家康が本願寺に蜂起を誘っている。家康に味方した佐々成政が同年八月に蜂起した際は、秀吉方の前田利家から本願寺を通じて越中の寺院・門徒に応分の尽力が要請され、本願寺はそれを指示している。門徒の勢力は健在であった。

徳川家康との和解後、羽柴秀吉は関白に就任し、さらに豊臣姓を賜り豊臣秀吉を名乗るようになった。関白豊臣秀吉が諸国を支配することになる。

惣無事の秩序

豊臣政権について、戦国乱世がどのような形で終息していくか、という問題にかかわる惣無事令と刀狩令について簡単にみておくことにしたい。

惣無事令の内実を最初に明らかにされたのは藤木久志氏であった。藤木氏によれば惣無事令は、戦国大名に大名相互間の武力による領土紛争を停止し、その解決を豊臣政権の裁定に委ね、その裁定に服することを命じるものである。豊臣政権は、戦国時代を通じてすでに形成されていた戦国大名たちの領有関係を基本的に承認しており、その間の領土紛争が戦争に発展した場合にのみ大名の領有権に干渉する。そしてその場合には停戦命令違反や裁定への不服従に対しては、誅伐・成敗の対象として武力を行使するのである。

惣無事令の解明により、天下人による他大名の武力征服という側面のみから考えられがちだった「天下統一」の過程は、もっと幅広い観点から考えることができるようになった。

戦国大名の喧嘩両成敗の法や、一般民衆の武器使用を取締まる刀狩令などに典型的にみられる自力救済抑制の一環として捉えられるようになったのである。

すでに戦国の将軍や織田信長による停戦令が、諸大名に対して抗いがたい権威をもっていたことは6章でみた通りである。秀吉の惣無事令はこれに加えて、関白として天皇の命を強調して戦闘停止を命じ、紛争裁定を行うことを宣言し、従わない場合の武力制裁を警告している点で注目される。実際島津氏と大友氏との戦闘に停戦を命じ、従わなかった島津氏に対して天正十五年（一五八七）に軍勢を率いて討伐を行い、北条氏と真田（さなだ）氏との、上野（こうずけ）国沼田（ぬまた）城領をめぐる紛争における、北条氏側の動きを停戦令違反として、天正十八年に北条氏を討伐している。

この北条氏討伐の結果、北条氏は滅び、豊臣政権に服属を表明しない大名がいなくなったことを通常「天下統一」の達成としている。領土紛争からの戦争が成敗の対象とされるようになったことは、たしかに大きな画期であった。もちろんこれによってただちに戦争が起こらなくなったわけではないし、民衆に対する一揆動員もなくなったわけではないが、大きな歯止めが生じたことは確かだと思われる。

もうひとつの重要な点は刀狩である。藤木氏によれば刀狩の前提として、豊臣秀吉が遅くとも天正十五年までには発令していた、村同士の争いなどにおいて実力行使を禁じる喧嘩（けんか）停止令（ちょうじれい）がある。この喧嘩停止令は徳川幕府にも受け継がれ、村同士の山の領有権や用水の使用をめぐる紛争の際、弓・槍・鉄砲などを用いた武力行使は禁じられた。

この喧嘩停止令をふまえ、「諸国の百姓」の武器所持を禁じた刀狩令が天正十六年に出されたとされている。この刀狩令が実際は農民をはじめ一般庶民の武装解除を実現したわけではなく、江戸時代を通じて農民など一般庶民も武器をもっていたことは塚本学氏や藤木氏によりすでに明らかにされている。いま述べたように江戸時代にも依然弓・槍・鉄砲を用いた武力行使を対象にした禁令が幕府から出されていることひとつをとっても、このことはうかがえよう。

徳川家康が「羽振りのよい百姓は女房を乗物に乗せて里帰りをさせ、子どもの衣服や脇指は武家もおよばないほどである。太平の世の風俗とはいえよろしくない」と語ったという逸話があるが、武家もおよばない立派な脇指を百姓が子どもに差させる「太平の世の風俗」のあったこともうかがえる。井上鋭夫氏によれば、昭和四十年代にダム建設のため、福井県穴馬（あなうま）地方にある本願寺門徒の道場を解体したとき、明和（めいわ）九年（一七七二）改築のこの道場の屋根から刀や槍などが発見されたという。

近世に大規模な武力行使がみられなくなるのは、一般人が武装解除されたからではなく自力救済を抑制する観念が庶民にも広がったことが大きいとされている。十六世紀末期になると、相論の際にも報復や武力行使を自己規制するような動きが民衆の間にみられるようになる。手を出さないほうが紛争を有利に運ぶ裁定につながるという判断が、広く浸透していった結果とされているが、これものちの時代の平和にとって重要な点といえよう。

禁教政策の展開

豊臣政権でもうひとつ注目すべきは、織田政権まではみられなかった、伴天連（宣教師）追放令などキリシタン信仰の取締まりである。もっとも豊臣秀吉は大名クラスの信仰を問題としたのみで、一般庶民の信仰までは対象としてはいなかったが、徳川幕府の時代になると、周知のようにキリシタン信仰自体が禁止されるようになる。

天正十五年（一五八七）六月十九日に秀吉が発令した伴天連追放令は二〇日以内に宣教師が国外退去することを命じたものである。その理由は二つ、第一に宣教師の伝道するキリスト教が「神国」日本とは相容れない邪教であること、第二に宣教師が帰依した信者を動員して日本の神社仏閣を破壊すること――「天下の御法度」に背く行為であると同時に、信者の自発性なしに帰依を強制する不当な宣教と非難している――である。ただし貿易を行うこと、仏教を攻撃しないポルトガル人が来日することは認めている。

実際には二〇日以内の退去は不可能であると懇願するイエズス会宣教師の言い分を認め、退去は許されたし、以後の伝道活動も苛酷な制限をうけたわけではない。高瀬弘一郎氏は、この追放令の狙いのひとつが、ポルトガル貿易の仲介者として取引き交渉の場で大きな発言力をもち、日本人の貿易活動に生殺与奪の権を握っていたイエズス会宣教師（5章）を

『日本におけるキリスト教の勝利』より　イエズス会宣教師ニコラ・トリゴーが日本でのキリシタン迫害や布教について記した書（大分市歴史資料館蔵）

排除し、ポルトガル貿易の直轄化を狙ったものであることを指摘しておられる。しかしイエズス会の貿易に干与する力は強く、秀吉の狙いは追放令とともに挫折した。

もちろんキリシタン信徒の発言力が大きい自治都市長崎がポルトガル人に領有されることへの懸念があったことはいうまでもないが、貿易の問題も大きい。ポルトガル貿易におけるイエズス会の力は大きかったため、徳川幕府の禁教政策も貿易を望む以上不徹底にならざるをえず、中国、オランダとの貿易が拡大するなかで、初めて本格的な禁教政策を展開することができたと、高瀬氏は指摘されている。

ところで秀吉は伴天連追放令発布の前日に「覚」と題する十一カ条の通達を発令している。これはイエズス会宣教師らの牛馬の肉食や、ポルトガル人が行う日本人を対象とした奴隷売買、さらには大名を動かした信仰強制を非難するなど多岐にわたっている。しかしその要点は、一定の規模以上の所領を宛行（あておこな）われた領主がキリシタンに帰依する場合には「公儀（こうぎ）」の承認が必要であるが、それ以下の武士や庶民の帰依は本人の意思に任せること、ただし大名が家中に信仰を強制することは禁止することを規定したものである。

信仰は「八宗・九宗の儀」すなわち個人の意思次第にどの宗派に入信することも容認されるべきものというのが、秀吉が強調した原則であった。その立場から「イエズス会宣教師が『知恵の法をもって志次第に』（優れた教えによる自発的な帰依の結果）信徒を増やすのではなく日本の仏教を攻撃」することは許すことのできない暴挙であるとした。

イエズス会が日本人信徒に寺社の破壊を教唆した事実はかなり見出すことができる。4章でふれたように、四旬節における罪の償いとして通りすがりの寺院を焼くことを勧めた宣教師がいる。説教に感動して社殿を焼き、仏像の首を切ったキリシタンがいる。キリシタン領主のある者は一向宗の僧を、異教を内密に伝道したことを理由に処刑した。神の栄光を増すために異教徒と戦う戦士を自認するイエズス会宣教師の立場からは、仏教信仰に寛容なキリシタンなどありえなかったのである。これが宗派同士の抗争を抑え宗論を規制しようとした当時の支配者にとって、危険な存在とみえたことは容易に想像される。

たしかに織田信長はイエズス会宣教師やキリシタンを優遇した。しかし高瀬氏も指摘されるように、当時のキリシタンはとるにたりない弱小な存在であって政治的には問題にならなかったし、キリシタンのさかんだった九州は信長の版図の外であった。惣無事令違反を九州の島津氏にも問うことになった豊臣秀吉とは、まったく立場は異なる。

江戸時代に周知のように宗論が禁止される。たんに幕府の禁令のみならず、宗旨の優劣を争うことを必ずしもよしとしない風潮も広まる。たとえば狂言の『宗論』は教義もろくに知らない浄土宗僧と法華宗僧とが、低レベルの論争のあげく仲直りするというもので、宗旨間の論争は徹底的に茶化されている。近世初期の仮名草子『夫婦宗論物語』は浄土宗の夫と法華宗の妻とが論争したあげく、禅寺に喝食にあがっていた息子にたしなめられて仲直りするというものである。いずれも宗旨をめぐる論争に対する冷ややかな視線が感じられる。

もっとも近世に宗論がまったく消滅したわけではない。十八世紀に入った宝永四年（一七〇七）、江戸で浄土宗の僧が法華宗を誹謗する説法を行っているのを止めさせるため、身延山や池上本門寺など法華宗側が増上寺にかけ合ったところ、増上寺側はなんなら宗論をするかと啖呵を切ったという噂話が尾張藩士の日記に書きとめられているから、宗論の消滅へと向かう、絵に描いたような歴史の流れがあったわけでもない。しかしイエズス会やキリシタンの活動が受容される余地は狭まりつつあったことが想定される。

徳川幕府は慶長十八年十二月(一六一四)、日本全国を対象とし、日本が神・仏・儒教を国政の基本理念とする以上、邪法を伝道して神を否定し仏教を攻撃し、罪人と連帯して日本の国土の領有を企むキリシタンを許すことはできないとして禁教令を発した。ここにはさらに日本侵略の意図を非難するという新たな要素が加わっている。

当時、スペイン=ポルトガル王室と結んだイエズス会の活動が日本侵略の意図を含んでいるとする言説は多い。来日オランダ人、イギリス人からの多分に意図的な幕府への通報をはじめ、日本人キリシタンにもこのような見方はあった。さらにイエズス会宣教師のなかにさえ、禁教をたんなる信仰弾圧ではなく「国家理性」に基づくもの、すなわち国内のカトリック勢力を駆逐したイングランドのエリザベス一世と同様の、教会の「普遍」的支配に抗するナショナリズムとの見方があったという高瀬氏の指摘は興味深い。

十七世紀に入るとローマ教会内部に王室と密着した海外布教体制に対する反省が生まれ、布教保護権の弊害も指摘され、布教と政治・植民との分離がめざされるようになったとされる。だがこの方針転換は対ポルトガル断交以前の日本には届かず、幕府とも、禁教令のもとで命がけの布教を行う宣教師や命がけで信心するキリシタンともついにかかわることはなかった。

島原の乱―最後の戦乱

慶長二十年（一六一五）五月、豊臣秀頼は大坂城で滅亡し、七月元和元年と改元された。この時をもって元和偃武、すなわち戦乱の終息の時とされている。もっともただちに戦乱の存在が遠のいたわけではない。元和七・八年、松平忠直が江戸へ参勤の途次、引き返し帰国したことが、本多正純の改易などと結びつけられて大規模な戦争が予測され、これに備えて徳川秀忠が全国の大名に参府を命じ、大名たちも武器を購入したことは、元和偃武後も戦乱が依然身近なものとみられていたことを物語っている。

しかし寛永十四年（一六三七）から十五年にかけての、天草・島原地方で起こったキリシタンの蜂起を最後に、十七・十八世紀を通じて大規模な戦乱はみられなくなる。いわば最後の戦乱である島原の乱を素材に「徳川の平和」の内実をのぞいてみることにしよう。

島原の乱ないし島原・天草一揆とよばれるキリシタン信徒の武装蜂起は、「立返りキリシタン」すなわちいったん棄教したあと再度帰依するにいたったキリシタンによるものである。松倉氏の島原領のキリシタンと寺沢氏の唐津領に属する天草地方のキリシタンとが呼応したこの一揆は、一時期島原城（長崎県島原市）を包囲し、天草地方の寺沢氏の拠点富岡城（熊本県天草郡苓北町）を攻撃し、城代三宅藤兵衛を本渡（熊本県天草市）で討死させるほどの勢いを示した。しかし結局島原城も富岡城も攻略できず、撃退された一揆は有馬の古城原城（長崎県南島原市南有馬町）に籠城する。幕府は討伐軍を派遣し、三カ月におよんで幕府軍に包囲され兵粮攻めをうけたのち、原城は陥落した。

空から見た原城跡　長崎県南島原市南有馬町（写真提供・南島原市教育委員会）

十字架と弾丸　原城跡から出土した、銃弾を溶かして作った十字架。（写真提供・南島原市教育委員会）

通説では幕府方に寝返った山田右衛門作ひとりを除いて全員が殺戮されたことになっているが、服部英雄氏が明らかにされたように実際には籠城しても殺されなかった者も少なくなかった。寛永十五年二月末の最後の総攻撃ではたしかに全員殺戮の方針が通達されたが、それ以前は籠城者のうち「女子どもは殺さず捕らえること」との軍律がしかれたせいか、一説に「男女四万七千人のうち武士一万人のほかは女子どもの非戦闘員」とも伝えられる籠城者に対して、有馬豊氏配下の者があげた首数は一一〇〇、うち女性八〇と極端に少ない。

総攻撃以前に脱出、投降した者も多かった。幕府軍が投降を勧め、投降した者は助命され金銀を与えられ村に復帰でき、強制的にキリシタンを勧められた異教徒は助命する、との方針を宣伝した。これに促された投降者のほか、鍋島家、黒田家、寺沢家を頼って脱出に成功した者もいる。籠城者の行動は最後まで殉教というわけではなく、さまざまだった。

全員が殉教を覚悟して籠城した、という常識的イメージはたしかに検討の余地がありそうである。平成四年度(一九九二)に始まった原城の発掘調査では、籠城者の残した十字架、ロザリオの珠、メダイなどが発掘されたが、十字架のなかには鉛の弾丸を溶かして作成した急ごしらえのものもあり、十字架など持ったこともなく籠城した者の存在がうかがえる。

必ずしも殉教覚悟のうえではなく籠城した理由のひとつとして、信仰強制が考えられる。

島原の乱、原城本丸の攻防　「天帝」の旗を掲げる一揆勢と攻める筑前・秋月藩兵。『島原の乱図屏風』より（福岡県朝倉市、朝倉市秋月博物館蔵）

天草の御領村では村民がキリシタンではなかったため、一揆に村を放火され、舟に避難した村民に対し、キリシタンになれば仲間に入れてやるがそうでなければ討ち果たすと脅迫されたため村民が入信したとの記録がある。上津浦でも無理にキリシタンにされた一三〇人ほどが山に隠れているのを寺沢・細川軍に逮捕され、原城陥落の後助命されたという。キリシタンにならなければ殺すと脅迫され無理矢理入信させられて籠城した者もいる。投降者が語る信仰強制の申し立てがどこまで事実かは判断できないが、強制から逃れて肥後熊本藩（熊本県）にやってきた真宗門徒など、強制の事実を伝える史料は多い。

それでもたんに強制のみとは思われないのは一揆が、松倉勝家が江戸から帰国して島原兵が戦闘態勢を調え、鍋島の軍勢も援軍として進軍してくることを知って、村々の飯米を残らず原城に搬入して籠城したことである。鎮圧軍の到来を知って、村ぐるみで一揆とともに行動した村もあった。「島原の一揆はどの村からも残らず退却して原城に籠城した」との報告もあるように、村ぐるみで一揆に従った住民がいたことは十分考えられる。

乱世の作法

必ずしも殉教覚悟というわけでもなく、村ぐるみで籠城するという行動の理由として想起されるのは「日本での戦争の仕方はいっさいのものを火と武器（の犠牲）に供する……住民は近くのもっとも安全で堅固な城塞にひきこもる以外に、救われる道はなかった」という、3章でもふれたイエズス会宣教師ルイス・フロイスの証言である。鎮圧軍の攻撃で予想される、軍勢による掠奪、放火、住民殺害・拉致などを避けるには、反乱軍のそれとはいえ原城に籠城するしかなかったのではないだろうか。キリシタンでない者は投降すれば助命する、という幕府軍の宣伝はこうした実情をふまえていたと想像される。

事実この戦乱では、一揆軍の側からも軍勢による放火や掠奪が行われた。一揆が島原城下に押し寄せたときには安徳村の百姓たちは牛馬、荷物、子どもたちとともに島原城に逃げ込み、茂木村、日見村の村民も城内へ逃げ込み、島原の町民も残らず逃げ込んだ。町民は女子を悉く舟に乗せて避難させ、自分は城に籠もったとの証言もある。城下では一揆の軍勢が放火し、逃げ遅れて城中へ入りきれなかった女性を拉致した。堀のなかで死んだふりをして一揆軍をやり過ごし、城内に逃げ込んだ女性もいる。富岡弥左衛門の妻子は夫（父）の討死を歎き悲しんでいたところを一揆方に捕らえられ、原城落城の前日細川軍に投降することができた。戦国時代に戦場で雑兵たちがしばしば行った「乱取」と呼ばれる人身拉致が、キリシタンの一揆によっても行われたのである。

もちろん一揆が熱烈な信仰に基づくものであったことの証拠は多い。「天人」が天下って、異教徒に最後の審判を行うことを予言した「寿庵廻文」なる檄により蜂起した一揆勢はみずから死んでもやがて生き返ることを確信し、自分の身体には鉄砲も矢も当たらないと公言したという。終末予言の存在といい、信者の身体が不可侵であることの確信といい、ここには中世ヨーロッパのみならずアフリカ、北アメリカ、メラネシアなど世界の広い範囲でみられる千年王国運動の特徴を見出すことができる。彼らが正真正銘の宗教一揆であることは疑いないが、いったん蜂起すればその行動は戦国乱世の軍勢そのものであった。しかもこの年肥後国は三年来の大飢饉で、草木の根や葉を食料にするほどだったという。

そして鎮圧軍による、一揆軍と同様の掠奪・放火などを人びとが憶測したとしても無理はないだろう。事実松倉藩の手の者は三会村で略奪を行い、千々石村は藩の軍により放火され、味方した者は赦されたが敵についたものは殺されていたのである。原城に籠城した理由のひとつに戦場からの避難をあげることができよう。落城一月前の正月二十一日、一揆側は大将分三人の処分と引きかえに籠城者の助命を求めているが、これも籠城の事情をうかがわせるものである。

戦国を知る老武者と若い世代の武士とがすでに感覚のずれをみせるなかで、民衆にとって戦乱は依然生々しかった。放火と武力強制によりキリシタンとなった御領村の行動など「百姓は草の靡き」という戦国の諺を想起させるものではないだろうか。北条氏の滅亡から五〇年近く経ち、元和偃武から二〇年以上が経っても、戦場の惨禍を逃れて堅固な城に避難する、民衆の乱世の作法は健在であった。

現代のわれわれは北条氏滅亡、元和偃武など政治的画期により戦乱が終息したと考えがちである。後世の目からは政治的画期と社会の転換との関連はいかにも自明にみえるからである。しかしこの時代を生きた人びとはまた別であろう。すくなくとも民衆はこうした、いわば「上からの平和」を全面的に信じてはおらず、戦乱に鍛えられた乱世の作法を決して忘れようとはしなかったのではないか。この人びとが平和の到来を実感したのはさらにのちの時代になってからのことのように思われる。

自律の社会——おわりに

民衆による治安維持

戦国乱世の終息から二〇〇年以上を経た安政四年（一八五七）、オランダ人ファン・カッテンディーケは幕府に招聘されて来日した。幕府が開国に向け、ヨーロッパ式海軍を創設すべく、オランダ政府の協力を得て設置した海軍伝習所での教育に従事するためであった。カッテンディーケは二年の日本滞在経験から、日本の町人が「ヨーロッパの国々でも余りその比を見ないほどの」自由を享受している一方、日本では「警吏は全然ないと言いたい」ほど警察が弱体である、という現代人にはまことに衝撃的な証言を記している。

カッテンディーケによると、日本では住民同士の抗争が死者の出る大規模なものになることは珍しくないが、そうなっても警吏が抗争を阻止することはない。事態を収めるのは結局「町の顔役」である。社会の治安維持も「間諜の制度」によりたちまち露顕して犯人は逮捕される。各人が「隣人の行為に対し、責任を負わされている」ので密告される懼れは非常に大きい一方、民衆はこうした治安維持の体制を「歓迎しているよう」であり、「法規や、習慣さえ尊重すれば、決して危険はない」ともいう（『長崎海軍伝習所の日々』）。

カッテンディーケが注目したのは、江戸の自身番にもみられるような、民衆の治安維持への参加とその自治的活動の無視できない役割であったと思われる。そして民衆自身の治安維持や自治は、これまで戦国乱世の村や町をみてきた私たちにとってはかえって親近感のあるものではある。もちろん二〇〇年の歳月が制度や慣習を同じ形で存続させるなどありえないし、戦後五〇年の途方もない変容を経験してきた現代日本人には、二〇〇年間の変容は想像を絶したものに見え、依然戦国期の体制のなごりがあるなど、にわかには考えがたい。

しかし、戦国時代の村や町が、近世を迎えるにあたり、その自治や領主との自立的な関係など自力の活動を否定されず、基本的には存続させていったとみる見解も近年の学界では注目されている。この見解にかかわるようなことがらに注目しつつ、戦国乱世の達成がのちの時代にどのような刻印をとどめているか、最後にみておきたい。

自立の近世村落—村法と村の自力

まず注目されるのは、戦後いち早く前田正治氏が、近世の村で村独自の法（村法）が作成されていたことを明らかにされていることである。こうした法はしばしば「惣寄合（村の全体会議）にきわめ申事」「連判状」「誓詞起請文」「惣百姓同心申合連判状」などのタイトルをもち、これが村民の一味同心の誓約や連判状の作成によって、言いかえれば一揆の作法によって作成されたことを示している。村民が衆議の決定を行って村独自の法を制定することが近世には公然と行われていた。近世には「徒党」・一揆が禁止されていたものの、村が行う合議や一致団結した領主への訴訟は、百姓一揆の頻発する十八世紀後半以前には一揆とは見なされず、容認されていたことが保坂智氏らにより明らかにされている。

もちろん幕府・大名・領主が村への介入や村法を否定する裁定を行わなかったわけではないし、村法自体が領主法の多大な影響をこうむっていた。しかし基本的に村法は公認されており、村法に違反した村民の処分を求めて村一同の決議により領主に訴え出ることもできた。このような法制定の力量をもつ村は基本的に自力で紛争を処理した。というのは、幕府は家――とくに大名家中や、村など集団に対しては当事者主義を保ち、著しく公儀の利害にかかわるものでないかぎり介入したり、統制したりすることはなかったからである。紛争解決もかなりの程度は内済（示談）で処理され、当事者が奉行に済口証文を提出して承認をうけ、収拾されたのである。したがって村が日常的に紛争を処理したことは戦国時代と同様である。もちろん戦国時代のように村が処刑や追放を行うことはみられなくなり、村が扱う処理範囲も限定されていくものの、村は依然秩序維持の担い手だった。

藤木久志氏によれば、近世初頭における村同士の山、用水、土地の帰属をめぐる争いが領主の法廷に提訴されるにいたった場合も、結局裁定を左右するのは近隣の村の証言であった。村々から提示される、従来の慣例や先例などに基づく見解が判決に採用されて決着することが多く、領主裁判の形をとるものの、実質的には日常的に地域的なつながりや交流をもつ村連合の共同裁定が紛争を決着させていたのである。しかもこの裁定が破綻して紛争が再燃した場合も、領主の法廷で証言するような近隣の村の顔役たちによる「扱い」すなわち調停により紛争収拾が試みられたという。決して領主による裁定を排除したわけではないが、村同士の共同裁定が紛争解決には無視できない比重を占めていたのである。

紛争処理に際しては4章でみた寺院のアジールの役割も小さくなかった。犯罪や不法行為の結果、村から処罰を受けることになった者が「入寺」すなわち寺院への駆け込みを行い、詫言（わびごと）して処罰を免除されることが多かった。とくに村から領主へ提訴される破目（はめ）になった場合には、「入寺」によって村による領主への提訴を免除してもらうことが頻繁に行われた。紛争や犯罪を村内部で処理するために、村の首脳部が寺院と合議して収拾したのである。だから不法行為を犯した者に対する制裁として「入寺」を課する村が少なくなかった。領主による成敗以前の段階で、村による制裁として「入寺」が行われ、事態が収拾されるため、領主による裁定や処分にいたらない場合も多かった。

寺院の権威もまた、自治的活動を支えていたといえよう。領主が取調べのために拘束した者の解放、領主から処罰された者の処分解除を目的とした嘆願のために親類や五人組の者などが「入寺」することは依然頻繁に行われ、目的を実現する場合がめずらしくなかったから、寺院の権威は村による紛争処理にも大きな役割を果したのだと考えられる。

もちろん処刑が問題となるような重罪となると話は別であり、村が独力で解決することはできなかった。村が担当する秩序維持活動の範囲は戦国時代に比べると、幕府や藩などの領主によってよりいっそう限定されるようになっていったことは想像にたやすい。したがって戦国時代にみられた村の自治的活動も、近世に相当に変容を遂げざるをえなかったと考えられる。しかしそれでも村が依然紛争処理や秩序維持に自律的にかかわっていたことに変わりはなく、幕府や藩が介入する以前に事態を決着させることは珍しくなかった。

村の生産管理

近世の村は、領主から課せられる年貢を組織として請け負っていた。村請と呼ばれるこのシステムは、2章で述べたように戦国時代から村が行ってきた地下請と基本的に同じものである。村の自治の要件とされてきた地下請＝村請は近世にも行われていた。この村請を行うにあたって、村では村民の所持する一筆ごとの田畑に徴収額を定め、それに基づいて収穫のなかから村の徴収分を確保したあと、その一部を領主へ年貢として納めたのである。

村請の基礎となるのは、今述べた、一筆ごとの田畑について村が定めた「宛米」と呼ばれる徴収額であるが、これは幕府や藩の検地により定められた石高とは関係なく、村が独自に定めたものである。概して宛米のほうが多く、たとえば山城国葛野郡川島村（京都市西京区）の事例では石高一・一七石の土地に対し宛米一・三石、石高一・六石の土地に対し宛米二・六五石、石高二・〇八石の土地に対して宛米三・二石などがみられ、場合によっては宛米が石高の倍を超えることもある。逆に宛米のほうが石高より少ない土地もあるが、事例は圧倒的に少ない。

つまり石高は実際の生産高よりずっと少なく定められる場合が多く、場合によっては石高の倍を超える宛米が村民から村の手で徴収されていたことになる。実際の生産高は宛米よりもさらに多かったと考えられ、事実、前述の川島村では宛米二・二石の土地に対し生産高二・六石以上という例もみられる。「百姓は生かさぬように殺さぬように」「百姓と胡麻の油は絞れば絞るほど出る」などの諺から近世農民は収穫のあらかたを領主に絞り取られたような印象が強いが、実態はこうした印象とは大きく異なるといってよいだろう。

しかもこの宛米を、幕府や藩が強制的に調べたり知ったりすることはできない相談であった。幕府や藩の代官などが年貢を徴収し村を支配するにあたって必要な知識や実施上の心得などを記した地方書と呼ばれる書物がある。その地方書のなかに宛米について記したものがあるが、それには「これは百姓の大秘事であって本当のことはいわない。工夫や方便をめぐらして何とか知るほかない」と記されている。

江戸時代に行われた検地(けんち)も、この宛米の実態を知って石高を訂正することはほとんどなかったと考えられる。経営の実態を把握した上での課税という点からみれば、今日の税務署のほうがはるかに厳格に徴収しえているといえよう。生産の実態は村が掌握し、その実態を幕府や藩などの領主側は知ることができなかった。いや実態をある程度把握しながらも、増収を企図して踏み込むことはせず、村との適度の間合いを保ちつつ課税していたのであろう。生産を指揮し管理していた主役は、幕府や藩など領主ではなく、村であった。

自律の遺産

以上、村の自治的な秩序維持活動を含めた自力の活動と自律的生産管理、そしてそれへの幕府や藩のかかわり方をみると、近世社会における自治的活動の比重を指摘したカッテンディーケの証言もまったく誤りとみることはできないように思われる。すくなくとも活発な自力の活動の基礎条件は存在したように思われる。

勝俣鎮夫氏によれば戦国期は家とともに村町制の成立の時代であり、近代社会の出発点とみることができる。その家、村(ないし町)などがそれほど短期間に著しく変容したわけでもなく、また幕府や藩など支配者の意図的かつ組織的な政策により自律的機能を抑圧されていったわけではない以上、家や村（町）といったシステムが戦国期から急激に変容していく過程を想定することはできないだろう。幕末になお、民衆による自律的治安維持活動や、それを一定程度放任する支配者の姿勢、そして、そうしたものの結果として「ヨーロッパの国々でも余りその比を見ないほどの」自由が庶民の間に存在した一面は考えられないことではないように思われる。

そして幕末になお自力の活動を身上とする社会集団が活動の場を得ていたかに見える社会は今日、渡辺京二氏が「ひとつの文明の滅亡」（『逝きし世の面影』）と表現されているような変貌を遂げてしまった。欧米からの資本主義の浸透と、戦後の高度成長による高度資本主義化すなわち消費社会化によって家は崩壊に瀕し、自力の集団であった村は過疎によって機能不全に陥るところが少なくなく、かつて町奉行所とともに町方の自身番が秩序維持に携わっていた大江戸は、膨大な数の生活者を強力な行政機構と警察機構とが管理するメガロポリスと化した。近代的個人の自由や人権を曲がりなりにも保障する社会が成立した一方、その代償として、この社会でかつてはどの場面でもみられた自治的活動は、高度の都市化・消費社会化にともなう個人の匿名化により弱体化してしまったことは否めない。

もちろん、かつての自治的活動を手放しで讃美するなど論外であろう。自治的活動は顔役たちの談合による収拾という側面が強いため、有力者ほど有利な裁定の恩恵に浴する一方で弱者のまっとうな言い分が踏みにじられ、涙を呑んだ者も少なくないという点から目を背けることはできない。くわえて自力を結集した集団がいわれない偏見に動かされて暴発する、という危険性も常にあった。さらにまた、よしんば家、村、町の体制がかつて大きな役割を果たしていたことが事実としても、これが往年のように再生することなど望むべくもない。一度破壊された過去を復元するなどできない相談だからである。

今日の日本が直面しているのは家、村、町などの自律的集団の弱体化にともなって、かつてこれらのシステムが果たしていた機能も衰退してしまった現実にどう対処するかという問題であるように思われる。家の衰退した結果、これに支えられていた家族の絆も衰退し、村や町の自治的活動の衰退により地域の絆も劣化したこと、そしてそれにともなう窃盗・強盗・殺人など犯罪の著しい増加と社会関係を支える信頼関係の動揺が私たちの目の前にある現実である。

二十世紀後期から目立ってきたこれらの問題は、独り日本だけの問題ではない。アメリカをはじめ欧米先進国の世相や犯罪に関する報道や論説をみれば、現在日本が経験している、まるで乱世の再来を予感させるような事態が、資本主義先進国共通の問題から発していることは自明のことのように思われる。

しかしそうした世界的な潮流があるにしろ、戦国乱世を克服した歴史をもつ日本人がそれを無に帰して、弱者の血が大量かつ理不尽にしかも長期にわたって流される乱世へと逆戻りしてしまうと想像したくはない。近世社会が大きく変容を遂げたあとに生きている現代日本人にも過去五〇〇年以上にわたる歴史の遺産は継承されているはずである。新たな成熟の時代へと軟着陸するためにその遺産を活かすことはできるだろう、すくなくともその可能性に希望をつなぎたい。私たちが手のうちにしているのはこの遺産のみなのだから。

ちくま学芸文庫版へのあとがき

一

本書は、網野善彦・石井進編により中央公論新社から二〇〇二年から三年にかけて刊行されたシリーズ「日本の中世」の一巻として（全十二巻中第十一巻）執筆されたものである。本文中で他の研究書に言及することが少ない中、このシリーズの本については何度か触れているのは、そのような背景があるためである。

筆者がこのシリーズに執筆者として名を連ねたのは石井進先生のお勧めによるものであった。戦国の通史というかなり荷の重そうな仕事に何となく気後れを感じていた筆者にかけて下さった先生の「君自身の、これが戦国時代だ、というものを出して下さればよいのですよ」という言葉に励まされてお引き受けすることにした。

当時は土一揆、一向一揆、また戦国期（中近世移行期）の村落に興味があったので、村落や土一揆、一向一揆等を介して時代と関わった人々の視点から時代相を描くことだったらできそうな気がしたのである。学生時代読んだ『天下統一と民衆』（佐々木潤之介編、三省堂、一九七四年）のスタイルを手がかりとしようとの目算もあった。執筆を進めている間に石井先生のご急逝に遭遇し、先生へ最後のレポートを提出しなくてはという思いに駆られながら、二〇〇二年五月頃の脱稿に至るまで執筆に取り組んだことを憶えている。

当時筆者が非常に大きな影響を受けていたのは土一揆についての藤木久志氏の研究であり、また中近世移行期の村落についての勝俣鎮夫氏の研究であった。さらにこの時代を考える上で手がかりとしていたのは勝俣鎮夫氏・藤木久志氏の一揆に関する研究である。お二人のこれらの研究に惹かれたのは、学生時代から取り組んでいた一向一揆について、自分なりの具体像を明確にする上で重要な手がかりとなっていたという事情があった。

以下お二人の研究と本書との関係について簡単に述べたい。

二

藤木久志氏の土一揆論は、惣村を拠点に結束した農民が困窮の中で蜂起したものとみるそれまでの通説に対して、土一揆が幕府等により行われる施行（せぎょう）（施し）や徳政令など「生命維持の装置（サバイバル・システム）」を発動させる、飢饉時に京都に集中する「飢饉難民」と同様の活動であり、また応仁の乱の戦場で活躍した足軽とも通底する側面のあることを指摘したものである（「応仁の乱の底流に生きる――飢饉難民・徳政一揆・足軽たち」）。

この学説の背景には中世を、小氷期といわれる長い寒冷期に位置する、異常気象による凶作・飢饉・疫病の蔓延が頻発し、それと共に戦乱が誘発される時代であり、「平和と飽食とか、ときに平和ボケともいわれる、まことに幸せな」現代の日本からは想像の及びにくい時代（藤木「中世の生命維持の習俗」『飢餓と戦争の戦国を行く』朝日新聞社、二〇〇一年、初出一九九八年）と捉え、この時代環境の悲惨さのみを強調するのではなく、中世びとの自力の営みからその生き残りの英知を学ぶべきである（同上）と説く、独創的な学風があった。

職場の授業で応仁の乱の時代を取り上げた際、土一揆や足軽について従来の通説では理解できない面があるとの感を強くしていた筆者はこの研究を手がかりに、自前の検証作業にとりかかり、氏の学説が実証的にも説得力をもつものであること、「惣村」に由来する土一揆という通説には当てはまらないかなりの史実が見いだされることを自分なりに検証しえたと思った（その詳細は拙稿「土一揆像の再検討」を参照されたい）。

ただ筆者は惣村の目から土一揆を見たかった。戦場という「生命維持の装置」に積極的に向かう以上に村住人として生き残りを模索する人々も多いだろうと感じたからである。

やはり生命維持の装置ともいえる村に賭ける人々も多数存在したと思われ、こちらの人びとに寄り添う方を選びたかった。

一方「変革の時代を生きる」との自覚を当時の人々に無前提に想定したくもなかった。戦乱、災害や飢饉（その多くは疫病の流行をともなう）の時代に生きながら、当然のように「変革」に邁進する人々を想定することには違和感を禁じえなかった。先の見えないなかではとりあえず今できることをやるしかない、と思う心情の方がより自然に思えたのである。

こうした点から藤木氏のもう一つの研究である、戦国大名の存在理由を、何よりも戦乱、災害に対処する危機管理能力に求める学説からも学ぶところは多かった。なかでも戦国大名の城が領民の利用できる避難所である点を強調した見解からは大きな示唆を得た。

勝俣鎮夫氏の研究からもまた大きな影響をうけた。その第一は勝俣氏の著書『一揆』（岩波書店、一九八二年）で、明快に提示された「一味同心」という、中世びとの間に頻繁に見られる団結の指摘である。勝俣氏の提示された「一味同心」の団結は、筆者が長らく関心をもっていた戦国期本願寺教団では様々な場面でみられ、この団結のあり方を手がかりに、一向一揆のかなりの部分が解明できるものと思われた。さらにこれは戦国大名と家臣との主従関係にも、宗教集団の師弟関係にも、また村や町の自治集団にも見いだされ、戦国期の社会関係の核心に触れるものと思われた。「一揆」の結合、「一味同心」の団結は本書において叙述のキーワードの一つとなっている。

また勝俣氏の著書『戦国時代論』（岩波書店、一九九六年）の冒頭に明快に述べられているように、戦国期の達成を日本の近代社会の土台となる「村町制」の形成期とみる観点からも大きな示唆を得た。日本の近代社会の出発点を応仁の乱に求める内藤湖南の著名な指摘をヒントに、近代の日本社会を高度成長期以降のそれと異質で、一方戦国・近世社会と連続するものとみるこの史観は、執筆当時に日々のマスコミ報道から、若年時にはなじみ深かった社会の諸様相が見知らぬものへと変容していくかに世相を感じていた筆者には大きな衝撃であった。

八〇年代から九〇年代の初めにかけて、職場の先輩であった秋澤繁氏の手引で農村・山村を直接見聞する機会があり、過疎化の中でも依然生き延びている近世以来の村の痕跡に触れた経験のおかげで、この衝撃は具体性をともなっていた。高度成長期以降の現代日本の裏面に、それからは想像のつきにくい伝統社会が背中合わせに併存して命脈を保っている現代日本社会のありようを説得的に説明できる学説と思われたのである。

したがって勝俣氏・藤木氏の戦国期村落研究からも多くを学んだ。それまでの通説では惣村の名で知られる中世後期・戦国期の自治の村は、近世には有力農民に管理され、幕藩領主に強く規定されるものへと変容していくとされていたのに対し、お二人の研究は、近世村落も依然自力の活動に基づいた自律的側面の強いことを重視するものであった。従来の通説にみる村落の大きな変容と、これも通説が説く一向一揆の戦国末の「解体」とを一体のものと見るそれまでの移行期の捉え方に、一向一揆の研究を通じて重大な疑問を抱いてきた筆者には、お二人の学説が福音のように思われた。

本書の出版以降、お二人の研究に対しては批判的見解も少なからず出されているが、現在でも基本的に支持する研究者は少なくないと思っている。

以上のほか、自分独自の視点としてぜひとも触れたかったのは、戦国期社会における宗教の重要性である。戦国時代における宗教の重要性を否定する研究者はいないだろうが、その理由としてあげられるのは、恐らく戦乱や災害の頻発という過酷な環境の中で強く縋ることのできる心の拠り所が必要だという点であろう。いうなれば過酷な時代だから強力な心の拠り所が必要だとの想定に基づくものである。

しかし一見反論の余地のないかにみえるこの想定には納得しにくい面もある。戦乱が終息した「平和な」近世にも、本書で言及したように僧侶や寺院の権威は概して大きかったと考えられるからである。近世を通じて寺院がアジール（避難所）として機能したばかりか、この寺院・僧侶と信徒との寺檀関係は明治維新の変革をも生き延びて高度成長期以前まではかなり一般的に持続していたと考えられる。戦国期に寺院の僧侶と檀徒との間で形成された信仰は、過酷な戦国のみならず近世、近代社会にも存続したとも言い得よう。

それに加え、過酷な時代にはそれなりの心の拠り所が必要だとの想定は戦国時代の、いわば悲惨さのみを強調する否定的な見方につながりかねないもののように思われる。確かな絆を求める戦国びとの営為として本書で触れた「家の信心」が、近世に確立する檀家制度との連続性において捉えられるなら、これも近代社会のひとつの基礎であると想定する余地もあるように感じられる。今なおこの点は深めてみたいと思っている。

三

最初の刊行から二〇年近くを経て筑摩書房の伊藤大五郎氏から、ちくま学芸文庫の一冊として刊行しないかとの企画を頂戴した時、この間の戦国史研究の著しい進展を考えると、果たして改めて本書を世に出す意味があるのかどうか率直にいってかなり迷った。かなりの量の、これまで当然とされてきた事実が再検討に付され、疑問符がつけられるようになっているからである。しかし一方、かなりの自己満足も交えた上ではあるが、内容上現在も通用する部分もあり、さほど時代遅れになってはいないとも感じられた。

例えば、この時代の「天下」とは京都を中心とした畿内の領域を指す言葉であり、その「天下」を領有する将軍・幕府と、周囲に広がる領国を「国家」として統治する戦国大名とが併存するのが戦国社会の在り方であること、従って一六世紀後期に織田信長が掲げた「天下布武」という旗印は全国制覇を宣言したものではなく畿内における幕府再興を宣言したものであることを本書で初めて論じた。幸いなことに現在のところこの見解に共感を表明する研究者は少なくなく、高校の教科書でも言及されている（もっとも初刊行当時は、ほとんどの研究者から顧慮されることはなかったが）。また本書で強調した土一揆、また一向一揆・石山合戦についての見解は、現在でも通用するものとささやかながら自負している。こうした点を心の支えに伊藤氏のお勧めをお受けし、本書が再び日の目をみることになった。

もちろん無修正のままでよいというわけには行かない。例えば本書3章でとりあげた『北条五代記』にみえる北条早雲（伊勢宗瑞）の南伊豆侵攻に関する逸話については、既に家永遵嗣氏が、当該逸話には、明応七年の地震に関する（とみられる）挿話と、堀越公方足利茶々丸の滅亡との前後関係に錯誤があり、この逸話がかなりの程度潤色の加わったものであることを明らかにされている（「北条早雲研究の最前線―戦国大名北条早雲の生涯」北条早雲史跡活用研究会編『奔る雲のごとく―今よみがえる北条早雲』北条早雲フォーラム実行委員会、二〇〇〇年）。したがって本書の記述はその錯誤をそのまま受け継ぎ、かつ潤色されたその挿話から戦国大名の実態を推測するものになっている（但し『北条五代記』の描写した戦国大名像が事実と全くかけ離れたものとは現在も考えていないが）。今回の刊行に当たって記述を改めてはいないが、この点は注記しておきたい。

また本書6章の、足利義輝が暗殺された永禄の政変についての初刊行時の記述には、松永久秀が義輝暗殺に関与し（実は関与せず）、三好三人衆が政変を主導し（現在は三好三人衆という集団が義輝暗殺の時点で成立していたかどうか疑わしいとされる）、かつ三人衆の一人の呼称を三好政康とするなどの事実誤認があった。今回の刊行にあたり、天野忠幸氏『三好一族と織田信長』等近年の研究成果を参照させていただき修正した。

その他明白な誤記、事実誤認などは確認できた限り改めたが、それ以外は初刊行時のままである。

四

初版刊行から二〇年が経ち「想定外」の災害が毎年のように日本列島を襲うようになった。終息の目途も定かでない疫病の流行も経験するに至った。異常気象が云々され「平和と飽食とか、ときに平和ボケともいわれる、まことに幸せな」日本はまるで過去のものとなったかのような錯覚を覚えるほどである。「戦乱」はともかく、災害、疫病に脅かされていた時代はよりリアルに感じられ、当時の人々の心情はよりたやすく想像できるかにみえる。

現代日本が直面している困難な課題を思う時、過去に学ぶこともまた必要であるように思われる。とくに近時「心の問題」が取り上げられるたびにその感を深くする。その意味では、戦国びとの生きざまを知ることの重要さは二〇年前と少しも変わらないはずだというのが、旧著を改めて世に送るに当たっての思いである。

最後になったが、その旧著に日の目を見せて下さった筑摩書房の伊藤大五郎氏に心より感謝申し上げる。二〇年前の自分の研究を振り返り、今後の研究課題について認識を新たにするよい機会となった。今後とも可能な限り戦国史の研究に微力を尽くしていきたい。

疫病の流行が一刻も早く終息し、学問研究にも不可欠な「密で」豊かな交流の場が復活することを祈りつつ。

二〇二一年四月　　　　　　　　　　神田　千里

参考文献

文献中＊を付したものは今回の刊行に際し追加したもの。

戦国乱世に生きる――はじめに

石井進『中世のかたち』〈日本の中世〉1　中央公論新社　二〇〇二、石井進著作集刊行会編『中世のひろがり』（石井進の世界）五、山川出版社収録　二〇〇六
瀬田勝哉「一青年貴族の異常死―父山科言国の日記から」『洛中洛外の群像―失われた中世京都へ』平凡社　一九九四（初出一九八九、二〇〇九年平凡社ライブラリー収録）
藤木久志「日本中世における風損・水損・虫損・旱魃・疫病に関する情報」『日本中世後期・近世前期における飢饉と戦争の研究―史料所在調査と年表作成から』一九九七～九九年度科学研究費補助金基盤研究A（1）研究成果報告書（研究代表者・佐々木潤之介）二〇〇〇

1章

稲垣泰彦『日本中世社会史論』東京大学出版会　一九八一
今谷明「文安土一揆の背景―第二次徳政論争によせて」『室町幕府解体過程の研究』岩波書店

一九八五（初出一九七四）
笠松宏至「中世の政治社会思想」『日本中世法史論』東京大学出版会　一九七九（初出一九七六）
笠松宏至「仏物・僧物・人物」『法と言葉の中世史』平凡社選書　一九八四（初出一九八〇、一九九三年平凡社ライブラリー収録）
勝俣鎮夫「地発と徳政一揆」『戦国法成立史論』東京大学出版会　一九七九
勝俣鎮夫『一揆』岩波新書　一九八二
神田千里「土一揆像の再検討」『戦国時代の自力と秩序』吉川弘文館　二〇一三（初出二〇〇一）
瀬田勝哉「中世末期の在地徳政」『史学雑誌』七七―九　一九六八
田中克行『中世の惣村と文書』山川出版社　一九九八
永原慶二「嘉吉徳政一揆の性格について」『日本中世社会構造の研究』岩波書店　一九七三（初出一九七〇）
中村吉治『土一揆研究』校倉書房　一九七四
西尾和美「室町中期京都における飢饉と民衆―応永二十八年及び寛正二年の飢饉を中心として」『日本史研究』二七五　一九八五
藤木久志『雑兵たちの戦場―中世の傭兵と奴隷狩り』朝日新聞社　一九九五
藤木久志「応仁の乱の底流に生きる―飢饉難民・徳政一揆・足軽たち」勝俣鎮夫編集協力『ものがたり　日本列島に生きた人たち四　文書と記録下』岩波書店　二〇〇〇（二〇〇一年『飢餓

藤木久志「日本中世における風損・水損・虫損・旱魃・疫病に関する情報」（前掲）と戦争の戦国を行く』朝日新聞社収録）

2章

榎原雅治『日本中世地域社会の構造』〈歴史科学叢書〉校倉書房　二〇〇〇
勝俣鎮夫『一揆』（前掲）
勝俣鎮夫『戦国時代論』岩波書店　一九九六
川岡勉「室町幕府―守護体制と山城国一揆」『歴史学研究』七二五　一九九九
神田千里「織田政権の支配の論理」『戦国時代の自力と秩序』（前掲・初出二〇〇二）
日本史研究会・歴史学研究会編『山城国一揆―自治と平和を求めて』東京大学出版会　一九八六
峰岸純夫『中世　災害・戦乱の社会史』吉川弘文館　二〇〇一
百瀬今朝雄「応仁・文明の乱」〈岩波講座日本歴史〉七　中世三　一九七六
森田恭二「山城国一揆再考」有光友学編『戦国期権力と地域社会』吉川弘文館　一九八六
柳千鶴「室町幕府崩壊過程における山城国一揆」日本史研究会史料研究部会編『中世の権力と民衆』創元社　一九七〇
湯浅治久「革嶋氏の所領と乙訓郡一揆―『惣国一揆』の性格規定にふれて」『中世後期の地域と在地領主』吉川弘文館　二〇〇二（初出一九八九）
歴史学研究会日本中世史部会運営委員会ワーキンググループ「『地域社会論』の視座と方法―成果と課題の確認のために」『歴史学研究』六七四　一九九五

シモーヌ・ヴェーユ・山崎庸一郎訳『根をもつこと』〈シモーヌ・ヴェーユ著作集〉五　春秋社　一九六七（一九九八年新装版）

3章

阿部浩一『戦国期の徳政と地域社会』吉川弘文館　二〇〇一
家永遵嗣「北条早雲の伊豆征服―明応の地震津波との関係から」『伊豆の郷土研究』二四　一九九九
＊家永遵嗣「北条早雲研究の最前線―戦国大名北条早雲の生涯」小和田哲男監修・北条早雲史跡活用研究会編『奔る雲のごとく―今よみがえる北条早雲』北条早雲フォーラム実行委員会　二〇〇〇
池上裕子『戦国時代社会構造の研究』〈歴史科学叢書〉校倉書房　一九九九
勝俣鎮夫『戦国法成立史論』（前掲）
勝俣鎮夫『戦国時代論』（前掲）
神田千里「織田政権の支配の論理」（前掲）
京都市編『京都の歴史三　近世の胎動』学芸書林　一九六八
久留島典子『一揆と戦国大名』〈日本の歴史〉一三　講談社　二〇〇一（二〇〇九年講談社学術文庫収録）
黒田基樹『戦国大名北条氏の領国支配』岩田書院　一九九五
佐脇栄智『後北条氏の基礎研究』吉川弘文館　一九七六

佐脇栄智『後北条氏と領国経営』吉川弘文館　一九九七
林屋辰三郎『町衆―京都における「市民」形成史』中公新書　一九六四（一九九〇年中公文庫収録）
藤木久志『戦国史をみる目』校倉書房　一九九五
藤木久志「永禄三年徳政の背景―歴史の中の危機にどう迫るか」『戦国民衆像の虚実』二〇一九（初出一九九六）
藤木久志『飢餓と戦争の戦国を行く』朝日選書　二〇〇一
二木謙一『中世武家儀礼の研究』吉川弘文館　一九八五
山田邦明「上杉謙信の地下人動員令」『戦国史研究』四〇　二〇〇〇

4章

青木保『沈黙の文化を訪ねて』日本経済新聞社　一九七六（一九八二年中公文庫収録）
阿部善雄『駈入り農民史』至文堂　一九六五
網野善彦『無縁・公界・楽―日本中世の自由と平和』平凡社選書　一九七八（一九八七年増補、一九九六年平凡社ライブラリー収録）
伊東多三郎「近世における政治権力と宗教的権威」伊東多三郎編『国民生活史研究四　生活と宗教』吉川弘文館　一九六〇（一九八四年復刊）
井上鋭夫『一向一揆の研究』吉川弘文館　一九六八
氏家幹人『江戸藩邸物語―戦場から街角へ』中公新書　一九八八

大桑斉『寺檀の思想』教育社歴史新書　一九七九
大隅和雄『信心の世界、遁世者の心』〈日本の中世〉2　中央公論新社　二〇〇二
荻慎一郎「近世における鉱山労働者の『入寺』慣行」『近世鉱山社会史の研究』思文閣出版　一九九六（初出一九八五）
神田千里『一向一揆と真宗信仰』〈中世史研究選書〉吉川弘文館　一九九一
神田千里『信長と石山合戦―中世の信仰と一揆』吉川弘文館　一九九五（二〇〇八年歴史文化セレクション収録）
神田千里『一向一揆と戦国社会』吉川弘文館　一九九八
神田千里「加賀一向一揆の特質」『加能史料研究』一三　二〇〇一
神田千里「中世の宗教的アジール」高埜利彦・安田次郎編『宗教社会史』〈新体系日本史〉一五　山川出版社　二〇一二
鍛代敏雄「本願寺教団の交通網」『中世後期の寺社と経済』思文閣出版　一九九九（初出一九八七）
佐藤孝之「近世の村と『入寺』慣行―武州の事例を中心に」『郷土志木』二三　一九九四
佐藤孝之「近世の村と『入寺』『欠入』―駿遠豆の事例から」『地方史静岡』二三　一九九五
佐藤孝之「『入寺』慣行から見た村と寺院―下野・常陸・下総の事例から」『栃木史学』一五　二〇〇一
＊佐藤孝之『駆込寺と村社会』吉川弘文館　二〇〇六
秀村選三「幕末期薩摩藩におけるアジールの痕跡―領主権力と寺院権威」『経済学研究』三〇―

一九六四
尾藤正英「日本における国民的宗教の成立」『江戸時代とはなにか—日本史上の近世と近代』岩波書店　一九九二（初出一九八八）
平泉澄『中世に於ける社寺と社会との関係』至文堂　一九二六（一九八二年国書刊行会復刻）
星野元貞「かくれ門徒の意識構造」北西弘先生還暦記念会編『中世仏教と真宗』吉川弘文館　一九八五
峰岸純夫編『本願寺・一向一揆の研究』〈戦国大名論集〉一三　吉川弘文館　一九八四

5章

石井進「主従の関係」〈講座日本思想〉三・秩序　東京大学出版会　一九八三
石井進『中世のかたち』（前掲）
今谷明『天文法華の乱—武装する町衆』平凡社　一九八九
大村英昭『現代社会と宗教—宗教意識の変容』岩波書店　一九九六
岡田章雄『南蛮宗俗考』地人書館　一九四二（一九八三年『キリシタン信仰と習俗』〈岡田章雄著作集〉一　思文閣出版収録）
小原仁「貴族女性の信仰生活—貴族社会における『家』の祭祀」西口順子編『仏と女』吉川弘文館　一九九七
笠谷和比古『主君「押込」の構造—近世大名と家臣団』平凡社選書　一九八八
勝俣鎮夫『戦国時代論』（前掲）

神田千里「絵系図にみる中近世移行期の村民の信心」『中・近世移行期の西国と東国における検地と村落に関する比較研究』一九九五〜九七年度科学研究費補助金基盤研究A〔1〕研究成果報告書（研究代表者・本多隆成）一九九八
神田千里『一向一揆と戦国社会』（前掲）
神田千里「中世後期の公家社会にみる家の信心」『東洋大学文学部紀要』史学科編二四　一九九九
神田千里「天文の畿内一向一揆ノート」千葉乗隆編『日本の歴史と真宗―千葉乗隆博士傘寿記念論集』自照社出版　二〇〇一
金龍静「天文の畿内一向一揆」児玉幸多監修・峰岸純夫編『古文書の語る日本史』五　戦国・織豊　筑摩書房　一九八九
小池喜明『葉隠―武士と「奉公」』講談社学術文庫　一九九九
小沢浩『新宗教の風土』岩波新書　一九九七
五野井隆史「キリシタン時代の看坊について」『徳川初期キリシタン史研究』吉川弘文館　一九八三、一九九二年補訂（初出一九七九）
坂田聡『日本中世の氏・家・村』（歴史科学叢書）校倉書房　一九九七
高瀬弘一郎『キリシタンの世紀―ザビエル渡日から「鎖国」まで』岩波書店　一九九三（二〇〇一三年岩波人文書セレクション収録）
高瀬弘一郎『キリシタン時代の文化と諸相』八木書店　二〇〇一
辻善之助『日本仏教史』中世編之四　岩波書店　一九五〇

辻善之助『日本仏教史』中世編之五　岩波書店　一九五一
長江正一『三好長慶』〈人物叢書〉吉川弘文館　一九六八（一九八九年新装版）
西口順子「絵系図に見る『家』の祭祀」『月刊百科』二八八　一九八六
西口順子「中世後期仏光寺教団と村落―近江湖東地域を中心に」浄土真宗教学研究所・本願寺史料研究所編〈講座蓮如〉四　平凡社　一九九七
西口順子「女性と亡者忌日供養」西口順子編『仏と女』（前掲）
尾藤正英「明治維新と武士―「公論」の理念による維新像再構成の試み」『江戸時代とはなにか』（前掲、初出一九八五）
平松令三「絵系図の成立について」『真宗史論攷』同朋舎出版　一九八八（初出一九八一）
藤井学「初期法華一揆の戦闘分析―山科・石山攻めを中心に」北西弘先生還暦記念会編『中世社会と一向一揆』吉川弘文館　一九八五
Bacon, Alice Mabel. *Japanese Girls and Women*, Boston and New York, HOUGHTON, MIFFLIN AND COMPANY, The Riverside Press, Cambridge, mass., U. S. A. 1891
*アリス・ベーコン・矢口祐人・砂田恵利加訳『明治日本の女たち』みすず書房　二〇〇三
ヨハネス・ラウレス「細川家のキリシタン」キリシタン文化研究会編『キリシタン研究』四　洋々社　一九五七

6章

朝尾直弘『天下一統』〈大系日本の歴史〉八　小学館　一九八八

朝尾直弘『将軍権力の創出』岩波書店　一九九四
＊天野忠幸『三好一族と織田信長―「天下」をめぐる覇権戦争』戎光祥出版　二〇一六
池上裕子『織豊政権と江戸幕府』〈日本の歴史〉一五　講談社　二〇〇二（二〇〇九年講談社学術文庫収録）
今谷明『信長と天皇―中世的権威に挑む覇王』講談社現代新書　一九九二
岩沢愿彦「本能寺の変拾遺」『歴史地理』九一―四　一九六八
奥野高広『足利義昭』〈人物叢書〉吉川弘文館　一九六〇（一九九〇年新装版）
奥野高広『織田信長文書の研究』上・下　吉川弘文館　一九六九～七〇（一九八八年増訂）
奥野高広「織田政権の基本路線」『国史学』一〇〇　一九七七
奥野高広「上様と殿様」『日本歴史』三四四　一九七七
神田千里「織田政権の支配の論理」（前掲）
神田千里『信長と石山合戦』（前掲）
五島邦治「『石井筒町記録』について―織田信長による上京焼き討ち前後の京都の町」『史園』二二〇〇〇
佐藤進一『花押を読む』平凡社選書　一九八八
高木昭作「秀吉・家康の神国観とその系譜―慶長一八年吉利支丹追放令を手がかりとして」『将軍権力と天皇』青木書店　二〇〇三（初出一九九二）
高木傭太郎「織田政権期における『天下』について」藤木久志編『織田政権の研究』〈戦国大名論集〉一七　吉川弘文館　一九八五（初出一九八〇）

立花京子『信長権力と朝廷』岩田書院　二〇〇〇
橋本政宣「織田信長と朝廷」『近世公家社会の研究』吉川弘文館　二〇〇二（初出一九八二）
堀新「織田信長と三職推任―「太政大臣か関白か将軍か」の再検討」『戦国史研究』三四　一九九七
宮本義己「足利将軍義輝の芸・雲和平調停」『國學院大學大學院紀要』六　一九七四
宮本義己「足利将軍義輝の芸・豊和平調停」（上・下）『政治経済史学』一〇二・一〇三　一九七四

7章

粟野俊之「織田政権と東国」『織豊政権と東国大名』吉川弘文館　二〇〇一
井上鋭夫『一向一揆の研究』（前掲）
煎本増夫『島原の乱』教育社歴史新書　一九八〇
岡田章雄『天草時貞』〈人物叢書〉吉川弘文館　一九六〇（一九八七年新装版）
奥野高広『足利義昭』（前掲）
神田千里『信長と石山合戦』（前掲）
神田千里『一向一揆と戦国社会』（前掲）
神田千里「中世の宗論」『戦国時代の自力と秩序』吉川弘文館　二〇一三（初出二〇〇三）
高木昭作「出頭人本多正純の改易」『日本近世国家史の研究』岩波書店　一九九〇（初出一九七四）

高瀬弘一郎『キリシタンの世紀』(前掲)
高瀬弘一郎『キリシタン時代の文化と諸相』(前掲)
塚本学『生類をめぐる政治―元禄のフォークロア』平凡社選書　一九八三(一九九三年平凡社ライブラリー収録)
辻善之助『日本仏教史』近世編之一　岩波書店　一九五二
鶴田倉造編・松本寿三郎監修『原史料で綴る天草・島原の乱』本渡市　一九九四
中村質「島原の乱と鎖国」〈岩波講座日本歴史〉九　近世一　一九七五
服部英雄「原城の戦いと島原・天草の乱を考え直す」丸山雍成編『日本近世の地域社会論』文献出版　一九九八
藤木久志『豊臣平和令と戦国社会』東京大学出版会　一九八五
山内進『決闘裁判』講談社現代新書　二〇〇〇
渡辺世祐「本願寺と羽柴秀吉との関係」『史学雑誌』三三―八　一九二二

自律の社会――おわりに

カッテンディーケ・水田信利訳『長崎海軍伝習所の日々』〈東洋文庫〉二六　平凡社　一九六四
勝俣鎮夫『戦国時代論』(前掲)
神田千里「宛米」網野善彦ほか編『ことばの文化史［中世3］』平凡社　一九八九
佐藤孝之「近世の村と『入寺』慣行―武州の事例を中心に」(前掲)
佐藤孝之「近世の村と『入寺』『欠入』―駿遠豆の事例から」(前掲)

佐藤孝之「『入寺』慣行から見た村と寺院―下野・常陸・下総の事例から」（前掲）
＊佐藤孝之『駆込寺と村社会』（前掲）
平松義郎『江戸の罪と罰』平凡社選書　一九八八
藤木久志『豊臣平和令と戦国社会』（前掲）
保坂智『百姓一揆とその作法』〈歴史文化ライブラリー〉吉川弘文館　二〇〇二
前田正治『日本近世村法の研究』有斐閣　一九五〇
渡辺京二『逝きし世の面影』〈日本近代素描〉一　葦書房　一九九八（二〇〇五年平凡社ライブラリー収録）

関係年表

日本の欄の洋数字は陰暦の月数（○囲み数字は閏月）

西暦	和暦	日本	生没・人事	西暦	世界
一四二八	正長元	京都で土一揆蜂起、ついで畿内近国で民衆蜂起起こる	足利義持、没（一四二八）	一四二六	朝鮮、対日開港場三カ所設定
一四四一	嘉吉元	将軍足利義教暗殺される。京都で土一揆蜂起	称光天皇、没（一四二八）	一四三六	フス派戦争終わる
一四四七	文安四	京都で土一揆蜂起。近江、山城、河内でも土一揆蜂起		一四四三	朝鮮、対馬宗氏と癸亥約条締結
一四五四	享徳三	京都で畠山義就（当時義夏）・義富対立する。京都で土一揆蜂起	畠山持国、没（一四五五）	一四五一	これ以降遣明船の派遣制限行われる（宣徳要約）
一四五七	長禄元	京都で土一揆蜂起。山科七郷住民、土一揆の行う徳政に加わる		一四五三	ビザンツ帝国滅亡。

一四六二	寛正三	京都で土一揆蜂起			百年戦争終わる
一四六五	六	1山門衆徒、東山本願寺を襲撃する。			
一四六六	文正元	10京都西郊外で土一揆蜂起 文正の政変。山名、朝倉氏の被官、酒屋・土倉を襲撃。土一揆蜂起	季瓊真蘂、没（一四六九）		
一四六七	応仁元	応仁の乱始まる	伊勢貞親、山名宗全、	一四六九	カスティリャ王女イザベルとアラゴン王子フェルナンド結婚
一四七四	文明六	富樫政親、本願寺門徒と結び守護富樫幸千代を破る	細川勝元、経覚、没（一四七三）		
一四七七	九	応仁の乱終息する			
一四八〇	三	京都で土一揆蜂起、山科七郷住民、村ぐるみで土一揆の行う徳政に加わる	一条兼良、朝倉孝景、没（一四八一）		
一四八五	一七	8京都で土一揆蜂起。12山城国一揆、畠山両軍を南山城から退去させる			
一四八七	長享元	足利義尚、寺社本所領回復を号し近江に出兵	足利義尚、没（一四八九）	一四九二	コロンブス、北アメリカ大陸東岸に到達。スペイン、グラナダ併合（再征服運動終了）
一四八八	二	加賀一向一揆、富樫泰高を擁立し富樫政親を滅ぼす			
一四九〇	延徳二	3月、閏8月に京都で土一揆蜂起	足利義政、畠山義就、		

西暦	和暦	事項
一四九三	明応二	4細川政元、足利義澄を擁立して将軍足利義材（義尹・義稙）を廃する。9伊勢貞陸、南山城に入部
一四九八	七	北条早雲、堀越公方足利茶々丸を滅ぼす
一五〇一	文亀元	3九条政基、和泉国日根庄に下向。5京都で法華宗と浄土宗、細川政元の前で宗論を行う
一五〇六	永正三	4一向一揆、越中を制圧し、寺社本所領を領主に返還。7越前で一向一揆蜂起。この年各地で一向一揆蜂起
一五〇七	四	細川澄之、細川政元を暗殺
一五〇八	五	足利義尹入京し、将軍に就任
一五二一	大永元	3足利義稙、京都を出奔。8・23改元。12足利義晴将軍に就任
一五二七	七	波多野稙通、柳本賢治ら蜂起、足利義晴、細川高国、近江へ逃走
一五三一	享禄四	5加賀の大一揆派と小一揆派抗争。

没（一四九〇）
畠山政長、没（一四九三）
蓮如、没（一四九九）
近衛政家、没（一五〇五）
尋尊、没（一五〇八）
足利義澄、没（一五一一）
朝倉貞景、没（一五一二）
九条政基、没（一五一六）
北条早雲、

西暦	事項
一四九四	トルデシーリャス条約締結
一四九八	ヴァスコ・ダ・ガマ、インドのカリカットに到達
一五一一	ポルトガル、マラッカ占領
一五一七	ポルトガル派遣の中国使節トメ・ピレス、広州に到達。ルター「九五カ条提題」公表

一五三二	天文元	6細川高国、三好元長に敗れ、自殺　天文の一向一揆起こり、京都山科本願寺焼討される	没（一五一九）　細川澄元、没（一五二〇）	一五二二	マゼラン、フィリピンに到達
				一五二三	寧波の乱
一五三三	二	細川晴元と京都法華宗徒、本願寺証如と和解する	足利義稙、没（一五二三）	一五三〇	ポルトガル総督府ゴアに移転
一五三四	三	5細川晴元と本願寺との和睦破れる。9足利義晴、近江より入京	実如、没（一五二五）	一五三六	カルヴァン「キリスト教綱要」出版
一五三五	四	本願寺、細川晴元と和睦	鷲尾隆康、没（一五三三）		
一五三六	五	7天文法華の乱。8足利義晴、本願寺を赦免		一五四一	イグナチウス・デ・ロヨラ、イエズス会初代総長になる
一五三八	七	2本願寺、謀叛人下田長門の成敗を加賀の河北郡一揆に命令。8本願寺、洲崎兵庫・河合八郎左衛門の追放を幕府に報告。11本願寺、洲崎・河合の追放を加賀国四郡に周知	北条氏綱、没（一五四一）	一五四三	倭寇の魁首王直の船、種子島に漂着、日本に鉄砲伝わる
一五四〇	九	古河公方足利晴氏、北条氏綱娘を娶る	近衛尚通、没（一五四四）	一五四八	浙江巡撫朱紈、密貿易の拠点雙嶼を潰滅させる。倭寇の魁首王直、平戸に移住
一五四九	一八	フランシスコ・ザビエル、鹿児島に上陸	足利義晴、没（一五五〇）		

一五五〇	一九	12（五一年1月）ザビエル上京し、翌年離日	証如、没（一五五四）	一五五一	大内氏滅亡、日明貿易途絶
一五六〇	永禄三	2北条氏政家督を継ぎ、徳政令を発布。5織田信長、尾張国桶狭間で今川義元を破る	今川義元、没（一五六〇）	一五五七	ポルトガル人、海賊討伐の褒賞としてマカオを割譲される
一五六五	八	足利義輝、三好義継らに暗殺される	細川晴元、没（一五六三）	一五五九	倭寇の魁首王直、明に降伏し、処刑される
一五六六	九	足利義昭、織田信長に入京の支援を命じ、信長、命に応じ出兵せんとして失敗		一五六二	ユグノー戦争始まる
一五六七	一〇	織田信長、斎藤竜興の美濃稲葉山城を攻略		一五六七	明、海禁政策廃止
一五六八	一一	9織田信長、足利義昭を奉じて入京。10義昭・信長、畿内を平定、京都に凱旋。12徳川家康、遠江へ侵攻	足利義栄、没（一五六八）		
一五六九	一二	1三好三人衆、京都本圀寺の足利義昭を襲撃。織田信長、幕府の殿中掟を定める。12武田信玄、相模に侵入、小田原城下に放火			
一五七〇	元亀元	1織田信長、五カ条の条書を足利義			

		昭に承認させる。4信長、義昭の命により越前出兵。4・23改元。6姉川合戦。三好三人衆、摂津へ進出。8義昭・信長、摂津野田・福島に三好三人衆を攻撃。9大坂本願寺蜂起。11伊勢長島の一向一揆蜂起し、信長弟織田信興自殺。信長武将坂井政尚戦死。信長、浅井長政と和睦。12足利義昭の勧告により信長、朝倉義景と和睦			
一五七一	二	2織田信長、毛利・大友両氏に足利義昭の和睦命令を伝え、和睦を促す。5信長、浅井氏と交戦。9信長、近江三宅・金森の一向一揆を攻略、降伏した門徒軍を赦免。信長、山門を焼討	毛利元就、没（一五七一）	一五七一	スペイン軍、マニラを占領し総督府を置く
一五七二	三	7織田信長、近江浅井領に侵入。信長、上杉謙信に足利義昭の和睦命令を伝え、武田信玄との和睦を促す。		一五七二	サン・バルテルミの大虐殺

		10信玄、遠江・三河へ進軍を開始。11信長、謙信に信玄との断交を宣言	
一五七三	天正元	2足利義昭、織田信長と断交して二条御所に籠城。4信長、上京を放火。義昭、信長と和解。7義昭、再蜂起し信長に敗れ、京都から逃走。7・28改元。11織田氏と毛利氏、義昭の帰洛を交渉するも決裂、義昭、紀州へ退去。本願寺、信長に白天目進上。12信長、朝廷に正親町天皇譲位のことを申し入れる	吉田兼右、武田信玄、足利義維、没（一五七三）
一五七四	二	4この頃本願寺蜂起。一向一揆、越前を制圧。9信長、伊勢長島の一向一揆を殲滅	
一五七五	三	1織田信長、洛中洛外の寺社本所領を安堵。8信長、越前一向一揆を殲滅。10信長、本願寺を赦免。11信長、従三位権大納言兼右近衛大将に叙任	
一五七六	四	2足利義昭、毛利輝元に帰京のため	

		尽力を依頼。4本願寺、織田信長に対して蜂起。5義昭、武田・上杉・北条に反織田方として同盟することを命じる。後、各氏これを受諾。11信長、内大臣に就任	
一五七七	五	織田信長、右大臣に任ぜられる	
一五七八	六	4織田信長、右大臣・右近衛大将を辞任。10荒木村重、信長に反し本願寺と結ぶ。11九鬼嘉隆の水軍、毛利氏の水軍を破る	上杉謙信、没（一五七八）
一五七九	七	3上杉景虎敗死。5安土宗論。11摂津在岡城陥落。12信長、荒木村重の一族、家臣ら人質を皆殺しにする	
一五八〇	八	③織田信長と本願寺顕如との和睦なる。教如、諸国門徒に信長に対する徹底抗戦を宣言。4足利義昭、毛利氏に教如の援助を命じる。本願寺顕如、紀伊雑賀へ下る。7教如、信長に和睦を乞い、信長承認。8教如、	

一五八〇	スペイン王フェリペ2世、ポルトガルに侵攻、王位継承を宣言
一五八一	オランダ北部七州、

		紀伊雑賀へ下る。信長、島津氏に大友氏との和睦を命令			スペインよりの独立を宣言
一五八二	一〇	3武田勝頼滅亡。5朝廷、織田信長に将軍就任を打診。6本能寺の変。山崎の合戦	武田勝頼、織田信長、明智光秀、没（一五八二）		
一五八三	一一	賤ヶ岳の合戦。柴田勝家、越前北庄に自刃			
一五八四	一二	3織田信雄、羽柴秀吉と断交。4小牧・長久手の戦い。8越中佐々成政、秀吉に反す。11秀吉、信雄と和睦、ついで徳川家康とも和睦			
一五八五	一三	7羽柴秀吉、関白に就任。⑧伊達政宗、陸奥小手森城の大内定綱を攻略、籠城者を皆殺しにする。10秀吉、九州諸大名に停戦令を発布			
一五八七	一五	5豊臣秀吉、九州に出兵し、島津義久を降す。6秀吉、伴天連追放令を発す			
一五八八	一六	豊臣秀吉、刀狩令、海賊禁止令を発	北条氏政、	一五八八	スペイン無敵艦隊、

		令	没（一五九〇）		イングランド海軍に敗れる
一五九〇	一八	豊臣秀吉、北条氏を討伐し、北条氏直、秀吉に降伏	顕如、没（一五九二）		
一五九二	文禄元	5豊臣秀吉、朝鮮へ侵攻。12・8改元	ルイス・フロイス、足利義昭、没（一五九七）		
一五九三	二	日本軍、漢城を撤退、朝鮮との和議なる			
一五九六	慶長元	8サン・フェリペ号事件。10・27改元。12（九七年2月）サン・フェリペ号事件により二六聖人殉教	豊臣秀吉、没（一五九八）		
一五九七	二	豊臣秀吉、再度朝鮮へ侵攻	細川ガラシア、没（一六〇〇）	一五九八	ナント勅令（ユグノー戦争終わる）
一五九八	三	日本軍、朝鮮より総撤退			
一六〇三	八	徳川家康、江戸幕府を開く		一六〇二	オランダ、東インド会社設立
一六一三	一八	12（一四年1月）幕府、キリスト教を禁止		一六〇九	スペイン、オランダの独立を事実上承認。オランダ人、日本との通商を許可され平戸に商館を建設
一六一五	元和元	5大坂城落城し、豊臣秀頼自殺。7・13改元	徳川家康、没（一六一六）		
一六二一	七	松平忠直、江戸参府途上で帰国	上杉景勝、没（一六二三）		
一六二二	八	春松平忠直、江戸参府途上関ヶ原で			

		滞留し秋帰国。夏徳川秀忠、全国の大名を江戸に出府させる。10本多正純、改易される	毛利輝元、没（一六二五）	一六一九	オランダ、ジャカルタ（バタビア）占領、東インド会社商館建設
一六三七	寛永一四	10島原、天草でキリシタン蜂起。11幕府、板倉重昌らを派遣、ついで松平信綱、戸田氏鉄を派遣。12キリシタンの一揆、原城に籠城。この年肥後、飢饉	織田信雄、没（一六三〇）	一六二二	ローマ教皇庁内に海外布教地問題担当の布教聖省設立さる
一六三八	一五	幕府軍、原城を攻略し、一揆を鎮圧		一六二三	アンボイナ事件
一六三九	一六	幕府、ポルトガル船の来航を禁止		一六三七	教皇庁の布教聖省、日本に名義司教を派遣（三九年・四〇年ゴア到達）

263
三好長慶（千熊丸） 125, 198, 242
三好元長 129, 131, 194–196
三好義継 242–244, 246, 263, 266
向日神社 39, 78
棟別銭 50, 118
村井貞勝 268, 307
村請 81, 329, 330
毛利水軍 282, 283
毛利隆元 253
毛利輝元 125, 249, 282, 283, 292
毛利元就 107, 249, 250
門徒伝い 157

〔や 行〕

野洲井宣助 128
安富智安 99
山内惣中 295, 296
山岡浚明 146
山崎の合戦 307
山科家 29, 38, 39
山科七郷 29, 38, 39
山科言継 242, 256, 258
山科本願寺 132, 133, 196
山城国一揆 64, 74, 77, 78, 80, 252
山名持豊（宗全） 56, 63
山本常朝 235
吉崎 157, 163, 167, 170, 174, 177, 178
寄親・寄子制 108

〔ら・わ 行〕

ラウレス，ヨハネス 228
洛中静謐 64
立本寺 189, 199
了源 212
『類聚名物考』 146
流民 55, 56, 58–60
蓮悟（本泉寺） 182, 186
連座像 167
連座御影 148
蓮如 73, 147, 148, 150–158, 160, 163, 167–172, 174, 176–178, 180, 181, 187, 188, 200, 296, 304
『老人雑話』 134
六角定頼 132, 196, 200, 201, 259, 301
『六角氏式目』 109
六角承禎 246, 255
鷲尾隆康 130–132
渡辺京二 332

細川勝元　12, 26, 28, 34, 36, 56, 57, 63
細川ガラシア　228, 229
細川澄元　100, 129, 194
細川高国　100, 129, 194, 195, 197, 200
細川忠興　228
細川晴国　197
細川晴元　129, 132, 135, 194-198, 200, 201
細川藤孝　244, 273, 282, 284
細川政元　44, 59, 64, 67, 77-79, 88, 89, 91, 128, 160, 181, 194, 200, 202, 203, 210, 242, 301
法華一揆　141, 198
法華宗（教団）　142, 197, 199, 207-210, 269, 297-305, 315
法華宗寺院　132, 141, 189, 196, 209, 297, 299, 300
法華宗信仰（信徒）　141, 197-199, 209-212, 297
ポルトガル（人・貿易）　219-221, 312-314, 316
本願寺（一族）　73, 132, 133, 147-149, 156, 157, 159-170, 177-190, 195-205, 222, 232, 234, 252, 256-260, 262-264, 267, 272-274, 276, 278, 279, 281-288, 290-296, 303, 307-309
本願寺教団　142, 147-151, 156-163, 166, 169, 170, 174-177, 182, 187, 189, 190, 196-199, 202-204, 208, 234, 272, 289, 291, 292, 295, 296
本願寺住持　73, 147, 148, 159, 160, 162, 163, 167, 186, 189, 206, 235, 246
本願寺門徒　132, 150-152, 158, 169, 178-180, 182-184, 188, 197-201, 204, 258, 259, 262-264, 283, 284, 287-289, 295, 311
本願寺「留守職」　147
本行寺　296
本興寺　189
本泉寺（二俣）　180
本能寺の変　241, 283, 295, 307
本福寺（堅田）　157
『本福寺跡書』　157
本満寺　132, 133, 209-212

〔ま　行〕

前田正治　326
『政基公旅引付』　82
町衆　130-135, 196-198, 297
松永貞徳　17, 265
松永久秀　125, 246, 256, 263
松永久通　242
御厨子　53
水主城　66
峰岸純夫　98
名号本尊　167
名主　44, 45, 71, 118
『妙法寺記』　199
三好三人衆　243-246, 255-258,

服部英雄　319
伴天連追放令　221, 312, 314
林新右衛門　92
林屋辰三郎　135
原田（塙）直政　264, 282
原城　317, 319, 321-323
半済　47, 75
番頭　83, 84, 86, 97
比叡山　276-278
　→延暦寺
　──焼討　265, 297
東山本願寺　169, 303
『尚通公記』　209
秀村選三　146
尾藤正英　237
非人　55, 56
日根庄　74, 82, 83, 86-90, 92, 95, 103
日根野村　86, 87, 90
日野勝光　169
日野富子　168
「百姓の持ちたる国」　183, 272
「百姓は草の靡き」　120, 323
百人衆　67, 68
平等院　28
平松令三　212
琵琶法師　175-177
フィゲイレド，ベルショール・デ　226
分一徳政令　30
『夫婦宗論物語』　315
福聚寺　145
福昌寺　145
藤木久志　14, 58, 112, 309, 310, 311, 328
伏見庄　46, 100
伏見宮家　46, 51, 100
二木謙一　125
仏光寺（派）　147, 190, 212
仏法　153-155, 157-159, 163, 178, 188, 198, 202, 203, 256, 276, 286, 308
不入（権）　79, 274
古市澄胤　35, 49, 79, 80
フロイス，ルイス　112, 134, 226, 228, 301, 302, 322
文安四年の土一揆　26, 34-36
分国法　109, 175, 304
文正元年土一揆　57
『文正記』　53, 57
文正の政変　53, 60
ベーコン，アリス　237
遍照心院領　51
報恩講　177
北条氏綱　110
北条氏政　112, 282, 283, 291
北条氏康　110, 112, 249
『北条五代記』　113
北条早雲　113, 114, 274, 277
坊主（衆）　151, 152, 159, 160, 182, 202, 204, 284
法然　214
法名状　206
保坂智　327

同行　153, 154, 158, 187
東寺（領）　10, 27, 28, 32, 41, 42, 51, 52, 59, 78, 99, 252
道場　152, 204, 258, 289, 311
等心院（近衛政家妻）　210, 211
富樫政親　73, 178–180
富樫泰高　179, 180
富樫幸千代　73, 178, 180
土岐成頼　63
富木常忍　301
徳川家康　118–120, 222, 255, 272, 308, 309, 311
徳川幕府　18, 142, 232, 310, 312, 313, 316
徳政（令）　22–26, 28–30, 32, 34–42, 47, 49–53, 56, 57, 59, 60, 110–112, 129, 135, 188, 189, 260
徳政一揆　52
徳政免許　283
土倉（衆）　22, 28–30, 40, 49–51, 53, 55–60, 70, 128, 129, 197
土　民　24, 35, 49, 52, 60, 66, 119, 188, 278
豊臣（羽柴）秀吉　18, 124, 161, 221, 266, 272, 294, 307–310, 312–315
トルデシーリャス条約　220

〔な　行〕

『長崎海軍伝習所の日々』　326
長島（一向一揆）　245, 260, 272–277, 279, 282, 284
永原慶二　36
新見庄　99
西口順子　212, 214
日淵（久遠院）　299, 302, 305
日蓮　300–302
日蓮宗　304
如円尼　160
如春尼　161
如乗　160
如信　148
根来寺　88–92, 95–97, 103, 227
年貢（減免，滞納）　22, 24, 25, 28, 47, 70, 75, 78, 79, 81, 89, 98, 103, 119, 121, 149, 185, 329, 330
『年代記抄節』　263
「念仏行人申状」　304
念仏者　156, 172, 174
能美郡一揆　179

〔は　行〕

『葉隠』　235, 236
白山　176–178, 189, 295
蓮田（兵衛）　31, 32, 52
畠山稙長　200
畠山尚順　88, 92, 181
畠山政長　66, 70
畠山持国　26, 34, 36
畠山義富　27, 36
畠山義宣（義堯）　195
畠山義英　181
畠山義就（義夏）　27, 28, 36, 53, 60, 63, 64, 70, 75, 77

関所　17, 70
『世鏡抄』　230
戦国大名　10, 14, 17, 18, 83, 86, 104-111, 114-116, 120-127, 137, 139, 145, 162, 185, 186, 231, 232, 247, 292, 300, 304, 309, 310
専修寺（高田）　178, 190
千年王国運動　191, 323
善福寺（麻布）　291
造悪無碍　174
早雲寺　145
惣村　76, 81-83
惣堂　45
惣無事令　309, 310, 315
惣有財産　81
惣有田　81
存覚　212, 301
存如　148, 160, 167, 168
村法（制定）　18, 81, 326, 327

〔た　行〕

他阿真教　174
『戴恩記』　265
高木昭作　272
高瀬弘一郎　219, 220, 227, 312, 313, 315, 316
高田派　147, 178, 190, 304
高山右近　228
武田勝頼　283, 291, 307
武田信玄（晴信）　18, 98, 106, 118, 119, 125, 249, 250, 252-254, 263, 264, 266, 283
立返りキリシタン　317
伊達輝宗　125, 250, 278
伊達政宗　274, 277
田総豊里　233
他屋（衆）　163, 170
太良庄　41
檀家制度　142
談合　78, 153, 158, 332
段銭　99
重源（俊乗房）　85
逃散　103, 119, 121
超勝寺　183
『長宗我部氏掟書』　109
町人　11, 13, 57, 58, 60, 110, 116, 129, 131, 133, 134, 264, 284, 325
長年寺（上野国）　98
長楽寺　189
長禄元年の土一揆　28, 36, 38
『塵塚物語』　24
塚原問答　302
塚本学　311
土一揆　21-64, 70, 127-129, 132, 133, 136, 137, 196, 197, 210, 260
筒井氏　34
寺入　146
「天下」　76, 104, 139, 247-251, 262, 265-267, 269, 272, 283
天下人　18, 279, 309
天下布武　246, 250, 251
『天文日記』　200, 204, 283
天文の争乱　162, 193, 194, 202, 243

斯波義廉　57
斯波義敏　30, 36, 57
島原（・天草）の乱　222, 317
下京　28, 60, 119, 130, 131, 135, 265
下田長門　164
下間頼盛　198
衆議　158, 163, 165, 167, 327
十字　222
十字架　221, 222, 319
十七カ条の条書　137, 263
宗論　169, 210, 297-306, 314, 315
『宗論』　315
守護大名　17, 71, 75, 79, 106, 107, 109, 125
守護不入　71, 78, 89, 94, 99, 252, 267, 268
数珠　221, 222, 229, 302
准如　161, 177, 296
順如　168-170
ジョアン・フランシスコ　222
荘園領主　10, 11, 42, 71, 72, 74-78, 83, 182, 184, 185
承久の乱　144
松岡寺（波佐谷）　180
相国寺　12
浄厳院　297, 305
『常在寺衆年代記』　199
正昭院　145
『樵談治要』　52
正長の土一揆　26, 30, 33
浄土往生　152, 154, 156, 286, 289
浄土宗　172, 209, 210, 297-299, 301, 302, 304, 305, 315
浄土真宗　174
証如　164, 177, 186-188, 190, 195, 196, 198, 200, 204, 283
『諸縁深知集』　205, 229
自力救済　121, 124, 186-188, 247, 300, 303, 304, 306, 310, 311
城番　117
城普請　113
真慧（専修寺）　178
『塵芥集』　109, 122
尋憲（大乗院門跡）　260, 263
新興宗教　142
「神国」日本　312
新宗教　142
真宗仏光寺派　212
真宗本願寺派　141
信心決定　153, 154, 158, 188, 212, 286
人身の拉致　112
尋尊（大乗院門跡）　12, 36, 49, 75, 102
『信長公記』　251, 274, 276, 277, 298, 299, 302
親鸞　147, 148, 155, 159, 162, 165, 167, 172, 174-176, 190, 198, 202, 208, 212, 214, 235, 286, 304
親鸞絵像　167
洲崎兵庫　163
スペイン＝ポルトガル王室　316
制札　41, 90, 96-98, 120, 123
『醒睡笑』　288

国人一揆　109
国人領主　107
国民　34
小沢浩　208
御書　163, 166, 234, 235, 256, 307
『御成敗式目』　109
「国家」　139, 236
五野井隆史　227
近衛前久　257
近衛尚通　10, 209, 211
近衛政家　209-211
小早川隆景　248, 292
『後法興院記』　209
『後法成寺関白記』　209, 211
小牧・長久手の戦い　308
『今古独語』　73

〔さ　行〕

雑賀　234, 292
災害　14, 53, 111, 114, 115
在家信者　150, 152, 155, 204, 304
在地徳政　23
斎藤竜興　245, 274, 301
坂田聡　205
酒屋　22, 49-51, 53, 55-60, 70, 128
『相良氏法度』　175
「篠を引く」　103
座敷法談　149
沙汰人　39, 44, 45, 71
薩摩藩　150, 175
佐藤進一　242
佐藤孝之　146
ザビエル，フランシスコ　206, 219, 224
三十六人衆　67, 68, 80
三条西実隆　73
三門徒派　147
紫雲　156, 157
塩野兵庫助　92, 93
直務　74, 89, 91, 95, 96, 99, 103
地下請　81, 329
地下人　13, 118, 122, 136
自検断　81-83, 85-87, 123, 134, 264
地侍　28, 33, 42, 46, 70, 231
寺社本所（領）　71-75, 78, 79, 88, 93, 94, 99-104, 126, 179, 182, 239, 247, 251, 252, 260, 262, 267, 268, 272, 306
寺社本所の平和　126
時宗（教団）　172, 174, 289
賤ヶ岳の合戦　308
使節遵行　71, 74
私戦（停止）　186, 187, 191
寺檀関係　142, 143, 205, 208, 227
実賢　160, 181
実悟　153, 154, 160
実如　154, 160, 168-170, 181, 186-188, 202
七宝滝寺　84, 90
私徳政　23, 188
寺内町　283, 284
柴田勝家　183, 234, 255, 264, 291, 294-296, 307, 308

危機管理（能力，政策） 14, 111, 114, 115, 137, 139, 265, 277, 278
飢饉 14, 26, 33, 53-56, 58, 83, 111, 112, 323
木沢長政 195, 196, 200
季瓊真蘂 56, 57
北野社 64, 128, 184, 252
『九十箇条制法』 176, 206
堯慧（高田専修寺） 190
経覚（大乗院門跡） 35, 170
享徳三年の土一揆 36
教如 161, 166, 234, 284, 292-296
キリシタン（信仰，信徒） 141-143, 190, 206, 207, 221-229, 258, 302, 312-323
キリシタン取締まり 143
キリシタンの一揆 322
きんやの又 39
公界往来人 16
九鬼嘉隆 291
草路城 66
公事 78, 118, 185
九条尚経 209
九条政基 82-85, 87-89, 91-93, 95, 96, 99, 103
「国」 78, 106, 111, 116, 122, 123, 137, 184
国一揆 66-70, 74-80, 100, 179
国衆 78
国中一揆 179
「国分け」 292
「組」 184
郡一揆 180, 182-190, 272, 295, 296
下剋上 13, 60, 61, 74-76, 175
袈裟 143, 302
喧嘩停止令 310, 311
喧嘩両成敗の法 109, 121, 186, 310
『顕正流義鈔』 178
顕誓（光教寺） 73
現世利益 175, 221, 304
玄仙（七宝滝寺別当代） 84, 85
検地 109, 187, 330, 331
元和偃武 317, 323
顕如 161, 166, 177, 234, 246, 256, 257, 283, 284, 286, 292, 295, 296, 308
小池喜明 236
光教寺（山田） 180
高山寺 144
『甲州法度之次第』 109, 304
高野山 144, 146, 189, 260, 276
講（組織） 159, 205
合議 146, 151, 167, 186, 187, 232, 233, 327, 328
光照寺 216
光明寺 214
高野聖 276
「公論」 237
御恩 18, 133
粉河寺 96
国人（集団） 35, 66, 67, 70, 75-80, 106, 201

王法　155
近江国甲賀郡中惣　80
大内政弘　63
大内義興　194
正親町天皇　262, 271, 291
大坂本願寺　198, 234, 256, 273, 282, 307
大隅和雄　142
太田牛一　126
大友義鎮　125, 219
大友義長　233
大村英昭　238
岡田章雄　221
小川浄喜　46
荻慎一郎　146
荻生徂徠　237
奥野高広　270
桶狭間の合戦　126
押し込め　232
御館の乱　289
織田信長　18, 72, 100, 101, 104, 115, 119, 126, 134, 137-139, 150, 162, 165, 166, 183, 193, 202, 222, 234, 241-279, 281-284, 286, 290-295, 297-300, 305-307, 310, 315
小原仁　212
『御文』　157, 163, 174, 176, 178, 304
オランダ（人）　313, 316, 325

〔か　行〕

『加越闘諍記』　287
加賀（一向）一揆　17, 73, 80, 121, 163-166, 179, 183, 185, 189, 272, 273, 282, 294-296, 308
加賀三カ寺　180, 182, 183
加賀の郡一揆　186, 188, 190, 272, 296
加賀門徒　163, 164, 166, 181-183, 259, 295
嘉吉の土一揆　26, 30, 36, 41
嘉吉の変　50
覚信尼　147
覚如　147, 148, 212, 301
覚鑁　88
隠れ念仏　150
笠谷和比古　232
加持・祈禱　149, 175, 176, 209
刀狩（令）　124, 309-311
カッテンディーケ　325, 326, 331
勝俣鎮夫　68, 107, 236, 331
金沢御坊　183, 295
鐘　31, 45, 70, 131
河北郡一揆　164, 179
上京　119, 129, 131, 264, 265, 277
上久世庄　42, 78
河合八郎左衛門　163
願阿弥　55
寛正三年の土一揆　33, 44, 52
願証寺（長島）　260, 274
寛正の飢饉　33, 55
貫高（制）　108-110, 116
看坊　227
祇園社（会）　135, 169

222, 256, 278, 286, 308
伊勢貞親　28, 33, 56, 57
伊勢貞房　168
伊勢貞陸　79, 80
一条兼良　49, 52
一味神水　68
一味同心　66, 68, 158, 165, 188, 236, 278, 327
一揆契約（状）　107, 158
一揆結合　107, 231
一揆帳　119
一向一揆　73, 100, 115, 132, 133, 141, 147, 150, 162, 167, 175, 178, 179, 181-183, 185, 189-191, 193, 196-198, 203, 204, 238, 252, 256, 258, 260, 269, 272-279, 283, 287, 289, 292, 297, 306, 308
一向宗　172-178, 199, 203, 208, 226, 227, 258, 314
一向俊聖　172, 174, 175
一庄同心　46
一遍　172, 174
稲垣泰彦　36
田舎者　30, 53, 55
稲八（屋）妻城　79
犬神人　169
井上鋭夫　311
今川氏真　118, 120
『今川仮名目録』　109, 304
今川義元　106, 126
今谷明　36
いや五郎　39, 40
入会地（山）　47, 81
入山田（村）　84, 85, 87, 89-93, 95-97, 99, 103
因果居士　298
「上様」　270
上杉景勝　289, 290, 295, 296, 307
上杉景虎　289, 290
上杉謙信（輝虎，長尾景虎）　18, 106, 121, 122, 125, 249, 250, 252, 253, 263, 282, 283, 289, 290
ウェーバー，マックス　239
ヴェーユ，シモーヌ　102
内田弥五郎　59
永正の争乱　162, 180, 194, 202, 287
永仁の徳政令　22
絵系図　212-218
越前一向一揆　272, 273, 276, 278
江沼郡一揆　179, 187
榎原雅治　77
円如　154
延暦寺（山門）　34, 135, 167, 169, 170, 259, 262, 301, 303, 306
——焼討　262, 265, 306
往生観念　156, 157
往生極楽　157, 287, 288
『応仁記』　12
応仁の乱　10, 12, 13, 19, 21, 22, 26, 27, 33, 39, 48-50, 53, 55, 56, 58-60, 64, 66, 72, 87, 102, 107, 127, 147, 170, 178, 180, 209
『応仁略記』　60

索引

〔あ　行〕

青木保　191
赤松満祐　24
悪党　12, 52, 64, 102, 111
明智光秀　259, 264, 273, 282, 284, 307
浅井長政　245, 259, 262, 263
浅井久政　259
朝倉孝景　56, 57, 125
『朝倉孝景十七箇条』　111, 185
朝倉義景　125, 244, 250, 252, 259-261, 264, 276
足利茶々丸　114, 115
足利義昭　72, 100, 119, 134, 137, 139, 241, 244, 246-270, 272, 276, 277, 281-283, 292, 307, 308
足利義材（義尹・義稙）　72, 73, 128, 129, 181, 194, 242, 243
足利義澄（義高）　10, 88, 181, 194, 242
足利義維　129, 132, 194-197, 242, 243
足利義輝　125, 242, 244, 252, 258
足利義教　24, 50, 262
足利義晴　125, 129-133, 135, 194-198, 200, 201, 243, 244
足利義尚　21, 52, 57, 59, 72, 73, 179, 180, 242
足利義栄　242-244, 256
足利義政　21, 55, 57, 59, 168-170, 181, 242
足利義視　21, 57, 128, 180, 181
足軽（集団）　13, 32, 48-53, 56, 58-61, 96
アジール　144-146, 239, 274
安土宗論　297-300, 302, 303, 305, 306
『安土問答実録』　299
姉川合戦　255
阿部善雄　145
荒木村重　274, 276, 290, 291
アルメイダ，ルイス・デ　222, 224, 225
イエズス会（宣教師）　88, 112, 134, 141, 176, 177, 219-227, 269, 272, 297, 301, 303, 312-316, 322
家永遵嗣　114
家の信心　207, 208, 212, 218, 227, 229, 238
伊賀惣国一揆　80
イギリス人　316
石井進　9, 13, 229, 231
石川郡一揆　179
石川郡惣門徒中　295
石山合戦　162, 165, 166, 193, 202,

本書は、二〇〇二年九月中央公論新社より刊行された。

琉球の時代　高良倉吉
いまだ多くの謎に包まれた古琉球王国。成立の秘密や、壮大な交易ルートにより花開いた独特の文化を探り、悲劇と栄光の歴史ドラマに迫る。（与那原恵）

博徒の幕末維新　高橋敏
黒船来航の動乱期、アウトローたちが歴史の表舞台に躍り出てくる。虚実を腑分けし、稗史を歴史の中に位置付けなおした記念碑的労作。（鹿島茂）

朝鮮銀行　多田井喜生
植民地政策のもと設立された朝鮮銀行。その銀行券等の発行により、日本は内地経済破綻を防ぎつつ軍費調達ができた。隠れた実態を描く。（板谷敏彦）

近代日本とアジア　坂野潤治
近代日本外交は、脱亜論とアジア主義の対立構図により描かれてきた。そうした理解が虚像であることを精緻な史料読解で暴いた記念碑的論考。（苅部直）

増補 モスクが語るイスラム史　羽田正
モスクの変容――そこには宗教、政治、経済、美術、人々の生活をはじめ、イスラム世界の全歴史が刻み込まれている。その軌跡を色鮮やかに描き出す。

日本大空襲　原田良次
帝都防衛を担った兵士がひそかに綴った日記。各地の空爆被害、斃れゆく戦友への思い、そして国への疑念……空襲の実像を示す第一級資料。（吉田裕）

餓死（うえじに）した英霊たち　藤原彰
第二次大戦で死没した日本兵の大半は飢餓や栄養失調によるものだった。彼らのあまりに悲惨な最期を詳述し、その責任を問う告発の書。（一ノ瀬俊也）

城と隠物の戦国誌　藤木久志
村に戦争がくる！　そのとき村人たちはどのような対策をとっていたか。命と財産を守るため知恵を結集した戦国時代のサバイバル術に迫る。（千田嘉博）

裏社会の日本史　フィリップ・ポンス　安永愛訳
中世における賤民から現代社会の経済的弱者まで、また江戸の博徒や義賊から近代以降のやくざまで――フランス知識人が描いた貧困と犯罪の裏日本史。

古代の朱　松田壽男

古代の赤色顔料、丹砂。地名から産地を探ると同時に古代史が浮き彫りにされる。標題論考に、「即身佛の秘密」、自叙伝「学問と私」を併録。

横井小楠　松浦玲

欧米近代の外圧に対して、儒学的理想である仁政を基に、内外の政治的状況を考察し、政策を立案し遂行しようとした幕末最大の思想家を描いた名著。

古代の鉄と神々　真弓常忠

弥生時代の稲作にはすでに鉄が使われていた！　原型を遺さないその鉄文化の痕跡を神話・祭祀に求め、古代史の謎を解き明かす。（上垣外憲一）

増補 海洋国家日本の戦後史　宮城大蔵

戦後アジアの巨大な変貌の背後には、開発と経済成長という日本の「非政治」的な戦略があった。海域アジアの戦後史に果たした日本の軌跡をたどる。

日本の外交　添谷芳秀

憲法九条と日米安保条約に根差した戦後外交。それがもたらした国家像の決定的な分裂をどう乗り越えるか。戦後史を読みなおし、その実像と展望を示す。

世界史のなかの戦国日本　村井章介

世界史の文脈の中で日本列島を眺めてみるとそこには意外な発見が！　戦国時代の日本はそうとうにグローバルだった！（橋本雄）

増補 中世日本の内と外　村井章介

国家間の争いなんておかまいなし。中世の東アジア人は海を自由に行き交い生計を立てていた。私たちの「内と外」の認識を歴史からたどる。（榎本渉）

武家文化と同朋衆　村井康彦

足利将軍家に仕え、茶や花、香、室礼等を担ったクリエイター集団「同朋衆」。日本らしさの源流を生んだ彼らの実像をはじめて明らかにする。（橋本雄）

古代史おさらい帖　森浩一

考古学・古代史の重鎮が、「土地」「年代」「人」の基本概念を徹底的に再検証。「古代史」をめぐる諸問題の見取り図がわかる名著。

ちくま学芸文庫

戦国乱世を生きる力（せんごくらんせいをいきるちから）
二〇二一年六月十日　第一刷発行

著者　神田千里（かんだ・ちさと）
発行者　喜入冬子
発行所　株式会社　筑摩書房
東京都台東区蔵前二―五―三　〒一一一―八七五五
電話番号　〇三―五六八七―二六〇一（代表）
装幀者　安野光雅
印刷所　星野精版印刷株式会社
製本所　株式会社積信堂

ISBN978-4-480-51030-3 C0121